弗里德曼说，
下一个一百年地缘大冲突

21世纪陆权与海权、历史与民族、文明与信仰、气候与资源大变局

[美] 乔治·弗里德曼（George Friedman）◎ 著

魏宗雷　杰宁娜 ◎ 译

魏宗雷　◎ 专业审

THE NEXT 100 YEARS
A Forecast for the 21st Century

SPM

南方出版传媒

广东人民出版社

·广州·

图书在版编目（CIP）数据

弗里德曼说，下一个一百年地缘大冲突 /（美）乔治·弗里德曼著；魏宗雷，杰宁娜译.
— 广州：广东人民出版社，2017.1
ISBN 978-7-218-11344-9

Ⅰ. ①弗… Ⅱ. ①乔… ②魏… ③杰… Ⅲ. ①地缘政治学 Ⅳ. ①K901.4

中国版本图书馆CIP数据核字(2016)第260791号

Fulideman Shuo,Xiayige Yibainian Diyuan Dachongtu

弗里德曼说，下一个一百年地缘大冲突

[美] 乔治·弗里德曼 著 魏宗雷 杰宁娜 译　　　　　　　　　　版权所有　翻印必究

出 版 人：肖风华

策　　划：中资海派
执行策划：黄 河 桂 林
责任编辑：古海阳 张 静
特约编辑：王 影 梁桂芳 王利军
版式设计：王 雪
封面设计：WONDERLAND Book design
　　　　　仙境 QQ:344581934

出版发行：广东人民出版社
地　　址：广州市大沙头四马路10号（邮政编码：510102）
电　　话：(020) 83798714（总编室）
传　　真：(020) 83780199
网　　址：http://www.gdpph.com
印　　刷：深圳市汇亿丰印刷科技有限公司
开　　本：787mm×1092mm　1/16
印　　张：20.5　字　数：256千
版　　次：2017年1月第1版　2017年1月第1次印刷
定　　价：49.80元

如发现印装质量问题，影响阅读，请与出版社（020-83795749）联系调换。
售书热线：(020) 83795240

出版前言

地缘政治学是西方政治地理学中创立较早、影响较深的核心理论。它历经兴衰，至今仍通行于世界大国，成为其制定国防和外交政策的重要依据。在《弗里德曼说，下一个一百年地缘大冲突》中，作者与我们分享了全球地缘政治、经济热点图。

由于 2008 年金融危机的影响，很多专家都认为世界经济格局将发生重大变化，美国由于自身原因，超级大国的地位将被撼动，但弗里德曼却认为，在未来一百年的时间里，美国依然是主导世界格局的核心力量，其优势将得到延续。他认为全球地缘政治竞争的焦点已经从亚欧大陆转为对海权的争夺，而美国拥有独一无二的海上霸权，控制了所有的海上贸易运输线，因此也将继续控制全球经济体系。

第二次世界大战结束已逾 70 年，世界总体处于和平时期。不过，弗里德曼认为这种情况并不会保持太久。由于美国一直不希望出现一个可以与其抗衡的国家，很长一段时间以来，美国支持欧盟东扩以遏制俄罗斯，支持土耳其以稳定中东，支持日本以制衡中国，"但是，迟早会有一天冲突会爆发"。金砖国家、日本和土耳其都不是美国的对手，那未来的一百年，美国的对手在哪里呢？弗里德曼把目标锁定为美国的近邻墨西哥。

弗里德曼在书中提出了自己的证据，"通过观察 2000 年墨西哥裔居民在美国各州的比例，我们已经可以看出其集中程度。沿着太平洋到墨西哥湾边线，有一处明显的墨西哥裔人口集中地。与料想中的一样，边地周围很容易成为墨西哥人的聚集地"。弗里德曼提到，2006年墨西哥的经济位居世界第15位，依据购买力来衡量，墨西哥的国内人均生产总值已略超每年1.2万美元。这使得墨西哥在拉丁美洲成为最富有的大国。"等到墨西哥移民人数达到一定规模时，他们就会意识到自己在一个国家内部是一个独立实体。基于自己的地位，他们开始要求一系列的特殊权利。当他们自然而然地喜欢上美国时，该团体的一部分人会把自己视为这个国家的本地人，而非移民。与此同时，墨西哥国内也会出现鼓动两国合并的运动。"美国虽然控制着太空和海洋，但是墨西哥的挑战来自地面。墨西哥人可以越过边界，深入到美国内地，发起挑战，"而这正是美国最不擅长的方式"。

事实上，类似《弗里德曼说，下一个一百年地缘大冲突》的预测一直存在。对中国读者而言，这本书能够提供分析问题的方法，并对未来国际政治、经济形势产生深刻的认知。对地缘政治、国际关系学者或关注时事热点的读者来说，本书具有重要的参考价值。

诚然，由于作者弗里德曼的身份、立场和角度的限制，在这场美国制造的科幻大片中，书中某些观点和论述不可避免地以美国的利益为出发点，作者对此也直言不讳，他认为"事实上，这个世界正在绕着美国旋转"。显而易见，作为一名美国人，弗里德曼在谈及中国的政治、经济发展时难免有失偏颇。但在如何看待和分析世界方面，作者确实提供了一套较为成熟的理论体系，读者在阅读本书的时候应辩证性地对待，汲取精华、去其糟粕。毕竟对于在全球各领域扮演关键角色的中国来说，未来充满机遇和挑战，而改革和完善也是恒久不变的主题。

从最坏处着眼

本书旨在识别那些塑造当今世界的主要力量，所使用的方法是地缘政治分析法。我们不可能精确预测未来的细枝末节，只能大体勾勒出宏大宽泛的未来图景。本书的中心点就是探讨几个主要国家的强项和弱项。因此，在谈弱国的时候，我突出强调它们的强项。在谈比较强势的国家（中国也是其中之一）时，我反而更注重探讨它们的弱项和软肋，这些看起来不起眼的弱点足以在未来几十年影响国家发展的良好势头。这些国家能否扬长避短，克服自身最大的缺陷？中国未来几十年的发展趋势会是怎样？正是这些问题驱使我写作本书。

在所有现代国家中，中国当然是历史最悠久的国家，这个国家经历了各种不同的社会和政治制度。只要看看20世纪，就会发现一个有趣的现象，中国已经把各种可能的制度都试遍了，其制度多样性无国能比。

过去30年以来，中国取得的经济成就举世瞩目，但此前却经过了30年的疑惧和与世隔绝。由此追本溯源，这是中国经历漫长的内部冲突和外国入侵之后由大一统国家实现转型的必由之路。对中国任何片面的看法都是瞎子摸象，无法展现中国过去一个世纪的历史全貌。

因此，任何试图勾画21世纪中国前景的作者，都不得不考虑中国历史所具有的戏剧性驱动力。绝不能假定未来30年的中国与过去30年的中国完全相同。不一样的时代，将会孕育不一样的中国，这就是问题的关键所在。

中国正在应对世界其他国家都在应对的问题，从不断下降的人口出生率到能源价格的上下波动，各种问题接踵而来。在21世纪，中国还不得不与各种不同类型的国家博弈，这真是"同一个世界，不同的梦想"。

日本仍是一个生机勃勃的经济大国，拥有强大的军事实力，这一点不可否认。俄罗斯介于复兴与衰落之间。土耳其作为一个崛起的大国，将在中亚谋求利益。当然，美国仍然是世界经济和军事的巨无霸，其行为看似有规可循，但也并不总在意料之中。

因此，不管中国采取怎样的发展策略，可以肯定的是，中国处在一个复杂而危险的世界中，其他大国的利益与中国不尽相同，而其他国家与中国的冲突却一直存在。本书的重点是研究国际体系，而不是某国的内部问题。当然内部问题对中国和其他国家一样都存在极大风险，每一个国家不可避免地要处理这些险情。中国已成为一个大国，正面临着国内发展和外部风险的双重压力，因此必须在这样的大背景下来处理各种社会问题。

正如我在后面所说的那样，我没有能够透视未来的魔法水晶球。虽然我所做的微不足道，但我希望自己可以洞悉可能影响下一世纪并重塑世界的驱动力和危险。在我们所处的这样一个世界里，总是充满风险，从最坏处着眼反倒是最安全的方法。

乔治·弗里德曼

国际畅销书
《弗里德曼说，下一个一百年地缘大冲突》
全球震撼登场

亚马逊2009年1月最佳畅销书

美国科学/未来预测类畅销书排行榜第1名

版权被10多个国家和地区争购

《纽约客》政治类畅销书排行榜第1名

《纽约时报》非小说类畅销书排行榜第5名

被《新闻周刊》国际版总编、畅销书《后美国世界》作者

扎卡利亚推荐为"必读书"

《出版商周刊》（*Publishers Weekly*）

乔治·弗里德曼视角独到，既冷眼看世界，又大胆卜未来，为读者安排了一次领略未来世纪战争与和平的全球之旅。作者断言，美国以其非凡的气势和压倒一切的优势，注定是未来世纪的主宰，扫除恐怖主义威胁，防止俄罗斯在未来 10 ~ 20 年东山再起，最终独占天基导弹系统（即弗里德曼所说的"战斗星"）的制天权。

作为战略预测公司总裁，弗里德曼看似权威的预测主要基于自然资源和人口等元素，在此基础上做短期预测更具可信度，但 100 年周期的后半段听起来着实有点悬乎，让人跌破眼镜。2080 年美墨边界很有可能爆发战争，但预测日本、土耳其联合起来对美国及盟友发动太空战争，而且日子掐算到 2050 年感恩节这一天，未免有些夸张，读来如同离奇惊险的科幻小说。不管弗里德曼水晶球里的预言能否实现，其书中充满智慧的观点总会为我们带来阅读的快感和享受。

《纽约时报杂志》（*New York Times Magazine*）

见到乔治·弗里德曼本人，就会情不自禁地把他当做太极八卦神算。

《书目》（*Booklist*）

关于后"9·11"的世界，没有哪本书能比《弗里德曼说，下一个一百年地缘大冲突》分析得更清晰、更深刻、更细腻。阅读此书比我们在电视上收看脱口秀大腕们的杂谈要强100倍。

《纽约观察家》(*New York Observer*)

弗里德曼总是冷静地思考，清醒地看世界。他能力非凡，不仅能用美国人的眼光，也能用世界领导人的眼光观察世事。

《华盛顿时报》(*Washington Times*)

我们大多数读者可能对有关伊拉克和中东方面的书籍看腻了，但我敢保证，弗里德曼的这本巨著绝对值得花一晚上工夫仔细品读。

《巴伦周刊》(*Barron's*)

弗里德曼创办的"战略预测公司"预测一向很准确。它拥有众多从传媒公司到政府机构的客户，近年来盈利良好。

《弗林特日报》(*Flint Journal*)

弗里德曼的书读来引人入胜，尤其是对于那些兴趣不只限于简单观点的挑剔读者来说更是过瘾。

周　琪

中国社会科学院美国研究所研究员

金融危机动摇了美国在世界金融体系中的主导地位，美国在未来没有能力在类似危机上担当领导者的角色。美国在全球中的地位肯定会发生变化，这在很大程度上是亚洲发展带来的，而且危机会加快这一进程，美国的资本主义模式和金融监管模式的主导地位将会逐渐消失。因此，不能把美国在21世纪的地位定得太高。

樊吉社

中国社会科学院美国研究所研究员

类似《弗里德曼说，下一个一百年地缘大冲突》的预测一直就有，比如不久前就有俄罗斯专家预测美国会分裂，结果美国人并没把它当回事。对于美国冒出来的这种预测，中国也没必要当回事。像弗里德曼这样一些从东欧国家出来的学者，往往受意识形态的驱使，对社会主义国家抱有极深的偏见。这本书之所以能撰写出来，反映出在美国有一批对中国和俄罗斯不了解，甚至怀有偏见的读者潜意识里希望看到这样的预测，但无论如何，这种"语不惊人死不休"的观点也不可能成为主流，难以对美国的政策产生实质的影响。

刘建飞

中央党校国际战略研究所教授

弗里德曼在《弗里德曼说，下一个一百年地缘大冲突》中断言美国世纪才刚刚开始，这实在有悖于大家的共识。各种因素严重制约着美国"一超"战略的推进，其中有些因素如世界大趋势和美国国内因素是不可能根本改变的。正如美国著名学者沃勒斯坦在《老鹰坠地》一文中所说："为美国霸权作出贡献的经济、政治和军事因素同时也将是不可抗拒地导致美国衰落的因素。真正的问题不是美国霸权是否正在衰弱，而是美国是否能设计出一种办法，使之跌降得有点绅士风度，把对世界和它自己造成的损害减到最小限度。"毫无疑问，未来100年里，美国在世界事务中的决定性力量将继续减弱。

王缉思

北京大学国际关系学院院长

弗里德曼对未来100年和美国今后走势的判断也许是对的。综合各方面的情况看，很难断定美国从此开始走下坡路。我感觉今天的美国还是走在一个平顶山上——尽管这座平顶山有些凹凸不平。虽然没有人知道这个平顶有多大，但说美国从此一蹶不振了，并没有可靠的证据。至今没有哪个国家能对美国构成全面的挑战。美国唯一超级大国的地位再维持二三十年没有问题。

朱 锋

南京大学中国南海研究协同创新中心执行主任

21世纪到底是谁的世纪？金融危机改变了世界发展的轨迹了吗？美国不会甘心付出美元霸权地位被削弱，以及国际制度话语权被弱化的代价。问题的关键是，霸权之所以需要维持，是因为它保障了无可企及的霸权利益。《弗里德曼说,下一个一百年地缘大冲突》进一步证明,美国人至少还要"向天再借100年"。

金灿荣

中国人民大学国际关系学院教授、副院长

在弗里德曼眼中,美国俨然是一个不倒翁。美国的崛起和霸权确实有其独到的经验和特点。美国之所以能维持霸权,其生命力首先是其制度霸权的性质,其次是美国软硬实力的平衡。美国的成功经验能够给我们许多启发。

卢·道布斯(Lou Dobbs)

CNN晚间新闻主持人

乔治·弗里德曼可谓美国首屈一指的战略专家。

再忍美国 100 年？

也许你高瞻远瞩、深谋远虑，但你可曾料想过未来 100 年的世界？

也许你善于分析、精于判断，但你可曾做过 21 世纪大预言？

有人这样做了，而且做得有理有据，他就是美国战略预测专家乔治·弗里德曼。

众所周知，西方的预言传统主要源于古希腊神话。德尔斐神谕 (Delphic Oracle) 是古希腊非常有名的预言，在德尔斐城的阿波罗神庙里，女祭司皮提亚 (Pythia) 在进入一种类似昏迷的催眠通神状态后，由别人提问题，而她做出对未来事件的预测。《柏拉图对话录》记载了苏格拉底的一位朋友前往德尔斐向预言女神皮提亚询问谁是最有智慧的人。德尔斐是古希腊神话中可预测未来的阿波罗神殿所在地，成为预测未来的代名词。20 世纪 40 年代，美国兰德公司以"德尔斐"为代号，研究如何通过有控制的反馈更加可靠地搜集专家意见，德尔斐调查法 (Delphi Survey) 从此闻名世界。美国著名网络计算机公司甲骨文公司 (Oracle) 的名字也是取神谕的意思。中西方都有各自源远流长的预言传统。西方用的是有能够预测未来的魔法水晶球，中国人传统上用的是太极八卦和推背图。**预言大多使用比较神秘莫测的语言工具，谁拥有解释权，谁就拥有预言权。**

这不是一部科幻预言小说。20 世纪 70 年代末首部引进我国国内公映的美国科幻电影《未来世界》(Westworld)，讲的是一个高科技娱乐场的老板用机器人替换各国前来旅游的重要人物，以图谋世界霸权。由此看来，不管是机器人还是美国人，都有一个想法——企图控制世界，这是美国人的本能。

本书不是真正意义上的未来说，不是对人类命运或未来科技的预言，只是对 21 世纪的世界来一次"大派位"。其中心思想就是，美国不但没有衰落，而且美国世纪才刚刚开始，21 世纪是美国的天下。世界还要忍受美国 100 年或者更久。

只有把握未来，才能把握世界。毛主席说"一万年太久，只争朝夕"。100 年实在太快太短，大致是人一生的时间，最多也只是比人的一生稍长一点。21 世纪已经快过 10 年了。

战略预测公司是一家美国私营机构，专门向大公司和政府机构提供预测分析，曾被《巴伦周刊》称为"影子中情局"。该机构的前任总裁兼首席分析师正是本书的作者——乔治·弗里德曼。

叫弗里德曼的人很多，很多都是各个领域的大师级人物，如 1976 年诺贝尔经济学奖获得者米尔顿·弗里德曼 (Milton Friedman) 以及《世界是平的》(The World Is Flat) 作者、世界最前沿的研究者和观察家托马斯·弗里德曼 (Thomas Friedman) 等。太多的弗里德曼让人眼花缭乱，难怪有人不同意本书的预测观点，说乔治·弗里德曼应该读读托马斯·弗里德曼的作品。

作为首席国际战略预测分析师，乔治·弗里德曼无愧于他的封号，在本书中他极尽描述之能事，将未来一个世纪里即将发生的每件大事都具体到每个细节、每个时间点，使整本书犹如一场绘声绘色、活灵活现的科幻电影。现在就让我们拉开这部美国大片的序幕，看看陆续登场的主角吧!

世界观狭隘的"国际警察"

与现在大多唱衰美国的舆论不同，弗里德曼顽固地断言，美国世纪才刚刚开始，美国还将统治世界100年。

21世纪的美国，是将日薄西山、气息奄奄，还是旭日东升、蒸蒸日上？是将走向崩溃的边缘，还是步入黎明前的黑暗？从"9·11"事件之后美国与恐怖分子的激战，一直到近年来全球金融海啸导致的经济衰退；也许现在人们有越来越多的理由不看好美国，认为它正在一步步告别昔日的繁荣与辉煌，但本书一开场，乔治·弗里德曼就展现了他一贯语不惊人死不休的风格，企图力排众议，将美国的现状比喻成新世纪的黎明，认为21世纪将是美国的世纪。经历了上个世纪每隔20年就上演一次的世界格局变革，美国逐渐成为世界唯一的超级大国。经济上，它从一个边缘国家一跃成为全球最大的经济体；军事上，它从一个无名小卒崛起为主宰全球的国家；政治上，它更是无孔不入。

为了证明自己所言非虚，弗里德曼从地缘政治的角度分析了美国的前世今生。从地理上来看，美国占据着北美大陆黄金地段，有大西洋和太平洋两洋相隔，天然地免遭袭击或占领，而且它的军事实力远远强于周边国家。上世纪，在全球几乎每一个工业化国家都遭受过毁灭性战争摧残的情况下，美国不但能够独善其身，还从历次战争中屡屡受益，正是军事力量和地理位置成就了美国经济的辉煌。

2001年9月11日，三架飞机撞击世贸中心和五角大楼，这是美国时代面临的第一个真正的考验。但针对美国展开的战略性挑战正在走向终点——基地组织未能实现目标，美国已经取得成功，与其说美国赢得了这场战争，不如说它阻止了伊斯兰激进分子获得胜利，从地缘政治学的角度来看，这已经足够了。在作者看来，美国的行事方式或许还不够成熟稳重，但这恰恰证明了美国现在还处于青春期——其整个历史的早期——有朝一日，它会变得更加稳重，更加强大。因此，美国不但没有今不如昔，反而正处于强盛的最早期。

作者将一个国家比喻成个人，把轻率莽撞的美国视作血气方刚的青年，这尚可理解，但如果作者将美国开战的目的归结为"受到一种恐惧的驱使，也就是害怕失去现有的东西"，未免文过饰非。如果我们想考查美国是否真的如弗里德曼所言，对其他国家实施干预的目的只是想守住自己的利益，那我们只需看看它干预的结果如何——是利人利己，还是损人利己？在美国维护自身地位、权威、利益的同时，它还获得了什么？他国政权被颠覆，经济被殖民化，社会稳定性遭到破坏，动乱不断。也诚如作者在文中所言，"它（美国）的目的不是获得稳定，而是要破坏一个地区的稳定性"。由此可见，美国不但居心叵测，而且世界观也非常狭隘，打着"国际警察"的旗号到处煽风点火，看似推广民主，实则唯恐天下不乱！

"山姆大叔"对决"北极熊"

接着来看看俄罗斯。俄罗斯地处欧洲东部，多次与欧洲其他国家发生冲突。独立统一的俄罗斯在战乱中得以幸存，也成为欧洲人眼中一个潜在的巨大挑战。考虑到冷战后美国并没能给俄罗斯致命一击，我们有理由相信，不久之后，当俄罗斯重振雄威之时，它的地缘政治问题必会卷土重来。为了保护自身的利益，俄罗斯需要动用它的财富来增强军事力量，建立自己的缓冲区以保卫本国不受美国侵犯。俄罗斯的宏伟战略计划包括在北欧平原建立深度缓冲区域的同时，划分并操纵它的邻国，从而在欧洲建立一种新的区域平衡态势。

考虑到美国的势力，俄罗斯无法直接进攻美国，美国也不会冒险去激怒对方。相反，俄罗斯会试图在美国在欧洲地区或世界其他国家的事务上施压。它的基本战略是试图瓦解北约组织并孤立东欧国家。随着对周围国家的争夺不断升级，美俄之间的竞争也将愈演愈烈，但美国这次将仅用到远不及冷战时期的力量便足以应付俄罗斯。作者称，2020年后不久，俄罗斯将再次土崩瓦解，但这显然是一相情愿地唱衰对手。

再聊中国。与现在国际舆论追捧中国崛起不同，不管是否心怀好意，弗里德曼对中国的态度比一向低调的中国人还要低调。他有一句话倒也中肯，"中国不但不是美国的敌手和威胁，相反是美国应联合的对象和合作伙伴"。21世纪，中国对世界将有怎样的影响？中国还是全球贸易体系的一部分吗？中国还能保持高速的经济增长势头吗？

这几个问题应该是中国或者是世界其他各国都曾考虑过的问题。中国作为第三世界中正在崛起的大国，经济的快速增长一直是世界关注的焦点，尤其是在这次金融海啸中实行稳健的经济政策，中国再次树立起一个负责任、有担当的大国形象，也正因如此，更多的人对中国怀有信心，而非怀疑。

当然，弗里德曼的一些疑问也有他的道理。根据世界银行截止于2006年公布的数据显示，中国居民收入的基尼系数（贫富差距程度）已升至0.496，不仅超过了国际上0.4的警戒线，高于所有发达国家和大多数发展中国家，也高于中国的历史最高点。这一个惊人的数字反映出我国贫富差距逐步拉大，已突破了合理的限度，这突出表现在收入份额差距和城乡居民收入差距进一步拉大、东中西部地区居民收入差距过大、高低收入群体收入差距悬殊等方面，当然也不排除由此导致的社会不稳定因素，但由此就推断出中国将在2050年南北分化恐怕有些言过其实。现如今美国的基尼系数已超过0.41，作为世界上基尼系数最高的经济体之一的香港也似乎很少低过0.5，世界上存在悬殊的贫富差距的国家并不少见。由此可见，我们需要更好地解决经济快速发展与社会生态和谐之间存在的矛盾。

搅动未来世界的三匹"黑马"

弗里德曼极力抬捧三个国家，它们也是未来 100 年里三匹可能出现的黑马，即波兰、土耳其和墨西哥。

波兰

波兰可能成为美国的同盟，这也是近年来美国竭力拉拢扶持波兰的原因。美国执意在波兰部署反导系统，把波兰这样的东欧国家推向美俄争霸的前沿阵地。这些曾经是铁幕后面的国家一旦走上两极对峙的前台，将很难摆脱多舛的历史宿命。

土耳其

拥有 7 100 万人口的土耳其一直是穆斯林世界最强大的力量中心，同样也是一个充满活力、现代化速度迅猛的国家。经济上看，土耳其的 GDP 达到 6 600 亿美元，是全球第 17 大经济体。过去 5 年，土耳其 GDP 的年平均增速在 5%～8% 之间，在全球大国中，是持续增速最快的国家之一。若与欧洲国家相比，土耳其的经济规模也能占到第 7 位，而且增速远高于其他国家。它是伊斯兰世界最大的，甚至是唯一的一个现代化经济体。在战略位置上，它坐落于欧洲、中东和俄罗斯之间，有多重方向可以自由行动。更重要的是，它并不是美国利益的挑战者，因此也就不会时常遭遇美国的打压。这意味着它不用浪费资源来抵制美国。在经济不断增长的情况下，它很可能会复兴，成为这个地区的支配力量。

在过去几个世纪，土耳其历来拥有强盛的国力，同时，社会内部关系复杂，它有一个受军事力量和日益增长的民族主义运动支持的世俗政权。它最终能够形成什么类型的政府，现在还远不确定，但对美国来说，中东哪个国家值得严肃对待，答案似乎很明显，这个国家必定是土耳其。

但作者认为，到本世纪中叶，土耳其与日本可能结盟，向美国发起挑战。一场世纪中叶的全球性战争将在美波轴心与日土同盟之间展开。这听起来有点像 20 世纪上半叶世界大战的翻版。

墨西哥

墨西哥是本世纪最后一个崛起者和美国的挑战者。

按国际货币基金组织的计算，墨西哥的年人均收入约为 1.2 万美元，全球排名第 16 位，它在拉丁美洲是最富有的国家之一，就算称不上领先的经济强国，至少也置于发达国家的行列，从这方面来看，它无疑是个大国。墨西哥的人口数量将在未来 50 年基本保持稳定，拥有扩张所需要的劳动力。因此，在人口方面，墨西哥不是一个小国。

墨西哥地处国际体系重心所在的北美，同时濒临大西洋和太平洋，还与美国共守着一段很长而且态势紧张的边界。因此，墨西哥的社会和经济与美国有着千丝万缕的联系，美墨之间的自由贸易给墨西哥经济发展带来帮助，但它的战略位置和日益增长的重要性使它有可能成为一颗埋在美国后院的定时炸弹。为了争夺北美霸权，它将在下个世纪末与美国发生大战。

这是美国人内心深处的隐忧。这种担心源于英裔与西裔之间的世仇。自始至今在美国和北美占主导地位的是盎格鲁－萨克逊人，他们与占据整个南美和墨西哥以南的拉美人一直存在着争斗。随着拉美人口的增加，特别是西裔美国人和墨西哥人在美国的逐渐增多，说英语的白人会感到失落同时面临挑战。

我们着手翻译这本书时内心充满了好奇与挑战，一是想看看这位语出惊人的战略专家这回又发表了什么惊世骇俗的言论；二是对于预言，我们抱有和大多数人同样的想法，那就是趁着自己的有生之年，看看他的预言能否成真。

其实预测结果的准确与否并不重要，重要的是作者让我们看到了他的分析方法，看到了人口、习俗与地缘的关系，看到了科技、军事与利益的联系。

他会告诉你即使看起来荒谬的战争，其实是出于理智的决定；

攻打他国是因为惧怕被他国攻打，惧怕别人掠夺自己现有的一切；

即使看起来是一场彻头彻尾的失败，但换一个角度来看却是完完全全的成功。虽然我们对于文章中的一些观点（尤其是事关中国的第5章）不太赞同，但作者的分析确实让人增长见闻、开拓眼界，也让我们了解了国外的政治学家是如何看待国际局势，尤其是如何看待中国的发展前景的。作者的许多观点很具代表性，对中国的地区差异、贫富差距、不均衡发展、中央与地方的权力、新旧交织的意识形态等方面都做了很深刻的分析。虽然他的分析某些地方失之偏颇，但对于国人来说非常有参考价值，因为他从一个新的侧面解读了中国发展的潜在问题。

尽管每个时代里人们所经历的事情都十分相似——生、老、病、死，但每个人都相信自己所处的时代是一个独一无二的时代，弗里德曼也是如此，他认为21世纪确实不同以往，因为它是一个新时代的开始，也将见证一个全新的世界大国主宰全球，这便是美国。

纵览全书你可能会发现，无论各个章节主题有何差异，但全书自始至终都围绕美国展开，尽管呈现在大家面前的是各大霸权国家或争斗、或联合的巨幅图卷，但都是以美国——这个世界超级大国为中心。在这场美国制造的科幻大片里，作者对自己的出发点直言不讳，因为他认为"事实上，这个世界正在绕着美国旋转"。当然，这可以理解成作者作为一名美国人，本身就带有政治优越感而无法做到中立，但这并不影响本书的质量与价值。

与其说乔治·弗里德曼是在极度自负地夸夸其谈，不如说他为我们分析这个世界提供了一个独特的视角与工具。读罢此书，纵使我们不赞同他的说法，但至少看到了国际关系未来的走向还有另外一种可能；

也许我们不会"速成"为地缘政治专家，但至少得到了一个观测未来的水晶球，看看未来霸权国在国际棋局上如何博弈；尽管我们对下一个世纪的走向还存在未知与疑虑，但至少对未来的局势获得了一个更为全面的认识和开阔的眼界。

对于预言，大家都抱有将信将疑的心态，但谁都无法穿越时空去一探究竟，所以目前谁也无法断言《弗里德曼说，下一个一百年地缘大冲突》里的预言能否灵验，唯有将检验的权利交给时间。至于读者对作者言论观点是首肯还是摇头，从来都是见仁见智的。只要乔治·弗里德曼作出的推论逻辑合理、有理有据，并能够自圆其说，这便是一种成功的尝试。

作者是站在维护美国霸权地位的立场上，鼓吹21世纪仍是美国世纪，中俄等国都难以对其构成真正的挑战；美国不但不会衰落，反而越战越强，别国不是再次解体就是崛不起来。这实际上是长美国士气，灭别国威风。相信读者一定会自有主见，批判地去阅读。

魏宗雷

目　录

青春期的"莽撞少年"

骄傲自大与深度忧虑构成了美国文化的独有特性。当相信宿命的美国人还在为自己国家命运担忧时，殊不知自己的国家已经站在世界之巅：美国的国力强大到其他国家无法撼动，美国的海军已经统治全球，控制了全球贸易，并将曾经风光一时的欧洲帝国赶下神坛。特有的地缘政治优势使得美国国力在 21 世纪势头不减。此时的美国就像一个莽撞的少年，纵然内部分歧不断，但他依然坚持自己的价值观勇猛向前。

美国与伊斯兰圣战者的战争

当美国习惯性地用"胡萝卜加大棒"压制对手，让其他国家敢怒不敢言时，伊斯兰圣战者就如挥之不去的梦魇，让美国丝毫不敢松懈。无论是冷战的结束还是南斯拉夫的解体，既有格局的打破使得伊斯兰运动更加活跃。"9·11"的发生更是将美国拖入伊斯兰世界的泥淖，使得两者更加势不两立。面对新世纪ISIS等伊斯兰原教旨主义的死灰复燃，未来美国又将如何应对？

第3章　混乱的秩序　59

文化战争、人口爆炸和计算机的逻辑

以圣经和计算机为代表的价值观和积极创新的不稳定结合体构成了美国文化的根基。文化冲突甚至成为了本·拉登与美国对立的根因。作为社会文化的构成部分，人口增长的停滞不仅造成生活方式的转变，更悄然无息地改变了世界政治的风向。随着美国国力的继续增长，未来以混乱的家庭模式和计算机逻辑为代表的社会模式是否将主导世界？

第4章　左右21世纪的地缘政治断层线　77

伴随着世界主要地区势力的崛起，21世纪的大国纷争必将愈演愈烈。躁动的太平洋地区、貌合神离的欧盟、不安稳的伊斯兰世界，太平

洋盆地和欧亚大陆上时刻都充斥着火药味。纵然美国还是名副其实的"世界老大",但面对一心想收复势力范围的俄罗斯,自家后院毒品犯罪泛滥的墨西哥,迅速崛起的中国,未来伊斯兰世界"领头羊"土耳其,"世界老大"是否会心力交瘁?

第 5 章　迈向世界大国的中国　105

作为传统的大陆型国家,缺乏活跃的地缘断层带使得中国在历史上多次选择闭关锁国。直至 1978 年邓小平领导的改革开放,才使得中国步入快速发展的轨道。然而,不断扩大的贫富差距、巨额的政府负债、结构化转型的乏力增长等问题,使得中国在步入世界大国的道路上布满荆棘。面对美日的围堵及周边国家的挑衅,未来的中国能否在解决内部问题的情况下再次惊艳世界?

第 6 章　对峙的断层线　119

2020 年俄罗斯第二次解体

苏联解体后,俄罗斯雄风早已不在,但"北极熊"从未停止过对大国梦的执着。以"能源出口"为导向的经济增长模式犹如一把双刃剑,使得俄罗斯在与西方大国的对决中难免伤及自身。面对美国撑腰的格鲁吉亚和土耳其的步步紧逼,"北极熊"欲重新控制高加索地区显得尤为乏力。纵然俄罗斯在中亚地区暂时性的收复了失地，但北约的东扩犹如一把匕首，已经直插其心脏。面对复杂的国际及地区局势，未来强人普京带领下的俄罗斯将如何继续走下去？

第7章　移民缔造的美利坚奇迹如何延续？　145

从1776年美国的诞生以杰斐逊为代表的众多先驱的开垦，到里根时期刺激投资的"补给边缘经济"，美国一直以50年为周期的循环模式向前发展。作为一个移民型国家，来自世界范围的移民在美国的历史上起到了举足轻重的作用。伴随着人口老龄化问题的显现及有效劳动力的减少，美国将率先打响移民争夺战并维护其霸主地位。

第8章　偷猎时代的地缘政治谋局　163

进入21世纪20年代，俄罗斯的持续混乱，中国增长的进一步放缓，使得欧亚大陆重新陷入权力真空。土耳其将在向北挤压俄罗斯的同时，进一步阻止法德两国的崛起。日本将在东亚地区与中国进行角逐，并对美国形成挑战。波兰作为欧洲的支点，充当了美国对抗俄罗斯的马前卒。边缘地带的小国在美国的支持下，各自打起自己的小算盘。好戏即将上演。

第9章 | 战争前夜 185

被逼上绝路的日土联盟

21世纪40年代的美国将进入一段活力四射的时期。随着俄罗斯的持续混乱，土耳其将迅速崛起并成为区域性海洋强国，威慑伊朗和阿拉伯地区。日本将在日美联盟的框架下继续壮大的同时，希望摆脱束缚并将美国逐出西太平洋。作为合纵连横的一环，美国将继续确保一个繁荣稳定的中国来对抗日本，并适度的扶植俄罗斯来对抗土耳其。犹如惊弓之鸟的日本和土耳其逐渐开始走上结盟之路并挑战美国，战争一触即发。

第10章 | 美国 VS 日土联盟 205

一场胜券在握的战争？

随着美国与日本、土耳其矛盾的不断激化，21世纪中叶的某一天，战争终于打响。此次战争也是一场技术革命，特别是以高超音速无人飞船为代表的精准打击彻底终结了全面战争。同步轨道及低轨道太空战略的运用，使得此次战争成为了名副其实的太空战。纵然日本在月球建立了基地，面对美国无懈可击的太空堡垒，日土联盟的一切攻击都显得徒劳。战争的结局似乎早已注定。

第 11 章 | 第三次世界大战　225

一场没有悬念的战争

第三次世界大战在感恩节那天正式爆发。狡猾的日本人企图重新上演珍珠港事件，并对美国的太空堡垒发动先发制人的攻击，美国的同盟国之一波兰遭到了德国和土耳其的围攻。但美国有着超强的工业实力作支撑，雄厚的军事实力及高效的作战指挥，加之占据太空的制空权，瞬间击垮了来自联盟的攻击。幸运的美国人再次赢得世界大战的胜利并成为战争受益者。

第 12 章 | 鼎盛时期的美国　245

21 世纪 60 年代的黄金十年

世界大战后相继缔结了一系列条约，这些条约不仅确保了美国在太空的主导权，同时更进一步打压了土耳其和日本的实力。在美国的支持下,波兰重创了德国和法国。欧亚大陆重新回到势力均衡的状态。大权在握的美国开展了能源革命,并在文化上再次引领世界潮流,世界再次以美国为中心。

第 13 章 美国 VS 墨西哥 259

2080 年谁将成为北美统治者?

美墨边境的不断融合使得墨西哥移民不断涌入,移民们不仅解决了美国劳动力缺失等问题,同时也为墨西哥带来丰厚的外汇。加之石油美元及毒品经济的丰厚利润,墨西哥力量的成倍增长逐步呈现出打破北美势力平衡的态势。墨美跨界民族问题不仅影响到北美的地缘政治角力,更对美国和墨西哥的国内政治产生了深远影响。未来的北美必将成为国际体系和大国较量的中心,而作为两个最具竞争力的对手,美国和墨西哥谁将称王?

拨开迷雾看未来100年

　　我没有能够透视未来的魔法水晶球，但有一套能玩转自如的分析方法，尽管它可能并不完美，但也足以让我理解过去、预测未来。我的任务就是拨开历史表面的重重迷雾找寻其内在规律，并预测这种规律将带给我们什么样的重大事件、未来趋势以及技术革新。预测未来100年的世界看似很无聊，但在本书中，我希望你能看到这是一个理性和可行的过程，绝对没有任何玩弄技巧的成分。我在不久的将来会子孙满堂，而他们当中必然有一部分人会生活在22世纪，这样看来，书中的一切并不是空谈。

　　我试图在书中传递一种未来意识，当然，关于未来的许多细节可能是错误的，但我的目的是在最广泛的意义上预测地缘政治、科技、人口、文化以及军事等方面的主要趋势，并描绘未来可能会发生的重大事件。这本书并非表面上看起来那样冗长乏味——如果它能够揭示当今世界运行的某些规律，并能令人信服地描述这些规律在未来将如何发挥作用；如果我的孙子在2100年看到这本书时说一声"真不错"，我也就知足了。

美国还能"臭美"100年?

想象一下，如果你生活在1900年夏季的世界中心——伦敦。当时，欧洲统治着东半球，在那里，普天之下，莫非"欧"土，几乎每一个地区都直接或间接地处在某个欧洲国家的控制之下。欧洲正享受着和平与空前的繁荣，投资和贸易带来的影响是如此巨大，以至于一些言辞谨慎的人都断言战争已在欧洲绝迹（即便没有彻底消失，也会在开始后的几周内迅速结束），因为全球金融市场无力承受战争的重压。未来似乎被定格：永久和平与繁荣的欧洲将一统世界。

想象一下，现在你生活在1920年的夏季。灾难深重的战争让整个欧洲支离破碎、伤痕累累。奥匈帝国、沙俄、德意志和奥斯曼帝国全部分崩离析，数百万人在硝烟战火中丧生。最终，美军火速降临，结束了战争——这支军队的撤离就像它的到来一样神速。共产主义主宰了苏俄，但尚不清楚它能否在此地存活下来，而处于欧洲势力范围边缘的国家，如美国和日本，则突然崛起。此时，有一点似乎确定无疑：受到强制性和平条约的制约，德国将不会在短时间内再次崛起。

想象一下，假如你生活在1940年夏季。你不仅会看到德国东山再起，还将目睹这个国家统治法国，称霸欧洲。共产主义存活下来了，苏联与纳粹德国结盟（1939年，苏联采取"祸水西引"策略与德国秘密签订了《苏德互不侵犯条约》。——译者注）。放眼全球，只有英国在独自抗击法西斯德国的侵略，而在大多数理性人士的眼中，战争实际上已经结束。即便纳粹德国不会统治欧洲长达千年之久，但毫无疑问，欧洲在那个世纪的命运已经被决定了——德国将继承欧洲的帝王宝座，统治整个欧洲。

想象一下，假如你生活在1960年夏季，情况又大不相同。在刚刚过去的战争中，纳粹德国被撕得粉碎。整个欧洲被美国和苏联一分为二。欧洲帝国轰然倒塌，美国和苏联则为帝国的皇位继承权继续明争暗斗。美国将苏联置于自己的包围圈中，如果动用核武器，数小时内便可以让苏联从这个地球上消失。此时，美国崛起为全球性超级大国。它不仅控制了世界各大洋，还倚仗自己拥有核武器，在全球范围内横行霸道、漫天要价。因此，对苏联来说，除非自己能入侵德国并征服欧洲，否则保持同美国的权力制衡才是最好的结果。当时西方都在为这场可能发生的入侵战争做准备。同时，人们还隐隐感觉到，毛泽东领导下的红色中国对于西方来说是另一种威胁。

1980年的夏季，美国在一场为时七年的战争中被击败，击败它的不是苏联，而是由共产党领导的北越。当时，全世界都认为美国的影响力在逐渐消退，就连美国自己也这样认为。先是越战失利，而后又被逐出伊朗，那里的石油似乎已经不受美国控制，看起来更可能落入苏联之手。为了遏制苏联，美国与毛泽东领导下的中国结盟——美国总统和中国国家主席在北京举行了一场默契十足的会谈。看起来似乎只有这两个国家联合起来才有可能遏制强大且不可一世的苏联。

20年后，也就是2000年夏季，苏联早已解体。北约继续向东欧扩展，触角甚至已经伸进苏联的地盘。全世界都呈现出富庶太平的良好态势，世人也都知道，地缘政治的斗争已经让位于经济发展，成为国际关系中的次要因素。为数不多的冲突也只是出现在一些局部地区，比如海地和科索沃。随后，也就是 2001 年 9 月 11 日，全世界的目光都被当天在美国发生的事情所吸引。

在一定意义上，思考当今世界发生的一些重大事件时，我们唯一可以确定的就是：**常识不一定行得通。世上不存在神奇的 20 年轮回，也不存在一种简单的力量来推动这种轮回**。在历史上的某一特定时刻，那些看起来永恒不变、举足轻重的事情可能会以迅雷不及掩耳之势发生变化。时代更替，现在眼中的这个世界可能将在 20 年后（甚至更短的时间内）变得面目全非，苏联的迅速垮台就是个很好的例子。传统政治分析法的想象力严重匮乏，它把过眼云烟当做常态，却对全球范围内发生的重大而快速的转变视而不见。

如果生活在 20 世纪初，我们不可能预测上述重大历史事件。但这个世界上仍有一些事情能够被预测，而且有的已经被预料到了。例如，德国在 1871 年统一后，人们不难看出这个地位极不稳定的强权（身陷法国和俄国的包围之中）将可能重塑欧洲和全球体系。20 世纪前 50 年的冲突大多是因德国在欧洲的地位问题而起。虽然不能预测那些战争的时间和地点，但发生战争的可能性却被许多欧洲人预测到了。

这当中更难预测的一点就是战争的破坏程度，谁也没料到在两次世界大战之后欧洲会失去帝国宝座。但即便如此，也有一些人早就预计到那两场战争是灾难性的——尤其是在炸药被发明之后。如果在预测的时候，将技术的进步与地缘政治一并考虑，那么欧洲的分崩离析并不意外。早在 19 世纪，人们就预测到美国和俄罗斯的崛起。法国政治思想家托克维尔（Alexis de Tocqueville）和德国哲学家尼采（Friedrich Nietzsche）当时就预测到这两个国家日后举足轻重的地位。因此，站在 20 世纪的起点，只要凭借规律外加几分运气，就能预知这个世纪未来的总体轮廓。

21 世纪：大国的起点 or 终点？

　　站在 21 世纪的起点，我们需要掌握本世纪的标志性事件，其重要性相当于德国统一对 20 世纪的影响。如今，欧洲帝国留下的断瓦残垣已经除尽，苏联也余威不在，只有一个超级大国依然屹立不倒，且愈发强大，它就是美国。毫无疑问，就像历史上的其他大国一样，美国目前似乎把世界搅得乌烟瘴气，但我们千万不要被此乱象所蒙蔽。无论是在经济、政治，还是在军事上，美国都是全球最强大的国家，迄今无国能敌。当今，美国 - 伊斯兰圣战者战争被炒得火热，但就像 100 年前那场美西战争一样，不久后这场战争将会被人们遗忘。

　　自南北战争以来，美国经济就一直以惊人的速度发展。它从一个边缘发展中国家一跃成为全球最大的经济体，而且经济规模高于排在它后面四个国家的总和。军事上，它从一个无名小卒崛起为主宰全球的国家。政治上，它更是有意无意地出现在世界的各个角落。读这本书的时候，你会发现本书似乎是以美国为中心，从美国人的角度来展望世界的。也许本书真的有点"臭美"，但我的观点是，目前的世界的确是在围着美国转。

　　这不仅归因于美国国力的强大，还在于全球秩序已经发生了彻底的改变。**过去 500 年，欧洲一直在国际体系中居于中心地位，欧洲帝国创建了人类历史上首个单一全球体系。通往欧洲的交通要塞就是北大西洋，谁控制了北大西洋，谁就控制了通往欧洲的咽喉，也就相当于控制了欧洲通往世界之路。**全球政治的基本版图大致就是如此。

　　而后，在 20 世纪 80 年代早期，令人称奇的事情频频发生。太平洋与大西洋两岸的贸易达到同等规模，这在人类历史上尚属首次。"二战"后，欧洲沦落为次要强权集团，全球贸易模式也悄然转变，北大西洋不再是影响全球形势的唯一关键因素。现在，谁能控制北大西洋和太平洋，谁就能够控制全球贸易体系，进而控制全球经济。在 21 世纪，毗邻这两个大洋的任何国家都拥有巨大的优势。

考虑到建造庞大海军的巨大花销以及在全球部署兵力的昂贵成本，毗邻北大西洋和太平洋的国家将占尽先机，也正是出于这个原因，"海洋之国"——英国才能成为 19 世纪的全球霸主。这样看的话，北美已经取代欧洲成为全球中心，谁控制了北美，谁就能统治全球。至少在 21 世纪，这个国家会是美国。

美国自身实力配合地缘政治的优势，使其成为 21 世纪的主角。这不仅没能得到其他国家的敬爱，反而令它们感到恐惧。因此，21 世纪的历史，尤其是前 50 年的历史将围绕两个敌对力量展开：一是次要强权结盟以遏制美国的发展；二是美国先发制人，阻止这种结盟。

如果将 21 世纪看做是美国时代的开端（取代欧洲时代），那么序幕将由穆斯林拉开，他们试图重建伊斯兰帝国（昔日辉煌的伊斯兰帝国曾一度从大西洋扩至太平洋）。毫无疑问，他们将在美国头上动土，以便将全球唯一的超级大国拖进这场战争，并试图通过证明美国的软弱来刺激伊斯兰东山再起。作为回应，美国将会入侵伊斯兰国家，但它的目的不是赢得战争，它甚至搞不清楚胜利意味着什么，它的目的仅是分化伊斯兰世界，引发其内讧，以遏制伊斯兰帝国的崛起。

美国不需要赢得战争，只需要分化各国，使它们难以形成强有力的联盟。在一定意义上，21 世纪将会发生一系列冲突，一方面，一些次要强权试图通过结盟来控制美国；另一方面，美国则运用军事力量破坏联盟。与 20 世纪相比，21 世纪的战争会更加频繁，但战争的破坏程度会更小，其原因在于技术的革新以及地缘政治的挑战。

就像我们所看到的，引领下个时代的变革通常都不可预测，21 世纪前 20 年也不会例外。美国与伊斯兰的战争已经结束，但下一场冲突迫在眉睫。俄罗斯正在重塑其势力范围，这将不可避免地对美国形成挑战。俄罗斯将挺进西部的东欧平原,在这个过程中,它势必会与以美国为首的北大西洋公约组织(以下简称北约)相冲突,而首当其冲的就是波罗的海的三个小国(爱沙尼亚、拉脱维亚、立陶宛)和波兰。世界其他地方也会在21世纪早期出现一些摩擦,但美俄之间的新冷战将成为美国与伊斯兰战争销声匿迹之后的主要冲突点。

俄罗斯将试图重振国力,美国不可避免地会予以阻止,但最后的输家还是俄罗斯。俄罗斯严重的国内问题、锐减的人口以及糟糕的基础设施将使其长期复兴计划成为南柯一梦,而且第二次冷战的结果也将与第一次一样,以俄罗斯的溃败而告终,尽管这次冷战在恐怖程度和所波及的地域范围上均逊于第一次。

许多人认为美国的下一个挑战者是中国,而非俄罗斯。对此我不敢苟同,原因有三:

第一,仔细看看中国地图就会发现,这是个在地理上极度孤立的国家。它北靠冰天雪地的西伯利亚,南接喜马拉雅山和热带丛林,而其多数人口却集中在东部地区,这使其不能轻易扩张。

第二,几个世纪以来,中国一直都不是海军大国,而建造一支海军需要几代人的努力,因为海军不但需要军舰,还需要训练士兵,创建相应的海军文化。

第三,还有一个更深层次的原因让美国不必对中国感到担心,那就是中国的地区差异。每当这个国家对外开放时,沿海城市就变得越来越繁荣,而内陆大部分地区却发展较慢,这将诱发紧张、矛盾和不安。

一些人认为,中国过去30年的发展趋势无疑会继续,我也相信中国的发展周期将在未来 10 年延续，但这个国家不但不是美国的挑战者，相反，是美国应该支持、拉拢、团结起来制衡俄罗斯的一股力量。

到 21 世纪中叶，其他一些国家将会崛起。这些国家目前还不是超级大国，但我认为它们在未来几十年会逐渐变得强大且富有侵略性。有三个国家尤其值得关注，其中首推日本。日本是全球第二大经济体，但同时也最为脆弱。因为日本本土资源匮乏，它不得不高度依赖进口原材料。这个国家有军国主义历史，因此不会满足于一直扮演太平洋边缘小国的角色。日本的人口正在逐渐减少，情况日益严重，加上它对大规模引进移民深恶痛绝，因此，日本必将被迫去他国寻找劳动力，日本的脆弱最终将促使其改变政策（我曾经撰文对日本脆弱的经济进行了阐述，至今日本在这方面做得比我预计的好）。

接下来就是土耳其，它目前是全球第 17 大经济体。历史上，每当伊斯兰帝国崛起时，它的统治者都是土耳其。奥斯曼帝国在一战后陨落，致使土耳其一直处于弱势地位，但在周边地区都动荡不安的情况下，如混乱不堪的巴尔干半岛、高加索地区以及南部的阿拉伯世界，土耳其却一直保持稳定的局势。随着土耳其国力不断增强——目前在中亚地区已经拥有最强的经济和军事实力，其影响力也必将扩大。

最后一个是波兰。自 16 世纪以来，这个国家就不再强大。但它一度强盛过，而且我认为它在未来也会再次成为超级大国。有两个原因使我做出这一论断：

> 首先是德国的衰落。虽然目前德国的经济规模庞大且不断扩大，但不会给全球经济秩序带来革命性的转变。此外，德国的人口也将在未来 50 年锐减，这将进一步削弱其经济实力。
>
> 其次是随着俄罗斯从东部向波兰施压，德国不会与俄罗斯发生第三次冲突。而美国将支持波兰，为其提供大规模经济

和技术支持。战争将刺激经济发展（前提是不摧毁整个国家），
而波兰将在对抗俄罗斯的结盟国家中，处于主导地位。

日本、土耳其和波兰这三个国家将面对一个充满自信的美国，这
种自信程度甚至远远超过苏联解体时美国的自信程度，这将是一种极
易引发冲突的状态。就像我们将在本书中看到的那样，这四个国家的
关系将在很大程度上影响21世纪的历史，最终可能导致下一次全球
战争的爆发。这次大战将有别于以往——战争中使用的武器今天只有
在科幻小说中才能看到。就像我试图描述的那样，在新世纪初崭露头
角的国家将在21世纪中期成为冲突的根源。

就像"二战"那样，这次大战也将会使科技突飞猛进，而其中一
些科技进步至关重要。全世界都将目光聚焦于寻找可以替代碳氢化合
物的新能源，理由不言自明。理论上，太阳能是地球上最高效的能量
来源，但太阳能需要大量接收器，这些接收器占用大量地表面积，而
且会对环境产生许多负面影响，更不用说还要受日夜更替的周期循环
的影响。太空发电技术在未来的全球大战开打之前已进行研发，从太
空中以微波辐射的形式把电力传回地球，但战争会促使此项技术从概
念变为现实。这种新能源将搭上政府的太空军事科技的便车，免费得
到传送，像当年铁轨的铺设和因特网的研发一样，它将由政府买单，
而这也将全面促进经济繁荣。

但所有这一切都将基于21世纪的一项最重要的事实：人口膨胀
时代的结束。到2050年，先进工业化国家的人口数量将以惊人的速
度减少；而到2100年，即便是目前最不发达国家的出生率都会保持
稳定，不再增长。自1750年以来，整个全球体系是建立在"人口持
续膨胀"的期之上的，一直以来，人们都期待有更多的工人、消费者
和军人。然而，到了21世纪，情况不再如此。全球生产体系将发生

转变，这迫使世界更加依赖技术，尤其是能替代人工的机器人以及基因研究（这样做更多地是为了延长人类的生育年龄而非寿命）。

全球人口锐减造成的最直接的影响显而易见。到本世纪中叶，先进工业化国家将出现大量劳动力短缺的现象。如今，发达国家想方设法驱逐与排斥移民，但在未来 50 年里，这些国家会绞尽脑汁吸引移民入境，甚至愿意花钱让外国人移居本国。美国就是其中之一，为了争取越来越少的移民，它将积极展开竞争，吸引墨西哥人移民美国——这个转变颇具讽刺意味，但又不可避免。

这些转变将引发 21 世纪最终的危机。墨西哥目前是全球第 15 大经济体，随着欧洲的逐渐衰落，墨西哥将和土耳其一样，全球排名会迅速上升，到本世纪末，它将成为全球经济强国之一。在美国的鼓励下，许多墨西哥人将纷纷北上，涌入美国，在那些美国境内的墨西哥割让区（也就是 19 世纪美国从墨西哥割走的土地），人口平衡的状态将会被迅速打破，直至墨西哥人成为这个地区的主流人口。

上述社会现实将被墨西哥政府看做是一洗国耻的机遇。**我预计，到 2080 年，美国与日益强大和自信的墨西哥之间会爆发一场大规模冲突**。对美国来说，这场冲突可能会产生不可预知的结果，而且不大可能会在 2100 年结束。

我所说的大部分事情看起来都很难理解。的确，在 2009 年很难想象 21 世纪的时局将在土耳其和波兰的不断强大以及美墨冲突中达到高潮，但回到本章开头，当我描述世人如何以 20 年轮回这一所谓的规律来看待整个 20 世纪的变迁时，你可以体会到我的言下之意：用常识来预测未来无疑是错误的。

很显然，一件事情预测得越具体，其可信性就越低。预知未来一个世纪的精确细节是不可能的，何况我那时已长眠地下，对自己犯的错误一无所知，但我的信念是，我们至少可以预测未来的大致轮廓，而且不管包含多少臆测成分，都会试图给出一些解释。这就是本书的主旨所在。

未来 100 年：美国的时代

在我深入分析全球战争、人口趋势和技术革新的任何细节之前，很有必要先阐述一下我所运用的研究方法，即我是如何预测未来的。**我的目的不是让你看重我预测的 2050 年所发生战争的细节，而是我所预测的其他的一些东西，比如未来战争的作战方式、美国中心论、其他国家对美国形成挑战的可能性等。**任何事情都需要合理的理由，美墨之间发生冲突甚至爆发战争可能会让许多理性的人感到不可思议，但我非常愿意证明我的观点，并且阐述这些观点从何而来。

我曾经说过，理性的人不可能预知未来。新左派有句老话叫"实事求是，大胆追求"（Be Practical，Demand the Impossible），现在应改为"实事求是，大胆预测"（Be Practical，Expect the Impossible）。这个观点是我研究方法的核心。从另一个更本质的角度来说，这可以被称做地缘政治学。

地缘政治学并不是"国际关系"的另一个狂妄自大的代名词。它是一种预测未来的思维方法。经济学家经常谈到那只看不见的手，在这只看不见的手中，人们追求自我利益的短期活动带来亚当·斯密（Adam Smith）所说的"国民财富"。地缘政治学将这一概念应用于国家以及其他国际事件的参与者的行为上。根据这种观点，各个国家及其领导人短期内对本国利益的追求，即使不能带来国民财富，至少也是有迹可循的。人们可以据此预测到可能会发生的事件，从而产生预知未来国际形势的能力。

地缘政治学和经济学都假设参与方是理性的，至少知道自身的短期利益所在。作为一个理性角色,现实提供的选择很有限。从总体上看,个人和国家都会追求自己的短期利益,即使达不到完美,也不会随机作出选择。这就像下象棋,从表面上看,似乎每一个博弈者第一步都有 20 种选择,但事实上,可选的棋路要少很多,因为大多数选择都非常糟糕,会很快被击败。象棋下得越好,你就会越发清楚自己的选择,而棋路也就越少。棋手的棋艺越高,就越容易预测他的下一步棋。大师级的选手都有绝对精细的打算,直到拿出"撒手锏"。

国家也是一样,一个拥有上百万甚至上亿人口的国家也要受现实的约束。人民所选择的领导人如果失去了理性,就起不到领导作用。能从千千万万的民众中脱颖而出,爬到万人之上的高位,绝非等闲之辈。领导人都知道自己下一步的大体方向,并据此开展行动,因此,即使他们的计划并不完美,至少也不会差到哪儿去。偶尔有一些领导人会做出意料之外的成功举动,但绝大多数仅仅是执行必须的理性步骤。当一位领导人实施国家的对外政策,他们也会如此行事。如果领导人逝世或换届,新任的领导人更可能是萧规曹随,而非另辟蹊径。

我并不是说政治领导人就是天才。很简单,政治领导人都深谙领导之道,否则他们不会走到这一步。各个国家都乐于贬低他们的政治领导人,的确,领导人也会犯错,但仔细研究你会发现,他们很少犯低级错误。在大多数情况下,错误的政治决定都来源于外部大环境。我们都希望自己所支持的候选人永远不会犯错,但这很难。因此,就像经济学不会过分看重单个商人,地缘政治学也不会太在意领袖个人。政治领袖和商人都是参与博弈的玩家,知道如何依规矩行事,但他们都没有打破行规的金科玉律。

因此,政治家几乎不可能自行其是,大环境决定了他们的行为,公共政策也只是对现实的反映。只有在有限的选择范围内,政治抉择才起到一些作用。但是,即便是冰岛历史上最杰出的领导人,也不会试图将这个国家打造成为一个世界级大国；同样，罗马帝国在鼎盛时期，即便是最愚蠢的皇帝也不会自挖墙脚，削弱罗马帝国的根本实力。**地缘政治学不涉及事情的对错，不涉及领导人的品行，也不辩论外交政策，它只涉及制约国家和人类的客观力量，这种力量迫使人们以特定的模式行事。**

无心插柳柳成荫，接受这个观点是理解经济学的关键。人们依计划行事，可结果总是不如愿。地缘政治学也是如此。当罗马的村庄在公元前 7 世纪开始扩张时，就蓄意在 500 年后征服地中海，这种说法完全值得怀疑。但当时的罗马居民第一次向附近的村落发起攻击时，其实就已经开启了这项进程，这项进程不但受制于当时的现实，还充满了不可预知性。罗马帝国不是刻意设计出来的，但也绝非巧合。

正因为如此，地缘政治学假设一切都不是预先设定的。这意味着人们想要做的事情和他们希望达到的目的，以及最终的实际结果并不一致。国家元首和政治领导人都在追求他们最直接的目的，但也要受到现实的约束，就像棋手受到棋盘、棋子以及规则的约束一样。有时，政治领导人的行动会提升国家实力；有时，也会将自己的国家带入万劫不复之地，他们很少能在最初就预料到最终的惨痛结果。地缘政治学有两个假设：

首先，它假设人类会融入比家庭更大的组织，这样，人类就必须参与政治活动。同时，人类对出生地的人、事、物，对自己的部落、城市与国家会产生一种自然的忠诚感。在我们所处的时代，国民身份意义重大。地缘政治学教导人们，国际关系是人类生活中的关键部分，这也就意味着战争是家常便饭。

其次，地缘政治学认为一个国家的特征以及国际关系在很大程度上都取决于其地理位置。地缘这个词含义广泛，它不仅包括一个地方的自然特征，还包括一个地方对其居民以及社会的影响。在远古时代，斯巴达和雅典的区别就在于，一个是内陆城市，一个是海洋帝国。雅典非常繁荣和国际化，而斯巴达则贫穷闭塞。两者在文化和政治上都存在差异。

如果你理解了上述两个假设，就能够想到由自然纽带联结在一起，并以特定方式行事的大量人口会受到地理位置的限制。美国之所以是美国，是因为它有某种特定的行为方式。同理，日本、土耳其和墨西哥也是如此。当你深入了解铸就这些国家的各种力量时，你可以看到，它们的选择实在太有限。

21世纪将和其他已经逝去的时代一样，有战争，有贫穷，有胜利，有失败，也会有灾难和好运。人们将一如既往地工作、赚钱、恋爱、生子，直到最后入土为安。只有一件事情没有周期循环，那就是恒久不变的人类环境，但21世纪将在两个方面上格外不同：它将是一个新时代的开始，也将见证一个全新的世界大国主宰全球。这种情况非常特殊。

我们目前处于以美国为中心的时代。为了理解这一时代，我们必须了解美国，其原因不仅在于美国的强大，更在于美国的文化无孔不入，影响全球。就像英法两国在鼎盛时期，其文化主宰全球那样，美国文化也将如此，它的年轻和野蛮将影响这个世界的思维模式和生活方式。因此，研究21世纪实际上就意味着研究美国。

如果我只能对21世纪下一个论断，那就是：欧洲时代已经终结，北美时代已经到来，而在未来100年，北美将由美国主导。21世纪将围绕美国展开。这并不能保证美国必然是一个公正和道德的政权，也不能说明美国文明已经发展得相当成熟，但却意味着美国历史在很大程度上将会是21世纪的历史。

第 **1** 章

21世纪的美国
青春期的"莽撞少年"

骄傲自大与深度忧虑构成了美国文化的独有特性。当相信宿命的美国人还在为自己国家命运担忧时，殊不知自己的国家已经站在世界之巅：美国的国力强大到其他国家无法撼动，美国的海军已经统治全球，控制了全球贸易，并将曾经风光一时的欧洲帝国赶下神坛。特有的地缘政治优势使得美国国力在21世纪势头不减。此时的美国就像一个莽撞的少年，纵然内部分歧不断，但他依然坚持自己的价值观勇猛向前。

美国民众的心中都深藏着一个信念：美国正濒于毁灭。读一读杂志的读者来信，浏览一下网页，听听公众的言论，你就可以大致了解情况。灾难性的战争、居高不下的赤字、飞涨的油价、校园枪击案、企业和政府的腐败，以及无休无止的其他问题（所有这些都非常现实），都不由地让人产生这样一种感觉：美国梦已经破碎，美国的鼎盛时期已经逝去。如果这还不能说服你，那么听听欧洲人是怎么说的吧。他们将确信无疑地告诉你，美国的黄金时代已经一去不复返。

奇怪的是，早在尼克松时代，美国人已经有这种不祥的预感，那时的问题也和现在一样。人们一直担心美国的繁荣昌盛只是南柯一梦，灾难随时都会降临。环保主义者和基督教保守派都传递着同样的信息：除非我们改变自己的生活方式，否则我们将为此付出代价——可能现在悔改都为时已晚。

焦虑的年代：美国时代正在谢幕？

有趣的是，相信宿命的美国人不但有一种大难临头的恐惧感，而且还隐隐觉得自己的国家今不如昔。现在的美国人都有深深的怀旧情结，认为 20 世纪 50 年代是一段单纯美好的时期。这是一种非常奇怪的信念。50 年代，先是朝鲜战争爆发，麦卡锡主义 (McCarthy，极端的反共主义者、美国共和党人麦卡锡在全美掀起反共运动，打击和迫害进步人士。——译者注) 盛行，而后是轰动一时的"小石城事件"；到了末期，人造卫星 Sputnik 发射升空，东德竖起柏林墙，加上核战威胁几乎贯穿了整个年代，因此，50 年代实际上是一个充斥着焦虑和不祥的时期。在此期间，一本名为《焦虑的年代》(The Age of Anxiety) 的书广为流行，而当时的人们都怀旧地追忆早期的美国，就像我们现在怀旧地追忆 20 世纪 50 年代一样。[1]

美国文化是骄傲自大和深度忧虑的狂热结合体，这带来的结果就是，美国的自信不断被恐惧感所侵蚀，比如美国人害怕会被全球气候变暖导致的极地冰盖融化所淹没，会因同性恋惹怒了上帝而被鞭笞致死，反正没有人能辞其咎。美国人的不稳定情绪使其很难在 21 世纪初形成真正意义上的美国精神。但事实是，美国的国力极其强大。或许，美国会遭遇大灾难，但当你面对最基本的事实时，就很难再得出这种结论。让我们来比较一些颇具启发性的数据。

美国人口约占全球总人口的 4%，但提供了全球大约 26% 的商品和服务。2007 年，美国 GDP 约为 14 万亿美元，大约占全球 GDP 总规模（约为 54 万亿美元）的 26%。仅次于美国的第二大经济体是日本，其 GDP（约为 4.4 万亿美元）约占美国的 1/3。美国经济规模是如此巨大，甚至超过了排名在美国后面的 4 大经济体——日本、德国、中国和英国的规模总和。

许多人提出，美国的汽车业和钢铁业正在衰退，而这两个行业在

20 年前还是美国经济的支柱，因此，他们将此看做是这个国家当前的工业空洞化的例证。的确，许多产业已经将生产移到海外，使得美国的工业产出仅为 2.8 万亿美元 (2006 年)，但这依旧在全世界首屈一指，是全球第二大工业产出国日本的 2 倍多，甚至比日本和中国的工业产出总和还多。

也有许多人谈论石油短缺，这的确是事实，而且这个缺口还将扩大，但同时也要意识到，2006 年美国石油日产量达到 830 万桶。同年，俄罗斯的石油日产量为 970 万桶，沙特阿拉伯为 1 070 万桶。美国的石油产量为沙特阿拉伯的 85%，高于伊朗、科威特和阿联酋。美国的石油进口量大得惊人，但考虑到其工业生产规模，也就不难理解了。再比较 2006 年的天然气产量，俄罗斯以 22.4 万亿立方英尺的年产量高居全球榜首，美国以 18.7 万亿立方英尺紧随其后，高于排在其后 5 个生产国的产量总和。换句话说，尽管有些人担心美国完全依赖外国能源，但实际上美国也是全球最大的能源生产国之一。

考虑到美国的巨大经济规模，其人口密度仍然偏低（以全球标准衡量）。若以每平方公里的居住人口计算，全球平均人口密度为 49，日本和德国分别高达 338 和 230，而美国仅为 31。若剔除很多不适宜人居住的地方，如阿拉斯加，美国的人口密度也只有 34。与日本、德国和欧洲其他国家相比，美国的人口密度很低。我们简单比较一下人口和可耕用地（适合农业种植的土地）之间的比例，就会发现，美国的人均土地占有量是亚洲的 5 倍，几乎达到欧洲的 2 倍，也是全球平均水平的 3 倍。一个经济体由土地、劳动力和资金构成。以美国为例，上述数据表明，这个国家还有巨大的发展空间。

有许多答案可以回答美国经济何以如此强大的原因，但最简单的一个莫过于其军事力量的强大。这个国家完全占据着一个几乎不可能遭到袭击或侵略的大陆，它的军事实力远远超过其周边国家。在 20

世纪，全球几乎每一个工业化国家都遭受过战争毁灭性的摧残，但美国是一个例外。军事力量和地理位置成就了美国经济的辉煌。当其他国家都在忙于治疗战争创伤的时候，美国却能够独善其身，它实际上是历次战争的受益者。

考虑一下这个我以后将多次重复的简单事实：美国海军控制了全球海洋。不管是中国南海的舢板、非洲沿岸的小帆船、波斯湾的油轮，还是加勒比海的游艇，全球每一艘船的任何举动都逃不过美国太空卫星的法眼，这些船只能否得到保障或者通行也取决于美国海军的意愿。全球其他国家的海军力量合起来都不能与之抗衡。

这种情况在人类历史上从未发生过，尽管也出现过一些区域性的海军统治力量，但从来没有一个国家的海军能够统治全球。这意味着美国可以入侵他国，而永远不会被入侵，也意味着美国最终会控制国际贸易。海军力量已经成为美国国家安全和财富的基石。美国对海洋的控制始于"二战"后，在欧洲时代的末期得到巩固，现在它是美国经济实力的保证，也是军事实力的基础。

撇开美国存在的问题不谈，国际局势中最重要的问题就是全球经济、军事以及政治力量的严重失衡。对21世纪所做的任何预测如果不以美国实力的独特性为基础，就会偏离现实，但同时，我还要提出一个更大胆且更出人意料的论断：美国目前仅处于婴儿期，21世纪才是美国的世纪。

有更有力的证据来证明我的论断。过去500年，全球体系完全依赖于大西洋欧洲的实力，也就是那些濒临大西洋的欧洲国家：葡萄牙、西班牙、法国、英国，甚至荷兰。这些国家改变了世界，创立了人类历史上首个全球政治和经济体系。众所周知，欧洲强国随着欧洲帝国在20世纪的瓦解而轰然倒塌，留下的权力真空被北美的统治力量、横跨大西洋和太平洋的唯一超级大国（美国）所占据。北美替代了欧洲已经占据了 500 年（从 1492 年哥伦布第一次远航到 1991 年苏联解体）的位置，成为国际体系的重心。[2]

何以如此？为理解 21 世纪的历史，我们必须理解 20 世纪末发生的全球基本结构的转变，这些转变将为一个新世纪的创立搭建平台。就形式和本质而言，这个新世纪与以往迥然不同，正如美国和欧洲的区别。我所说的与政策无关，只是客观的地缘政治力量的一种运作方式而已。

被割裂的"欧洲帝国"

直到 15 世纪，人类都生活在自我的封闭世界里，不知道自己只是沧海一粟。中国人不知道阿兹特克人 (Aztecs)，玛雅人 (Mayas) 不知道祖鲁人 (Zulus)，欧洲人可能听说过日本人，但从未真正了解过他们，也从未与日本有过联系。巴别塔 (The Towel of Babel，《圣经》中提到的一座通天塔。人类起初只有一种语言，彼此交流畅通，所以有很强大的力量，他们想利用这种力量，造一座通向上天的高塔。结果上帝不乐意，他将人类的语言打乱，使人们无法沟通，于是巴别塔最终没能造成。——译者注）阻碍了人类的沟通，也使得文明无法得以传播。

生活在大西洋东岸的欧洲人打破了地域界限，世界统一成一个整体，使得各地区密切相连。澳大利亚原住民所遭遇的灭顶之灾与英国和爱尔兰关系的转变密切相关，一切似乎源于英国需要为流放犯人寻找一块殖民地（18 世纪下半叶，英国人把澳大利亚作为一个安放流放囚犯的殖民地。——译者注）；而阿兹特克国王们的命运则与葡西关系息息相关。大西洋欧洲以帝国主义缔造了一个单一的世界。

大西洋欧洲成为全球体系的重心。欧洲的一举一动都影响着世界其他地区的发展进程，而其他国家和地区都要看欧洲的眼色行事。从

16 世纪到 20 世纪，实际上几乎没有哪个地方能够脱离欧洲的势力和影响而独立存在。无论是好是坏，当时世界就是在围绕着欧洲运转，而欧洲的轴心又是北大西洋，因此，谁控制了这片海域，谁就掌控了通向世界的钥匙。[3]

当时，欧洲既不是文明程度最高，也不是最先进的地区，那么，到底是什么成就了它世界中心的地位？早在 15 世纪时，欧洲还是全球技术和知识的盲区，与当时的中国和伊斯兰世界完全不在一个档次。为什么这些面积狭小、地理位置偏远的国家能够统治全球？为什么它们恰恰在那时开始统治全球，而不是之前的 500 年或之后的 500 年？

欧洲的实力取决于两个重要因素：金钱和地理位置。欧洲依赖于从亚洲进口商品，尤其是印度，这是欧洲经济的重要组成部分。亚洲到处都是欧洲需要的奢侈品，后者也愿意为这些奢侈品买单。在历史上，亚洲商品能够通过横跨亚欧大陆的丝绸之路和其他路径抵达地中海，但崛起后的土耳其封闭了道路，这使得地中海国家进口商品的成本大为提高。

欧洲商人迫切需要找到一条绕过土耳其抵达亚洲的道路。伊比利亚半岛的西班牙人和葡萄牙人以非军事方法选择了一条避开土耳其通往印度的道路，那就是沿着非洲海岸南下，而后北上进入印度洋。他们还在理论上假设地球是圆的，只要一直向西航行，就可以到达印度。

在历史上，这是一段独特的时期，如果换作其他年代，大西洋欧洲只会在落后和贫穷的道路上渐行渐远，但迫于经济上的困境以及虎视眈眈的土耳其，他们迫切需要采取措施改变这种状况。而在心理上，这段时期也尤为关键。西班牙人刚刚将穆斯林赶出他们的国家，狂妄之气正盛。最后，航海所需的工具也已经完备，如果能正确运用的话，就能为土耳其问题提供一个解决方案。

伊比利亚人有一种小吨位的轻快帆船，能够帮助他们进行深海航行。此外，他们还有指南针和星盘等大批航海工具可以使用。最重要的是，他们有枪，尤其是大炮。所有这些都可能是从其他文明社会借鉴过来的，但伊比利亚人能把它们有效地应用于自己的经济和军事体系。因此，他们能航行到很远的地方。所到之处，他们都有能力开战并赢得战争。一旦开战，看到建筑物被大炮炸毁的对手很容易在谈判桌上屈服。当伊比利亚人到达目的地时，他们就会强行闯入，并将其占为己有。在之后的几个世纪，欧洲人用探险船、枪炮以及金钱统治了世界，并创建了人类历史上首个全球体系。[4]

然而，颇具讽刺意味的是，欧洲人统治了全球，但却未能掌控自己的命运。在横行世界的 500 年中，欧洲在无休止的内战中将自己撕得四分五裂，从未形成一个"欧洲帝国"，取而代之的是不列颠帝国、西班牙帝国、法兰西帝国、葡萄牙帝国等。这些国家在入侵并逐渐统治世界的大部分地区的同时，也在彼此无休止的战争中消耗殆尽。

导致欧洲未能实现统一的原因很多，但最终却可以归结为一个简单的地理因素：英吉利海峡。历史上，西班牙、法国、德国等国都先后费尽周折统治过欧洲大陆，但从没有一个国家能够跨过这道海峡，没有一个国家能够击败英国。因此，前赴后继的征服者都未能将欧洲统一成一个整体，这期间的和平时期也仅仅只是临时的休战。欧洲在第一次世界大战的摧残下伤痕累累，在这场战争中，1 000 万人失去生命——几乎占到整整一代人的总人口。随着欧洲经济日益下滑，欧洲人的自信也灰飞烟灭。在人口、经济以及文化等方面，此时的欧洲已经与过去相差甚远。糟糕的情况还远不止于此。

地缘政治决定了美国霸权？

第一次世界大战期间，美国崛起为一个全球大国，但美国那时才刚刚崭露头角。从地缘政治上看,"一战"是欧洲引发的另一次内讧,而且美国也没有从心理上准备好永远在全球舞台上占据一席之地,但后来发生的两件事改变了这一状况。在一战中,美国借助令人瞩目的实力宣告了它的存在,还在欧洲留下一颗能够在下次战争继续维持其影响力的定时炸弹。这颗定时炸弹就是《凡尔赛和约》(*Treaty of Versailles*),这份合约结束了一战,但未能解决引发战争的核心冲突。《凡尔赛合约》使下一轮世界大战的发生成为可能。

战争在1939年再次打响。此时,距"一战"结束仅仅21年。德国再次挑起战争,6周后占领了整个法国。美国在开战后的一段时间内并未参战,但承诺不会允许德国成为最后的赢家。英国未能置身事外,但美国给它提供了莫大的帮助。我们都只记得好的那一面,美国通过为英国提供大量驱逐舰和战争物资来对抗德国,但很少有人记得英国人为此付出的惨痛代价。为了得到美国的帮助,英国几乎将西半球的所有军事设施交给美国。美国控制了这些军事设施,并获得了英国北大西洋的钥匙,而这把钥匙正是欧洲通往世界的入口。与此同时,德国在英吉利海峡上败北,可以说,这条浅浅的水道再次拯救了英国。

据合理估计,全球大约有5 500万人在"二战"中殒命(包括军人和平民)。欧洲在战争中已被撕得粉碎,参战国都遭到了严重的打击。与此形成鲜明对比的是,美国在战争中仅损失了大约50万名士兵,而且几乎没有平民伤亡。战争结束时,美国的工厂数量远远超过战前,这种情况在参战国中仅此一例。美国没有哪座城市遭到轰炸(除了珍珠港),没有哪片土地被占领(除了阿留申群岛的两个小岛),美国的伤亡数量不到战争伤亡人员总数量的1%。

美国以如此小的代价在"二战"中崛起,不仅控制了北大西洋,还掌控了全球的海洋,不仅占领了西欧,还掌握了法国、荷兰、比利时、意大利以及英国等国的命运。与此同时,它还征服并占领了日本。

欧洲就这样失去了自己的帝国版图：

> 部分原因在于精疲力竭，部分原因在于它已经无力承担作
> 为帝王的成本，还有部分原因在于美国不希望它继续占据帝王
> 宝座。

欧洲帝国在此后 20 年里逐渐瓦解，期间只是零零星星做些抵抗。地缘政治现实使得欧洲以灾难性的方式终结了自己（几个世纪以前的西班牙也面临过同样的困境）。

问题来了：美国在 1945 年明显崛起为一支全球性决定力量，是不是政治思想家马基雅维利(Machiavellian，意大利政治哲学家、音乐家、诗人和浪漫喜剧剧作家，主张君王要工于心计，用威胁、利诱、恫吓等手段巩固权势，统治天下。——译者注）导演的一出戏呢？美国崛起的成本仅仅是牺牲了 50 万人，相比于整个战争 5 500 万生命的代价，简直微乎其微。是罗斯福总统异常杰出，还是美国在追求"四项自由"以及推动联合国宪章的过程中自然而然发展成为超级大国？都不是。在地缘政治学中，"无心插柳柳成荫"的现象并不少见。

美苏冲突，也就是冷战，就是一个现实的全球冲突。从本质上来说，这场冲突是为继承欧洲的帝王宝座而展开的竞争。尽管双方都有巨大的军事实力，但美国拥有天然的优势。苏联国土面积广大，但地处内陆。美国的国土面积与其相当，但能轻而易举地通往全球海洋。苏联不能遏制美国，但美国无疑能遏制苏联。而这也是美国的策略：遏制并绞杀苏联。从挪威的北角到土耳其，再到阿留申群岛，美国的盟国建立了范围广泛的包围圈，这些盟国都与苏联接壤，从 1970 年开始，中国也加入了这个包围圈。苏联每个拥有港口的据点，都被美国的盟国以及美国海军所包围。[5]

麦金德 VS 马汉：陆权与海权的较量

地缘政治学在地理和国家实力方面存在两个相互冲突的观点。

第一个观点的创始人是英国人哈尔福德·约翰·麦金德 (Halford John Mackinder)。他认为控制了亚欧大陆就意味着控制了世界。就像他所说的"控制了东欧（俄罗斯欧洲部分）也就是控制了亚欧大陆的中心区域，而控制了这个中心区域就控制了亚欧大陆，进而也就控制了整个世界"。这一思想在冷战时期主导了英国和美国的战略，促使他们寻求遏制和绞杀俄罗斯欧洲部分。

持有另一个观点的是美国人艾德米拉·艾尔弗雷德·塞耶·马汉 (Admiral Alfred Thayer Mahan)，他是美国最著名的地缘政治思想家。在他名为《海军实力对历史的影响》(*The Influence of Sea Power on History*) 一书中，马汉阐述了一个与麦金德完全不同的观点，他认为控制海洋才等同于控制全球。

历史证明，两人的观点在一定意义上都是正确的。麦金德的观点之所以正确，在于苏联解体将美国提升到了全球唯一超级大国的地位。而马汉这个美国人则理解了两个关键因素：苏联解体是因为美国海军力量的强大，而前者也为美国海军打开了统治全球的大门。此外，马汉认为海运是最廉价的货物运输方式，在这个意义上，马汉的观点也是正确的。早在公元前 5 世纪，雅典人就比斯巴达人富裕，因为他们有港口和商船，以及保护港口和商船的海军。在其他条件一定的情况下，拥有海军的国家一直都比没有海军的邻国富裕。随着全球化在 15 世纪出现，这个事实越发接近人们在地缘政治学中得到的绝对真理。[6]

美国控制海洋，意味着这个国家不但能参与全球海上贸易，还能对其进行控制。它能制定规则，或者至少打破其他国家制定的规则。它以非公开的方式来阻止其他国家进入世界贸易路线来限制海上贸易（尽管它偶尔借助制裁来实施这一策略）。总之，美国借助其他国家进入巨大的美国市场这一杠杆，以更加微妙的方式决定了国际贸易体系。这是理解美国是如何靠强大的海军力量称霸全球的关键。除却自身的天然资源外，美国依靠其海军力量变得无比繁荣，而被陆地包围的苏联则无力与之竞争。

此外，控制海洋还给美国提供了巨大的政治优势。美国可免于被他国入侵，但却具备侵犯他国的实力——无论选择何时以及何种方式。1945年以来，美国可以给其他国家提供战争给养而不必担心补给路线被切断。没有其他任何一个国家能够在北美大陆上发动战争。事实上，没有一个国家能够在未得到美国许可的情况下发动海陆空军事行动。英国和阿根廷1982年因福克兰海峡而大动干戈就是一个很好的例子，当时，只有得到美国的默许，两国才可以兵戎相见。而在另一个例子中，由于英国、法国和以色列1956年入侵埃及的做法违背了美国的意愿，它们不得不看美国的脸色结束战争。

在整个冷战过程中，与美国结盟的利益永远大于与苏联结盟的好处。苏联能够提供武器、技术、政治支持和其他东西，但美国却能够提供进入全球贸易体系的途径，以及将商品销往美国的权利。这令其他的一切条件都相形见绌。被排除在全球贸易体系之外意味着贫穷，而进入这个体系则意味着富裕。朝鲜与韩国以及东德与西德之间的差异就是最好的例证。

有趣的是，在冷战过程中，美国在心理上一直处于防御姿态。朝鲜、麦卡锡主义、古巴、越南、人造卫星、20世纪七八十年代的左翼恐怖主义，以及欧洲盟友对里根政府的严厉批评，都使美国产生了持久的沮丧和不安。外部环境使美国不断感觉到：自己在冷战中的优势正在逐渐消失。然而，在忧伤的表象以及客观权力关系的现实中，苏联永远没有取胜的机会。

> 记住，美国人的心理与地缘政治现实之间的脱节至关重要，原因有二：第一，这表明美国国力还没有成熟；第二，这也揭示了美国巨大的潜能。因为美国人处于一种不安全的状态，这使得他们更发奋进取。在冷战期间，美国人民（上至政治领导人，下至工程师和军事情报人员）一直都没什么信心。

这也是美国取得冷战胜利之后，美国人感到意外的主要原因之一。美国及其盟国包围了苏联，后者无力承担在海洋上挑战美国的成本，只好转而致力于陆军建设和导弹研究，但他们根本不能在经济增长率上与美国相匹敌，更不用说拿经济利益引诱其盟国。因此，苏联越来越落后，最终以解体收场。

苏联在 1991 年（也是哥伦布第一次远航探险后的第 499 年）的解体，终结了一个历史时代。500 年以来，世界的权杖首次没有驻足欧洲，欧洲也不再是全球竞争的焦点。这一年之后，世界上唯一的超级大国是美国，它已名副其实地成为全球体系的中心。

美国正处于莽撞的青春期

我们已经了解了美国成长为全球超级大国的历程，但还有一个我之前提到过的，不起眼但具有重大意义的研究数据需要提及：到 1980 年，随着美苏冷战步入白热化，跨太平洋贸易的规模与跨大西洋贸易的规模达到同等水平，这在人类历史上尚属首次。仅仅在 10 年之后，随着苏联解体，跨太平洋贸易的规模已经比跨大西洋贸易规模超出一半。整个国际贸易规模以及在此基础上建立的全球体系都经历了惊人的转变。

这又如何影响到世界其他的地方？答案很简单，控制海洋航道的成本非常庞大。许多贸易国家都负担不起这种成本，因而只能仰仗那些拥有这类资源的国家。因此，海军强国都拥有巨大的政治筹码，而且其他国家不打算对其进行对抗。控制邻近水域的成本已经非常高昂，控制全球数千公里以外水域的成本更无法估计。历史上，只有为数不多的几个国家才能负担得起这些开支。直到今天，这并没有变得更容易，成本也没有更低。了解一下美国的国防成本和海军开支，以及与之相关的太空系统方面的支出，你会发现，维持航母战斗群在波斯湾战斗能力所要花费的成本甚至高于许多国家的国防开支总和。如果国家并不处于大西洋和太平洋海岸而又想控制这两个大洋，其成本可能会超出任何国家的经济负荷能力。

北美能够独立供给一个横跨大陆的国家，又能够同时在大西洋和太平洋部署兵力。因此，北美成为国际体系的重心。在美国时代初期，这个国家不但早已是北美的超级大国，而且能在 1944 ~ 1945 年同时进攻欧洲和日本。它用武力控制了大西洋和太平洋水域，而且至今依然享有控制权。这也是美国为何能够主宰新时代的主要原因。

但也要记得，西班牙也曾主宰欧洲，并开创欧洲时代。虽然我认为北美将在未来几个世纪成为全球重心，而且美国将至少在未来一个世纪统治北美，但就像西班牙一样，北美成为全球重心的论断并不能保证美国将永远统治北美，许多事情都可能发生——内战、对外战争以及邻国的崛起等。

不过，我的观点是，在短期内（也就是未来几百年），尽管会受到战争和危机的侵扰，美国的国力依旧会很强大，这种强大根植于其经济、技术和文化现实之中，而且在21世纪势头不减。

美国人容易产生一种自我怀疑，但这与美国的崛起并不矛盾。实际上，美国是极度自大和深度忧虑的奇怪结合体。有趣的是，这类似于对青少年心理的描述，但的确是美国21世纪的现状。这个领导全球的国家正在经历不断增长的青春期认同危机，以及对其新生力量的不信任和非理性情绪波动。历史上，美国就是一个年轻而不成熟的社会。因此，我们现在不能对美国期望太高。除了它的自大和深深的不安，一个处于青春期的国家还应该对自身及其所处的国际地位有什么其他的认识呢？

如果我们认为美国现在还处于青春期——其整个历史的早期，那么我们也就知道，不管美国如何看待自己，它都将慢慢成熟起来。成年人会比青少年更加成熟、更有稳重。因此，我们就可以合理地推断出，美国还处于其强盛的最早期，没有完全走向文明。现在的美国依旧处于野蛮时期（这是对现象的描述，而非道德判断），一如16世纪的欧洲。它的文化还未完全成型，它的意志非常坚定，激情将驱使它向不同以及相矛盾的方向发展。

文化存在于以下三种状态之中：

第一种是野蛮状态。原始人相信他们村庄的习俗就是自然法则，如果哪个人不遵守这种法则将会受到众人唾弃，而且会被要求改正，否则将遭遇灭顶之灾。

第二种就是文明状态，同时也是最罕见的文化境界。文明人能够在他们的意识上平衡两种相互抵触的思想。他们认为，世界上存在真相，而且他们的文化已经接近那些真相。与此同时，他们对自己可能存在的错误持包容态度。信念和怀疑的结合具有内在不稳定性。在怀疑主义削弱自我肯定的过程中，文化就经过野蛮主义的洗礼形成文明，而后陷入第三种状态——
颓废。文明人会有选择地进行有效的战斗。通常，所有文化都
包括野蛮人、文明人和颓废者，但每一种文化在不同时期都被
同一种原则所支配。

第三种是颓废状态。颓废主义者以怀疑的态度认为，万事
万物都差不多，没有什么事物更好，也没有什么事物更差。他
们对那些坚守信念的人都不屑一顾，因为他们认为没有什么值
得为之去战斗。

欧洲在 16 世纪还处于野蛮状态，当时，基督徒自视甚高的态度
煽动了第一波侵略。欧洲在 18 ~ 19 世纪进入文明社会，而后在 20
世纪陷入颓废时期。美国则刚刚开启文化和历史之旅。截至目前，它
还没有深厚的历史底蕴来形成一种定型的文化。在成为世界重心的过
程中，美国也不可避免地形成自己带有野蛮特质的文化。在美国社会，
不管是右翼还是左翼人士都看不起穆斯林，前者是针对穆斯林的信仰，
后者则是不认同穆斯林对待女人的方式。这两种看似不同的观点都一
致认为，自己的价值观是最好的。就像野蛮状态的文化那样，美国正
准备为了自己确信的真理而战。

这样说不是要批评美国（正如青少年不能因为他是青少年而受到
批评），而是说这是美国发展过程不可或缺的一种状态。美国文化才
刚刚起步，它笨拙、直率，有时候也很野蛮，并且经常被深深的内部
分歧所困扰，所以美国的异议人士只有在确定"自己的价值观是最好
的"这一点上才团结一致。美国就是上述事物的结合体，但就像 16
世纪的欧洲一样，尽管有时会横冲直撞，但你仍不得不叹服它的发展
速度。

Io Q

注 释

[1] 罗伯特·D.卡普兰.即将到来的地缘战争[M].广州：广东人民出版社，2013：29～30.

如果说对于慕尼黑阴谋的类比关乎普遍性，是对世界上其他地人民的眷顾，对越南战争的类比则是一种自我关怀。5.8万人在那战争中死去了。越南战争的教训就在于，盲目的热情会导致事情向误方向发展，而悲剧性思维有助于避免悲剧。事实上，一开始正是一种理想主义的使命意识，将美国拖入东南亚的冲突中。当时的美国处于和平盛世，享受着"二战"后繁荣的顶点。还有比这更应该参与的战争吗？地理和距离被抛诸脑后，当军队进入越南战场时，人们心目中最近的战争往事，是60年前菲律宾丛林的残影。

越南战争是每当美国遭受重创后就容易引以为戒的战例。现实并不精彩，血淋淋的教训只有在事情恶化后才再度得到尊重。事实上，有近5 000名美国人在伊拉克死亡，超过3万人重伤，几十万伊拉克人死亡，另有超过1万亿美元的成本，截至本书发稿时尚在统计中。即使伊拉克将来演变成一个半稳定的民主国家，或成为美国的准盟友，如此过度的代价仍显得得不偿失，正如某些人指出的那样，坦率地讲，很难看到我们的胜利成果有什么道德价值。

不过，伊拉克战争倒是打破了一些思维定式，其中的一个关键点是：美国在向国外部署军力时，总要得到些道德上的回报。现在我们已经明白，任何国家，即使像美国这样标榜爱好自由民主的国家，如果无节制地使用权力，也不一定会形成良性循环，时常"善"无善报。在现实主义重获尊重的同时，知识舆论界重新燃起了对17世纪哲学家托马斯·霍布斯（Thomas Hobbes）的兴趣。他对于"恐惧"的道德优势大加颂扬，并认为暴力的无政府状态是社会的主要威胁。在霍布斯看来，对暴力与死亡的恐惧，是人类自我利益的觉醒。这种恐惧可以通过建立国家来消解，取而代之的是只有违法者才需要面对的恐惧。然而，这样的概念很难得到城市中产阶级的理解，因为这些人早已失去任何与人类自然状态接触的机会。

[2] 罗伯特·D.卡普兰.即将到来的地缘战争 [M].广州：广东人民出版社，2013：108～109.

斯皮克曼也证实，美国最初的繁荣得益于东海岸密布的河口提供的"无数有利于建设港口的位置"，以及蜿蜒的海岸线。地理也是早期美国自由最重要的捍卫者。在确立了西半球的地区霸权之后，美国就可以腾出力量应对"新世界以外的活动"，最终奠定其超级大国地位。它能够影响东半球的权力平衡，也正得益于此。

这一切绝非易事，更不应该被视为理所当然，因为所有的成就都植根于拉丁美洲的地理细节。地理的关键作用，使世界上再没有任何一个国家能像美国这样，成为占有整个半球的霸主。斯皮克曼以南美洲为例对此作出了解释，这也正是麦金德在很大程度上忽略的一个地区。麦金德对欧亚大陆，特别是心脏地带有浓厚兴趣，这对于理解冷战地理至关重要；而斯皮克曼对于地球的整体性把握得更好，因此在当今全球各地高度连通的时代，比麦金德更具现实意义。

[3] 罗伯特·D.卡普兰.即将到来的地缘战争 [M].广州：广东人民出版社，2013：153.

麦金德说过，欧洲的命运是由成群结队涌入的亚洲游牧民族塑造的。在 21 世纪，欧洲与东方的关系将继续给它带来关键性影响，特别是与俄罗斯的关系。中欧和东欧想要进一步发展，成为繁荣稳定的国家带，从而保护整个欧洲不受俄罗斯威胁，还有很长的路要走。

然而，在欧洲寻求更广泛和更深入的统一时，它也将继续受到其内部分歧的困扰。这些困扰从表面来看是经济方面的，如德国对于希腊债务危机的愤怒，但就其本质而言，仍然是永恒的地理真理的表达形式。也就是说，这体现了北欧的德国、地中海的希腊和巴尔干欧洲的不同发展模式。由于欧洲的人民运动主要是由技术促进的，因此其历史发展越来越频繁地与南边的非洲和东方的亚洲交织在一起；但是，欧洲内部的多样性仍然存在。换句话说，欧洲目前虽然没有面临传统军事威胁，却可能成为自我陶醉的牺牲品。反过来讲，斯皮克曼担心统一的欧洲可能挑战美国，这显得为时过早。

尽管现在设立了许多泛欧机构，但欧洲地理的多样性和复杂性，包括海洋、半岛、河谷和群山的不同地貌，以及不同的语言群体和民族国家，都将在未来岁月里继续促进欧洲政治和经济上的分裂。

[4] 罗伯特·D.卡普兰.即将到来的地缘战争[M].广州：广东人民出版社，2013：41～42.

有人可能会补充说，尽管"9·11"事件震惊全球，但大西洋仍然很重要。事实上，正是大西洋决定了美国和欧洲奉行不同的外交和军事政策。我们也同样可以说，俄罗斯直至今天仍然是一个不安全、不稳定的陆权大国，它渴求更多的出海通道。从一方面来说，俄国在13世纪是蒙古汗国入侵的受害者，只靠着时间、距离和天气这些自然因素逃过一劫；另一方面来说，因为欧洲、乌拉尔地区和东欧地区之间没有大的障碍，尽管人工边界柏林墙倒塌了，来自俄罗斯的威胁依然存在，百年来并无变化。是美国通过支配整个大陆的资源，才最终保住了欧洲的和平。

的确，地理是人类活动轨迹的前戏。欧洲文明的重要来源是希腊的克里特岛和基克拉迪群岛，前者是"从欧洲独立出来的碎片"，是欧洲连接埃及文明的最近地点，后者则是与小亚细亚的最近地点。德国是陆权国家，英国只是一个岛国，这是欧洲历史不可争辩的事实。

德国东西两边均无山脉保护，为了应对其危险的地理位置，它选择的道路从军国主义到当代的新型和平主义；而英国边界安全，面向海洋，可以比其邻国更早地发展民主制度，并与美国建立了特殊的跨大西洋关系，与它共享一种语言。亚历山大·汉密尔顿说过，如果英国不是一个岛国，其军事制度将会与欧陆国家一样霸道，并且"不可避免地"会成为"某个极权势力的受害者"。正是其地理位置保证了英国在历史上免遭最危险的入侵，并在几个世纪以来对英吉利海峡和北海对岸的法国及其他低地国家的政治付出战略关注，使他们能够顺利发展。一切事实均表明，国际事务的构成往往以地理为基础，而我们却将其视为理所当然。

[5] 罗伯特·D.卡普兰.即将到来的地缘战争 [M]. 广州：广东人民出版社，2013：122～123.

马汉认为，帝国的地理枢纽不在于所谓欧亚大陆心脏地带，而在于印度洋和太平洋。这两个大洋可使相关国家沿欧亚大陆边缘投射力量，并借助发达的铁路和公路网影响大中亚地区政治发展。从这一点来说，斯皮克曼对印度洋和太平洋周围大陆边缘地带的看重，同时受到了马汉和麦金德的深刻影响。

俄罗斯对中心地带的控制实力，让麦金德备感吃惊；马汉的著作《亚洲的问题》（The Problem of Asia）比麦金德的"枢纽"一文还要早4年，他当时就发现了俄罗斯的弱点在于与印度洋温暖水域相距甚远。他说，俄罗斯"与任何开放性海域之间的遥远距离是其先天弱势，并使它在积累财富上处于更加不利的地位。……既然如此，它有理由感到不满，而这种不满也很容易通过侵略的方式表现出来"。于是，马汉深入研究了俄罗斯的民族性格，特别是其最深层的心理意识流，而地理正是他研究的基础。那些位于俄罗斯南部、印度洋北部的国家，被马汉称为亚洲的"有争议地区"，即"俄罗斯陆权和英国海权之间的冲突区"，中国、阿富汗、伊朗和土耳其的重要性都得到了强调。这里也正是40年后被斯皮克曼称为大陆边缘地带之处。事实上，马汉在1900年选定的一些枢纽国家，直到当前仍具有地缘政治意义。这不是巧合，地理是不可改变的。

冷战期间的地理刺激，使西方制定了对苏联的遏制战略，它从欧亚国家的南部梯队实施，涉及该领域内的所有大陆边缘国家。地理确定了中国的重要地位，这个国家的地域和文明从欧亚的心脏地带一直延伸到太平洋沿岸的温暖水域；地理也有助于将阿富汗和伊朗确定为心脏地带国家，并成为中东命运的关键力量。

[6] 罗伯特·D.卡普兰.即将到来的地缘战争 [M]. 广州：广东人民出版社，2013：91.

在麦金德看来，欧洲和中东更多地受到心脏地带的影响，而印度和中国的亿万人民能够自给自足，因此保持相安无事，和平发展。由此，他预测未来我们将在很大程度上倚仗"印度和中国的季风地带"。但心脏地带到底为何如此重要呢？对欧亚内陆广阔的低洼地带和高原山脉的控制，对于世界强国来说真的举足轻重吗？没错，这些地域蕴藏着丰富的石油、战略性矿产和金属，但这就足够了吗？麦金德的想法有极端机械性的缺点，但毕竟为我们提供了一种工具，可以部分地解释东半球各国及其人民的空间安排。以大陆中心而非任何沿海边缘地带作为参考，会比较容易解释欧亚大陆和其他地区之间的关系。但是，心脏地带最好被视为世界岛的权力缓存器，而非决定性力量。

在《民主的理想与现实》结尾处，麦金德断言，如果苏联在第一次世界大战后崛起，并以德国的征服者面目出现，"它必将成为地球上最伟大的陆权国家"，因为它有能力驻守心脏地带。苏联的确这样崛起了，并在第二次世界大战后再次做到了同样的事。正如麦金德预示的那样，它也因此可以迎面抗衡美国这个世界上最杰出的海上力量。此外，正是出于对海上力量的追求和在印度洋上寻找不冻港，苏联最终入侵阿富汗（阿富汗原应是心脏地带的一小部分，却成为超越其掌握的漏网之鱼），后因深陷阿富汗游击队的伏击圈而使整个帝国土崩瓦解。现在的俄罗斯联邦，规模已大大缩小，但仍试图重新巩固其心脏地带的白俄罗斯、乌克兰、高加索和中亚等地区。麦金德一个世纪前提出的理论，竟然构成了我们这个时代地缘政治的主要剧本之一。

第**2**章

势不两立
美国与伊斯兰圣战者的战争

当美国习惯性地用"胡萝卜加大棒"压制对手，让其他国家敢怒不敢言时，伊斯兰圣战者就如挥之不去的梦魇，让美国丝毫不敢松懈。无论是冷战的结束还是南斯拉夫的解体，既有格局的打破使得伊斯兰运动更加活跃。"9·11"的发生更是将美国拖入伊斯兰世界的泥淖，使得两者更加势不两立。面对新世纪 ISIS 等伊斯兰原教旨主义的死灰复燃，未来美国又将如何应对？

美国时代始于 1991 年 12 月，当时，苏联一夜之间轰然倒塌，美国也就成为世界上唯一的超级强国。但 21 世纪的历史真正开始于在此 10 年之后的 2001 年 9 月 11 日，也就是数架飞机撞击美国世贸中心和五角大楼的那一刻。这是美国时代面临的第一个真正的考验。美国是否真正已经赢得了这场与伊斯兰圣战者的战争尚且存在争议，但毫无疑问，它已经实现了自身的战略目标，还有一点也非常明显：这场战争和其他所有战争一样，正慢慢走向终结。

　　人们都预测这是一场持久战，甚至有观点认为，美国和穆斯林之间的战争将持续一个世纪。但是，就像通常所见到的那样，那些看似会永远持续下去的事情只不过是历史长河中转瞬即逝的插曲。回想一下我们之前所使用的 20 年周期分析法：冲突可能会持续下去，但美国面对的不再是战略性的挑战。基地组织未能实现目标，并不意味着美国已经赢得战争，但从地缘政治学的角度来看，美国能击败伊斯兰原教旨主义，这已经足够了。21 世纪伊始，美国就赢得了开门红，但这个成功从表面来看不但像失败，更像是一场深深的政治和道德尴尬。[1]

　　基地组织 2001 年袭击美国，其目的不在于对这个国家发动一次攻击，而是想证明美国的软弱和自己的强盛。基地组织相信，揭露美国的弱点会削弱埃及、沙特阿拉伯、巴基斯坦以及印度尼西亚等亲美的伊斯兰国家的实力。基地组织想要颠覆这些国家的政府，因为它知道，只有控制一个比阿富汗强大的国家才能实现这个目标。在他们看来，阿富汗与世隔绝且过于弱小，只能作为一个临时基地。

点燃火药桶的南斯拉夫

很明显，苏联的解体给国际体系带来了巨大影响，其中一个影响尤其让人意外。势力相当的美苏两大强国实质上已经稳定了整个国际体系。这种情况在苏联的边境线上表现得尤为显著，当时，边境线两边的国家都为战争做好了准备，例如，在被冷战冰封的欧洲，任何风吹草动都可能会引发战争，因此，苏联和美国都极力遏制出现这种情况。事实上，冷战最有趣的一点就是美苏双方相互遏制，但都不会诉诸武力，苏联既没有袭击德国，美国也没有入侵波斯湾。最重要的是，根本就没有什么所谓的"核战浩劫"。

仔细审视过去 20 年非常必要，这 20 年是此后 100 年世界历史形成的基础，这也是为什么我将在这一章花费更多精力探讨过去，而非展望未来。苏联的解体犹如在一场激烈的拔河比赛中，一方突然变弱松开了绳子，没有放手的一方虽然获胜，但也失去了平衡，因此，这种胜利掺杂着巨大的困惑和矛盾。此前被双方锁定的缆绳突然松弛下来，并且开始以无法预测的方式运行，这种情况在两大集团的接壤边界上尤为突出。

一些变革是以和平方式进行的。德国统一，波罗的海沿岸国家重获自由，乌克兰和白俄罗斯摆脱了苏联统治。捷克斯洛伐克一分为二，在原来的基础上分裂为捷克共和国和斯洛伐克共和国。其他变革则要血腥得多，罗马尼亚经历了喧嚣的国内革命，南斯拉夫则四分五裂。

事实上，在所有与苏联接壤的国家中，南斯拉夫是人为拼凑痕迹最严重的国家。它不是一个单一民族国家，而是由不同民族、种族和宗教交织而成，矛盾重重。"一战"的获胜者在理论上认为，为了避免巴尔干再次发生战争，应该创建一个统一实体，使所有分裂的部分组合成一个单一国家。这是个有趣的理论。但南斯拉夫是一系列僵化、陈腐的国家的集合体，那些由远古征服者留下来的、充满历史积淀的小国仍然保持着自己独特的身份认同。

历史上，巴尔干半岛一直是欧洲的火药桶。这里是罗马通往欧洲的必经之路，也是土耳其进入欧洲的中转站。第一次世界大战始于巴尔干，每个征服者都留下了自己的民族和宗教，彼此之间互相仇视、充满敌意；每个战争集团都对这里其他的民族和宗教实施了大规模惨无人道的暴行，而受此虐待的民族和宗教又都将仇恨铭记于心，就好像这些事情刚发生在昨天。这个地区根本不存在遗忘和原谅。

南斯拉夫在"二战"中分裂，克罗地亚站在了德国一边，而塞尔维亚则成为同盟国的一员。战争结束后，二者被共产党联盟领导下的铁托统一。南斯拉夫也信奉马克思主义，但反对苏联，它不想成为苏联的卫星国，于是采取了与美国合作的政策。夹在北约和华约之间的南斯拉夫组成了一个单一国家，但极不稳固。[2]

1991 年，当这个角力场瓦解之后，南斯拉夫分崩离析，犹如一个政治断层引发了一场大规模地震。这个古老并且被冻结已久的民族突然发现自己重新获得了行动自由。塞尔维亚、克罗地亚、黑山、波黑、马其顿以及斯洛文尼亚等一战前从未听说过的国家突然冒了出来。在这些国家内部，从邻国移民来的其他少数民族也活跃起来，纷纷要求独立。南斯拉夫的分崩离析，将极大地影响 21 世纪早期的世界局势。

南斯拉夫战争以前一直被误认为是一个简单的局部现象，一次独特的事件，但事实上远非如此。它是对苏联解体做出的最早也是最轰动的反应，此前被压抑了50年之久的激情突然被重新点燃，固定的边界变得模糊不清。它可能，甚至一定是全球体系转变带来的一个地区现象。除此之外，南斯拉夫战争也绝非一个单一现象，它只不过是第一个断层（印度、阿富汗和巴基斯坦北部群山以北方向的延伸线）引发的结果。南斯拉夫战争拉开了由苏联解体引发的更大动荡的序幕。

冷战结束，伊斯兰世界动荡开始？

美苏冲突的区域横跨苏联外围区域。冷战结束时，苏联的边境有三个不同的地段：从挪威一直延伸至德国和捷克边境的欧洲段，从阿留申群岛经过日本直到中国的亚洲段，以及从阿富汗北部一直延伸到南斯拉夫的地段。苏联解体对第三个地段的影响最大。南斯拉夫率先解体的混乱状态将逐渐蔓延至整个地段，甚至殃及一些与之不相邻的国家。

从南斯拉夫到阿富汗和巴基斯坦的广大区域在很大程度上被卷入冷战。虽然冷战期间，有些地区也发生了一些区域冲突，比如伊朗从原来的亲美立场转变为同时反美和反苏、苏联入侵阿富汗，以及两伊战争，但该地区却因冷战以一种奇怪的方式维持着自身的稳定。不管这里发生过多少国内冲突，但从未完全爆发，也未升级为全球"热"战。

随着苏联解体，这个地区的稳定态势不复存在。这片从南斯拉夫延伸至阿富汗，向南深入阿拉伯半岛的区域是全球三大穆斯林主要聚居区之一，其他两个聚居区是北非和东南亚。这一区域面积广大，国家众多，而且民族分歧非常严重。在很大程度上，它不是一个单一地区，但我们将其看做单一地区，因为这里是苏联包围圈的南线。

冷战的分界线从这里直接穿过，这是非常重要的一点。阿塞拜疆、乌兹别克斯坦、土库曼斯坦、吉尔吉斯斯坦以及哈萨克斯坦等国都是穆斯林占主导地位的苏联加盟国，后来都在苏联解体后建立了共和国。俄罗斯联邦也有一些穆斯林地区，比如车臣。

上述整个区域历来就极不稳定。穿过这一区域需要历经周折，它也是从亚历山大港到英国的征服者们的贸易和入侵路线。这个地方一直是地缘政治的一个火花点，但直到冷战结束，这个火药桶才真正被点燃。苏联解体后，它的六个加盟共和国突然宣布独立。南部的阿拉伯世界不是失去了靠山（伊拉克和叙利亚），就是失去了敌人（沙特和其他波斯湾国家）。印度也失去靠山，而巴基斯坦则感觉到从印度的威胁中解放了出来——至少是暂时的解放。整个国际关系体系被扔到九霄云外，任何极其微小的稳定状态都会被破坏。

1992年，苏联从高加索和中亚地区撤军，犹如退潮。许多已经遭受了一个世纪甚至更长时间奴役的国家如雨后春笋般诞生，它们没有自己的政治传统，甚至在一定意义上也没有功能齐全的经济体系。与此同时，美国对该地区的兴趣也日趋减小。在1991年的"沙漠风暴行动"结束后，美国认为阿富汗这类国家似乎作用不大。冷战已经结束，再也没有一个国家能对美国构成战略威胁，之前美苏激烈争夺的地区已经可以按照自己的意志自由发展了。

详细描述这个地区（尤其是阿富汗）是如何陷入混乱状态已经不再重要，因为它不像南斯拉夫发生的频繁战端那样具有借鉴意义，但可以被总结为如下过程：从20世纪70年代末到苏联解体，美国帮助阿富汗创建了一支能够抵抗苏联的力量，而在苏联解体后，这些力量反过来又将矛头对准了美国。这些经过秘密训练并且熟知美国情报机构运作过程的人员发动了一系列反美行动，而这些行动在2001年9月11日达到高潮。美国以入侵行动作为针锋相对的回应，首先是阿富汗，而后是伊拉克，很快，这个地区就变得面目全非。

就像"二战"后苏联遇到的情况一样，美国将伊斯兰圣战者作为打击目标，不得不应付自己亲手培育出来的"怪物"。但这还是一个比较次要的问题，更加严峻的两难处境在于，苏联解体打破了能在某种程度上维持该地区秩序的国际体系。不管有没有基地组织，苏联加盟共和国及其南部的穆斯林国家都将变得动荡不安，就像南斯拉夫一样，这种动荡不安必将以某种方式将全球唯一的超级大国美国拉进泥潭。这是一场完美风暴。从奥地利边境到印度克什米尔的广大地区都动荡不安，美国试图使它们处于可控状态，但结果很难预料。

这一问题还有另一方面值得关注，尤其是考虑到将在下一章探讨的人口趋势问题。穆斯林世界内部极不稳定性。在人口趋势变化的推动下，伊斯兰传统人士对改变习俗（尤其是关于妇女地位的问题）的抵制，是该地区不稳定性背后的重要推动力。穆斯林传统人士和世俗主义者之间的斗争破坏了这个地区的稳定，而美国则对日益增长的世俗化情绪负有责任。这像是对该地区状况的肤浅解读，但就像我们将看到的，这比第一眼看到的表象有更深、更广的意义。家庭结构的改变、对这种改变的抵制，以及"9·11"事件，三者之间有密不可分的联系。

从更广泛意义上的地缘政治观点来看，"9·11"事件终结了从冷战结束到下一个时代（美国—伊斯兰圣战者战争）开始前的真空期。如果我们将胜利定义为重新建立一个伊斯兰国家或伊斯兰帝国的话，那么伊斯兰圣战者根本不可能获得成功。伊斯兰世界难以克服极为严重的内部分歧，而强大的美国又不可能被轻易击败，如此混乱的局面永远也不可能使伊斯兰圣战者获胜。

事实上，这场战争是大国角力场转移造成的，它不会持续太久，只是暂时爆发的区域冲突。**伊斯兰世界的种族和宗教分歧意味着，即使美国不能继续控制这个地区，伊斯兰世界也不会出现一个稳定的政权。**伊斯兰世界的分化和动荡已经持续超过一千年，很难立即变得团结。而且，即使美国在这个地方被打败，也不会削弱它统治全球的基本国力。一如越南战争，它仅仅是过眼云烟。[3]

同时，美国和伊斯兰圣战者之间的冲突似乎又是如此激烈和势不可挡，因此，很难想象这场战争将草草收场。一些言辞谨慎的人都认为这场冲突将支配整个世界，但从本书此前阐述的 20 年周期的观点来看，到 2020 年，美国和伊斯兰圣战者之间的冲突依然主导世界走势的可能性非常小。事实上，目前正发生在伊斯兰世界的事件最终将无足轻重。如果美国能继续保持国力的上升趋势，那么到 2020 年，美国要面对的是完全不同的挑战。

伊斯兰世界打乱了美国的世界大棋局

美国的活力还包括另一个我们必须阐述的元素：促成美国外交政策的总体战略。美国对"9·11"事件的反应看起来一团糟，而且很随意，但实际上，这都是按计划行事。如果一个人能出来盘点全局的话，那么美国这些看起来随意的行动实际上都颇有深意。

美国还没有在心理上为"9·11"以及后来发生的事情做好准备。不管是否准备好，这场"地震"都已爆发，而美国则以适合其总体战略的方式给予了积极回应。从巴尔干半岛到伊拉克，美国都自动对当地局势做出了回应，而它似乎没有仔细审视自己正在做什么或者这么做的原因。美国就好像是在自动领航仪上进行操作，不论是克林顿总统，还是布什总统，他们都一直在运作这种模式。

政策结束之时，就是总体战略开启之日。设想，假如富兰克林·罗斯福 (Franklin Roosevelt) 没有在 1940 年第 3 次参选总统，那么日本和德国的做法就会有所不同吗？美国会容忍日本统治西太平洋吗？会接受英国战败以及英国军舰落入德国之手吗？战争的细节可能会不同，但很难想象美国会袖手旁观，或者战争以同盟国的失败而告终，或者这场由美国总体战略决定的冲突的大体轮廓发生改变。

冷战期间，除了遏制苏联之外，美国还可能存在其他总体战略吗？首先，美国不可能入侵东欧，因为苏联军事力量非常雄厚；其次，美国也不可能允许苏联占领西欧，因为如果苏联占领西欧的工厂，长期下来，苏联的国力就会凌驾于美国之上。因此，遏制苏联不是随机性的选择，而是美国能对苏联所做的唯一反应。

所有国家都有自己的总体战略，但这并不意味着所有国家都能够实现自身的战略目标。立陶宛的目标是摆脱外国的干涉（尤其是俄罗斯）和占领从而恢复自由，但其经济、人口以及地理状况决定了它不可能永久性地实现目标，只会偶尔达成心愿。西班牙的战略目标以16世纪自身的经济地位为后盾，但受到军事实力的限制。与世界上其他大多数国家不同的是，美国已经实现大多数的战略目标（我将在后面对此进行阐述）。美国的经济和社会都开足马力向这一总体战略目标挺进。

一个国家的总体战略已经根植于它的DNA中，而且看起来十分自然，以至于政治家和将军们都没有特别留意到它，只是在潜意识的逻辑中深受总体战略的影响。但从地缘政治或者宏观角度来看，一个国家的总体战略和逻辑都把这个国家的领导人推到了风口浪尖。

总体战略并不总是与战争相关，它涉及能提升一个国家综合国力的所有进程。但对于美国来说，它的总体战略可能比其他国家更多地涉及战争，以及战争与经济之间的相互关系，因为美国有史以来就是一个好战的国家。

自宣布独立后，美国有10%的时间都处于战争时期。这个数据还只是包括了一些主要战争，如1812年美英战争、美墨战争、南北战争、两次世界大战、朝鲜战争以及越南战争，并未囊括美西战争以及"沙漠风暴行动"这类小规模的冲突或军事行动。整个 20 世纪，美国有 15% 的时间都在打仗；在 20 世纪后 50 年，这一比例升至 22%；而 21 世纪以来，美国更是不断卷入各种战争。战争是美国历史的核心，它的频率正在不断增大。战争渗透进美国文化，并且深植于美国的地缘政治之中。因此，我们必须明确理解其目的。

美国诞生于战火之中，而且还在以更快的步伐进行战斗。挪威的总体战略可能更多的是关于经济而非战争，但美国的战略目标及其总体战略都涉及战争，这主要是出于恐惧。其实，许多国家也是如此。罗马并没有打算征服世界，它只是想保护自己，而正是在保护自己的过程中，罗马逐渐成为一个帝国。可能最让美国满意的地方在于自己不会被英国击败，就像 1812 年的那次战争一样。不过，每当一种恐惧消失之后，美国又会产生新的弱点和新的恐惧。每个国家都会受到一种恐惧感的驱使，那就是害怕失去现有的东西。以下提到美国总体战略的部分，我们不妨从"恐惧"这个角度来理解。

美国有五个地缘政治目标来推动其总体战略。从下文中你可以发现，其重要性、野心和困难程度都在递增。

美国军队称雄北美大陆

如果美国依旧是一个坐落在海岸和群山之间、由互不相关的各州组成的国家，那么它绝不可能生存下来。它不但需要统一，而且还需要将国土延伸至阿勒格尼山脉和落基山脉之间的广大区域。这不但给美国提供了战略纵深（指作战部队由边界至中心可做战略性运动的地域空间，是衡量一个国家的战争潜力的重要因素。——译者注），而且还赐给了美国全球最肥沃的土地。更重要的是，这使美国拥有可通航河流的优越地理位置。这条河流把美国的过剩农产品运送到全球市场，并因此创造了一个商业农场主 (businessmen-farmers) 阶级，这在历史上是独一无二的。

1803 年买进路易斯安那使美国在名义上拥有了这块土地的所有权，然而，直到 1814 年的新奥尔良战争 [在这场战争中，安德鲁·杰克逊 (Andrew Jackson) 领导的军队击败了英国]，美国才拥有了这片土地的实际控制权，因为新奥尔良是当时整个河流体系中的一个盲点。如果说约克镇战役造就了美国，那么新奥尔良战争则为美国经济打下了基础。而对这一切提供安全保障的是新奥尔良以西几百英里远的圣哈辛托。墨西哥军队在那里被击败，而且可能永远不会再对密西西比河流域形成威胁。墨西哥军队的战败并非必然。那时，墨西哥在许多方面都比美国更发达和强大，它的战败使得美国军队成为北美洲的统治力量，也使这个大陆成为富饶辽阔且无人匹敌的美国的囊中之物。

绞尽心思做西半球的"老大"

在北美洲的地位得到保障之后，拉丁美洲便成为唯一紧迫的威胁。事实上，南北美洲都是岛，没有实际相连，大规模军队不可能跨过巴拿马和中美洲。将南美洲统一为一个实体还是很遥远的事情。看看南美洲的地形图，就可以发现当中有一大块都是无法通行的地带。

因此，南美洲不可能出现横跨大陆的力量：美洲大陆被一分为二。也正因如此，南美洲不可能出现一个威胁美国的本土力量。

美国的主要威胁来自欧洲国家在南美洲、中美洲和加勒比海域的海军基地，以及墨西哥的陆上力量。这也就是门罗主义的核心。很久以前，阻止欧洲在上述区域建立基地就成为一个迫切的任务。事实上，直到"二战"前，这一任务还没有完成。1940 年之前，英国海军遍布美国东海岸，但在这一年后，美国以向英国租借驱逐舰和其他装备为

条件从英国手中换来这些基地的使用权。至此，在拉丁美洲，唯一能让美国担心的就是其他国家建立的军事基地。

用强大的海军为美国打造"金钟罩"

1812 年，英国海军驶入美国的切萨皮克湾，并火烧华盛顿。整个 19 世纪，美国都害怕英国会对北大西洋实施高压政策来关闭自己的海洋通道，围困自己。这种恐惧并非杞人忧天，实际上英国不止一次考虑过这种做法。从另一个层面上来讲，这也是美国从美西战争到冷战期间对古巴心存成见的根源。

在 19 世纪末确保西半球的安全之后，美国又转移兴趣，致力于控制能够抵达美国海岸线的航道，使其免受外国海军力量的侵扰。美国首先保证了它的太平洋航道的安全。在南北战争中，美国得到了阿拉斯加，而后在 1898 年取得夏威夷。通过掌控补给舰的停泊地点，这两步行动消除了任何敌方舰队从美国西岸接近其陆地而造成的威胁。美国又借用"二战"中英国的弱点控制了大西洋，将英国从美国近海岸驱逐出去。到"二战"结束时，美国创建了一支规模庞大的海军，甚至连英国海军都不能在没有得到美国允许的前提下在大西洋实施行动。这使得美国能够有效地避免外敌的入侵。

紧掐"世界咽喉"的海洋霸主

美国在"二战"中崛起，它不但建立了全球规模最大的海军，而且其海军基地遍布世界各地，这一事实改变了世界的运行方式。就像我在上文中提到的，在海洋中航行的任何船只（无论军用还是商用，从波斯湾到中国南海），美国海军都不会对其进行直接监控，但可以选择监视、拦截或击沉对方。自"二战"结束后，与美国的制海权相比，全世界现存海军力量的总和也不过是小巫见大巫。

这强化了全球最重要的一个地缘政治现实：美国控制了全部海洋。历史上还没有一个国家能够做到这一点。对全球海洋的控制不但是美国安全的基石，也成为美国左右国际体系能力的基础。如果美国不允许，任何人在海洋上都寸步难行。因此，**保持对全球海洋的控制是美国唯一重要的地缘政治目标**。

"胡萝卜加大棒"压制潜在对手

在完成统治全球海洋这一前所未有的伟业之后，美国当然想保持这种优势。要做到这一点，最简单的方法就是阻止其他国家建造海军，而这又可以通过确定没有任何国家存在建造海军的动机或者拥有建造海军的资源来实施。美国的策略之一是"胡萝卜政策"，这项政策确保每个国家都可以在没有海军的前提下有权使用海洋；另一项政策是"大棒政策"，其宗旨是以陆地对抗来束缚潜在敌手，迫使他们将大部分军费花在陆军和坦克上，而只有很少一部用在海军方面。

冷战中，美国主要通过两个途径崛起：不断膨胀的利益和坚定不移的策略。不断膨胀的利益在于破坏任何亚欧大陆国家的陆上安全，从而使它们无暇建造海军。既然亚欧大陆已经不存在单一国家的威胁，美国就可以将注意力集中于地区性大国的崛起上，这些国家所形成的区域安全程度可能足以使它们开启自身的海洋势力。因此，美国致力于创建一系列不断变换的联盟，试图束缚任何潜在的地区性大国。

美国必须准备好对整个亚欧大陆进行常规或突发干预。苏联解体后，美国确实参与了一系列旨在维持区域平衡，阻止地区性大国崛起的行动。第一个重大干预发生在科威特，美国通过干预科威特战争击溃了伊拉克的野心。当时，苏联虽然已经解体但其影响力还未彻底消除；第二次干预是在南斯拉夫，目的是阻止塞尔维亚控制巴尔干半岛；第三次的一系列干预行动是在伊斯兰世界，目的是遏制基地组织（或其他任何人）创建一个牢固的伊斯兰帝国的欲望。对阿富汗和伊拉克的干预都是这一系列行动中的一部分。

相对于美国的总体战略来说，这些干预都微不足道。在伊拉克，美国最大规模的军事行动也仅用了不到 20 万军队，而阵亡士兵更是不到 5 000 人，是越南战争中伤亡数量的 6%～8%，更只占"二战"伤亡数量的 1% 左右。对于一个人口超过 2.5 亿的大国来说，这点损失真的不算什么。美国倾向过分夸大小规模干预，这是因为美国是个不太成熟的国家。

上述内容使我们理解了美国对伊斯兰极端恐怖主义袭击的回应，以及许多其他事件的来龙去脉。在实现战略目标之后，美国还有一个终极目标，那就是阻止亚欧大陆上崛起任何可能对美国利益造成威胁的大国。不过，就像下文将阐述的那样，还存在一个矛盾，**美国实施这些干预的目的永远都不是为了获得什么（抛开政治辞令的粉饰），而是为了阻止。美国想要阻止，甚至破坏某些可能会崛起的另一个强国的地区稳定性**。这也就解释了美国对伊斯兰恐怖袭击所作的回应，它想阻止一个幅员辽阔、实力雄厚的伊斯兰国家的出现。

美国对亚欧大陆的和平丝毫没有兴趣，那只不过是政治辞令。美国也没有兴趣在一夜之间赢得一场战争，就像越南和朝鲜战争。美国在这两场战争中的目的就是阻止一个国家的崛起或破坏这个地区的稳定性，而非强加一种秩序。即使美国彻底战败，但如果是在合适的时候发生，这也是可以接受的结果。不过，动用最少的力量（当绝对需要时）来维持亚欧大陆的力量平衡——现在是，以后也仍然是美国 21世纪对外政策的驱动力。未来将有无数个科索沃和伊拉克在未知的地方和未知的时间出现。对于美国而言，将稳定巴尔干和中东当做自身的首要目标是非常不明智的。但是，既然美国的首要目的可能仅仅是遏制或破坏塞尔维亚及基地组织的稳定性，那它的干预行动不失为一种理性的选择。在这些地区，似乎永远不会有任何接近"解决办法"的办法出现，也永远不会有足够的力量来决定胜负。

对"全球公敌"敢怒不敢言

现在，国际体系已经严重失衡。美国如此强大，以至于世界上的其他国家几乎不可能控制其行为。国际体系的自然趋势是走向均衡。在一个失衡的世界中，弱小国家都面临来自强大国家的威胁。因此，它们倾向于与其他国家结盟，以致能在力量上与强国相抗衡。越战败北之后，美国与中国结盟以遏制看起来正在变得极其强大的苏联。

在 21 世纪创建一个联盟来遏制美国将是一件极度困难的事情。弱小国家会发现，与美国共处比加入反美联盟更容易——创建一个团结一心的联盟并非易事，而且一旦这个联盟分崩离析（通常情况都是这样），美国可能就不会那么宽宏大量了。

结果，我们看到了以下这种矛盾：一方面，各国都对美国深感愤怒和恐惧；但另一方面，每个国家仍试图寻求一种与美国和睦相处的方法。这种失衡状态将主导 21 世纪，各国将费尽全力遏制美国的发展。21 世纪危机重重，尤其是对那些美国之外的国家而言。

地缘政治学中有一个核心衡量指标：误差幅度（margin of error）。它预测一个国家能够犯错误的空间有多大。误差幅度包含两部分内容：一个国家所犯错误的类型以及这个国家的国力大小。一些国家的误差幅度非常小。这类国家很容易被外交政策中的细枝末节所困扰。它们意识到，即便非常小的失误也可能导致灾难性后果，如以色列和巴勒斯坦，因为它们的国土面积狭小，而且所处的地理位置很特殊。与此相反，爱尔兰却拥有很大的误差幅度。它的国土面积虽然也很小，但周围空间广阔。

美国拥有的误差幅度非常大。它在北美非常安全，而且国力十分强大。因此，美国倾向于在全球以随意的方式炫耀其实力。美国并不笨，只是不需要那么谨慎——事实上，太过谨慎经常会降低效率，就像一个银行家准备发放不良贷款，是因为他希望自己能放长线，钓大鱼。在其他国家看来，美国的政策常常很鲁莽，而且后果可能十分严重，甚至是灾难性的。但美国一切照旧，进行得轰轰烈烈。

这种情况在越南出现过，现在，这一幕又在伊拉克重新上演。在美国历史上，这些冲突都只不过是一些个别片段，几乎没有任何持续性的影响——除了对越南人和伊拉克人自己。美国仍是一个年轻和野蛮的国家。它很容易变得情绪化，并且缺乏一种用历史观点去看待问题的意识。实际上，这也提升了美国的国力，因为可以通过提供情感资源来使它克服逆境。美国经常采取过激行动，那些在某一时刻看似是巨大灾难的事件却能激发美国去果断地解决问题。**一个崛起中的国家会采取过激行动，一个成熟的国家会寻求平衡，而一个衰退的国家则会失去恢复平衡的能力。**

美国是一个非常年轻的国家，作为统治全球的大国，它甚至只是个新生儿。就像一个年轻而充满活力的青少年，它会对一些事产生过激的情绪，而这些事会在几年之后被忘得一干二净。黎巴嫩、巴拿马、科威特、海地、索马里、波斯尼亚以及科索沃等一些国家在当时看起来都格外重要，甚至具有决定性影响。但现实是，在美国，很少有人记得这几个国家，即便记得，他们也不能清楚地解释当初自己到底为什么卷入那些冲突。美国常因一时的冲动而过快地消耗了自己的实力。

反过来看，上述现象的关键在于，那些国家的人民都清楚地记得他们与美国之间的各种纠葛。在美国看来如过眼烟云的事却是其他国家历史上的决定性时刻。这里我们发现了 21 世纪的第一个，也是最关键的一个不对称现象。美国在全世界都有自己的利益目标，它将自己置于大量的全球冲突之中，任何其他国家的参与都不甚重要。不过，对于那些作为美国利益目标的国家来说，任何干预都是一次大变革。通常，这些利益目标国在面对美国的行动时都显得很无助，而且这种无助会逐渐演变成愤怒，即便冲突并不激烈。当作为“公敌”的美国刀枪不入而又冷漠无情的时候，这种愤怒就会不断膨胀。21 世纪历史将呈现出两种面貌，一方面，美国对自己的行动结果漠不关心；另一方面，全球其他国家都对美国进行抵制并心怀怨愤。

美国与穆斯林的战争才刚刚开始

随着美国—伊斯兰圣战者战争的逐步终结，美国对抗伊斯兰激进分子的第一防线将深入穆斯林国家内部。这些国家是基地组织的最终目标，但不管伊斯兰和西方的观点如何，穆斯林国家都不打算将政权交给基地组织。与此相反，它们将运用自己的国力（如情报、安全以及军事力量）来镇压基地组织。

基地组织的失败就相当于美国的胜利，一个混乱分裂的伊斯兰世界意味着美国已经实现其战略目标。自 2001 年以来，美国一直在伊斯兰世界制造混乱，制造对美国的憎恶，或者将在未来袭击美国的恐怖分子，但该地区的动荡不安使其没有衍生一个联合的区域性超级大国。事实上，这个地区比以前更加破碎，这也可能就是它在这个时代的最终结局。美国在伊拉克和阿富汗发动的战争似乎都将以“败北”或“僵局”等不利于美国的结局而告终。毫无疑问，美国攻打伊拉克的战争技巧是笨拙的、失之优雅的，而且在许多方面都不老练。事实上，美国在弱化冲突以及使用力量方面都还很莽撞幼稚，但从一个更加广阔、更具战略意义的水平上来看，这无关紧要。只要穆斯林相互争斗，美国就赢得了战争。[4]

这并不代表伊斯兰世界在未来不会产生一个强大的、对美国利益形成挑战的单一民族国家。历史上，土耳其就是伊斯兰世界的一个大国，我们将在下面几章看到，它将再次崛起。它的崛起不是苏联解体引发混乱的结果，而是源于新的活力。愤怒不会创造历史，但国力的确会。国力可能会因愤怒而得到提升，但它更多地来源于基本的现实，如地理、人口、技术以及文化等。所有这些都将决定美国国力，正如美国国力将决定 21 世纪的历史一样。

IOQ

注　释

[1] 罗伯特·D.卡普兰.即将到来的地缘战争 [M].广州：广东人民出版社，2013：255～256.

正如霍奇森所说，某些中东国家的建立虽然是西方殖民地时代地图任意裁定的结果，但在古代也有其地理基础。这些国家的多样性，加上宗教、意识形态、民主化的力量，竞相操纵其发展进程，并进一步为阿尔弗雷德·塞耶·马汉的理论提供部分具体论据。处于地球干旱地带最核心的地区，也是地球上最不稳定的地区，这是 21 世纪世界政治最关键的事实。

中东看起来非常无序，令人眼花缭乱。王国、苏丹、神权、民主、军事独裁，其共同边界像是由一把没有握稳的剪刀任意裁出。整个区域包括非洲之角、北非、中亚，在一定程度上还包括印度次大陆，构成一个压缩版的"不稳定轴心"(axis of instability)。在这里，各大洲、历史道路网、海上通道相互交错衔接，更重要的是，这一地区蕴藏丰富的石油和天然气，各占世界已探明储量的 70% 和 40%。

耶鲁大学教授保罗·布拉肯提到的所有病症，本地区都容易发生：极端主义意识形态、从众心理、重叠覆盖的导弹射程范围，还有唯利是图的传媒，其观点的偏执程度丝毫不亚于福克斯新闻台（Fox News）。事实上，中东是除朝鲜半岛以外核扩散问题最严重的地区。

[2] 罗伯特·D.卡普兰.即将到来的地缘战争 [M].广州：广东人民出版社，2013：15.

在 20 世纪 80 年代和 90 年代，"中欧"给人的感觉是一种身处地理之中的文化，或者就是这种文化组成了地理的每一个节点，像山脉一般连绵不绝，或像苏军坦克的履带一般回环往复。具有讽刺意味的是，几年之后，随着种族冲突在南斯拉夫爆发，"中欧"这个概念竟从统一体变成了分支；

"巴尔干"也在人们的意识中被肢解出来，成为了新近东的一部分。

巴尔干是古老的土耳其帝国和拜占庭帝国的同义词，崇山峻岭阻碍了发展，这里的生活水平相对比较低下，比起位于欧洲心脏地带的哈布斯堡王朝和普鲁士帝国，要落后几十年甚至几百年。而罗马尼亚和保加利亚等巴尔干国家始终遭受着一定程度的贫困和压迫，但在北方，即前苏联的"中欧部分"则对此并无体会。

我们目前聚焦于地理，是在坚持部分的或迟疑的决定论，承认族群和地形之间的明显差异，但并不过份简化，并且留下许多可能性的窗口。自由国际主义者普遍支持在巴尔干地区进行干预，但反对入侵伊拉克，就反映了这一精神的细微差别。他们凭直觉隐隐约约地感觉到一个主要的地理事实，那就是前南斯拉夫处于前奥斯曼帝国最西端，毗邻中欧，而美索不达米亚平原处在前奥斯曼帝国最混乱的东部末梢。因为这一事实一直影响着那里的政治发展，在伊拉克的干预将被证明只是这种影响的延伸。整个冷战期间，南斯拉夫是一个比其巴尔干邻国更加开放的社会，但是种族和宗教分歧几乎毁掉了它。

[3] 罗伯特·D. 卡普兰. 即将到来的地缘战争 [M]. 广州：广东人民出版社，2013：64～65.

汤因比悲叹阿拉伯世界的分裂，声称"在'西方化'目力所及范围内，任何伊斯兰世界国家都难逃其手"。伊斯兰教构成了世界上的一大文明体，这是事实，但并不意味着它被确立为一个政体。正如霍奇森所说，文明有许多不同的人口节点，丰富多彩的前伊斯兰时代已过去，现在轮到后殖民时代粉墨登场了。伊朗高地就其本质而言，一直与美索不达米亚有政治和文化联系，历史上不乏明显的证据；2003年美国入侵伊拉克，为伊朗重新进入该地区打开大门。事实上，第3章"地理的历史轮廓"中说到，波斯与美索不达米亚之间不断转移的边界，正是幼发拉底河本身，只不过现在它正处于伊拉克的心脏地区。

[4] 罗伯特·D. 卡普兰. 即将到来的地缘战争 [M]. 广州：广东人民出版社，2013：141.

　　在过去的半个世纪里，伊斯兰教也部分地上演了城市化剧目，其范围横跨北非和大中东，这也是 2011 年激进的民主示威者推翻各个阿拉伯政权的故事。忘记阿拉伯游牧民族或高原沙漠上绿洲居民的形象吧，现在的他们大多是城市居民，混迹于拥挤破旧的都市民居中。城市生活的人情淡漠，更助长了宗教感情的加深。在古老的村庄，宗教是广义的大家庭之间日常传统和生活的自然延伸；但向城市迁移的过程中，穆斯林们逐渐走进了贫民窟式的生存环境，过着隐姓埋名的生活。为了保持家族的凝聚力，让年轻人不致滑向犯罪深渊，宗教必须经过重新改造，刻意显得惊世骇俗，或具有更强烈的意识形态色彩。国家的职能因此被削弱了，或至少让它三分，有时甚至不得不容忍极端的民族主义和宗教行为，这些都是城市化推进的后果。最终，新的宗教社区站稳了脚跟，超越了传统的地理障碍，甚至形成了自己独特的空间格局。

第 3 章

混乱的秩序
文化战争、人口爆炸和计算机的逻辑

以圣经和计算机为代表的价值观和积极创新的不稳定结合体构成了美国文化的根基。文化冲突甚至成为了本·拉登与美国对立的根因。作为社会文化的构成部分，人口增长的停滞不仅造成生活方式的转变，更悄然无息地改变了世界政治的风向。随着美国国力的继续增长，未来以混乱的家庭模式和计算机逻辑为代表的社会模式是否将主导世界？

"默罕默德"与"耶稣"背后的较量

2002 年，奥萨马·本·拉登 (Osama bin Laden) 在他《致美国的信》中说道："你们是一个把女人当做消费品或者广告工具的国家，你们号召消费者去购买她们，让她们来服务乘客、游客以及陌生人，以此来提高利润，而后你们再高喊着支持妇女解放。"

这段引文表明，基地组织为之战斗的是传统的家庭观念。这并不是他们纲领的次要部分，而是核心。传统家庭是围绕一些清晰界定的原则建立起来的：

第一，家庭是妇女的主要活动范围，而家庭之外则是男人的领域。

第二，性生活被局限在家庭以及住所内，私通以及家庭外的性生活是不可接受的。

第三，妇女的主要任务就是生育和抚养下一代。因此，需要对女人进行极端控制来保全家庭以及社会的完整。

有趣的是，本·拉登的一封信就把伊斯兰世界关于女人的问题讲清楚了。他之所以憎恨美国，是因为这个国家提倡的关于女人和家庭的观点和他完全相左。

基地组织的观点并不为本·拉登或者伊斯兰所独有。这个组织准备走多远可能是它自己的事，但妇女和家庭问题，是罗马天主教、新教原旨主义、正统的犹太教以及佛教的各个分支都必须面对的。在这些问题上，所有的教派内部观点不一，所有的社会也是如此。在美国，我们谈论"文化战争"，其主要分歧就是关于家庭及其定义的问题。所有社会都在传统主义者和试图重新定义家庭、妇女以及性的革新者之间分化。

这场冲突将会在 21 世纪愈演愈烈，但传统主义者会一直处于战争的守势，而且必将以失败而告终。其原因在于，过去几百年，人类生活的基本构造（尤其是妇女的生活）已经改变，家庭结构也已经随之发生变化。欧洲、美国、日本这些国家所历经的变化，正蔓延至世界其他地方。这些问题将使社会分化，但并不能阻止家庭变革的步伐。

这并不是说改变本身是好是坏，而是说这一趋势不可阻挡，因为全世界的人口状况正在发生改变。当前，世界人口发生的最重要的变化是全球的出生率出现急剧下降趋势。有一点需要重申：在世界人口方面，最有意义的统计数据就是出生率的整体下滑。妇女的生育数量每年都在减少。这不仅意味着上两个世纪的人口爆炸时代正在走向终结，而且意味着妇女养育子女的时间将大幅减少，即便女性的人均寿命已经上升。

这看起来很简单，但我要解释的是，这件再平凡不过的事情，是基地组织（甚至更多类似组织）形成和屡战屡败的重要原因。同时，它也说明了为什么人口不断增长（无论是通过征服其他民族，还是生育更多婴儿）的欧洲时代，正在被美国时代所取代。与欧洲不同，美

国历来是一个人口不足的国家。现在就让我们从人口爆炸时代的终结来开始阐述吧。

人口爆炸使得出生率剧降？

近几十年来，人们普遍认为：全球正面临严峻的人口激增问题。失控的人口增长过度消耗了稀缺资源，破坏了环境。人口越多，需求也就越大，如食物、能源以及消费品，这反过来又会导致全球气候变暖及其他生态灾难，但在人口激增的基本前提下，人们一致认为所有这些问题的产生都是显而易见的。

不过如今这一模式已经不再适用。我们已经目睹了先进工业化国家正在发生的变化。人们的寿命越来越长，而由于出生率下降，年轻工人的数量根本不能填补日益增多的退休老工人造成的岗位空缺。欧洲和日本正在经历这种困境，美国不久也将品尝到其中的滋味，但日益老龄化的人口结构只不过是冰山一角，是由人口增长停滞引起的第一个问题。

人们假设，虽然欧洲的人口增速可能会减弱，但全球总人口仍将处于失控的增长状态，原因是不发达国家的出生率非常高。事实上，现状正好相反，全球各地的出生率都在急速下降。先进工业化国家的人口正在下降，世界其他地方也将紧随其后，而这一人口趋势的转变将成为塑造 21 世纪世界历史的重要力量。[1]

世界上一些地位极其重要的发达国家，如德国和俄罗斯，将面临严重的人口负增长问题。今天，欧洲人口总数约为 7.28 亿。联合国预计，到 2050 年，欧洲人口数量将降至 5.57 亿～ 6.53 亿，降幅非常大。5.57 亿是假设平均每个妇女将生育 1.6 个孩子，而 6.53 亿则假设妇女的平均生育数量是 2.1 个。当今欧洲，平均每个妇女的生育数量是 1.4

个。这就是我们关注未来更低的预期生育率的原因所在。

从传统观点来看，人口下降意味着国力下降。对于欧洲来说，这确实是事实，但对于美国这类国家来说，想在未来几百年继续保持政治影响力，维持人口水平或者寻找其他的技术手段增加正在日益下降的人口数量将至关重要。

要想论证这一极端论断，我们必须整理一下思路，并在考虑其结果之前对这些数据进行深入的了解。这是人类历史上的核心问题，我们需要理解它发生的原因。

我们从简单的数据开始。从 1750 年到 1950 年的 200 年间，世界人口大约从 10 亿增至 30 亿。从 1950 年到 2000 年的短短 50 年间，这一数字翻了一番，全球人口从 30 亿增至 60 亿。在此期间，不但世界人口在持续增长，人口出生率也呈现出惊人的加速增长趋势。如果这种趋势持续下去，全球都将因此面临灾难。

但实际情况正好相反，人口出生率并没有持续增长下去，而是正在急剧下降。根据联合国提供的数据，从 2000 年到 2050 年，全球人口将持续增长，但只会增加 50%，为此前 50 年增速的一半。本世纪后 50 年，这一数字将更加有趣：全球人口会继续增长，但增速仅为 10%。这就好像是踩了急刹车。事实上，有些人（不是联合国）甚至预期，全球总人口将从 2100 年开始下降。

这一趋势将最先在先进工业化国家中显现出来，其中许多国家的人口都将明显下降。巴西和韩国这类中等发达国家的人口增长将在本世纪中叶趋于稳定，到 2100 年开始缓慢下降。世界上只有一些不发达地区，如刚果和孟加拉国，其人口到 2100 年还会继续增长，但增幅肯定要小于过去几百年。不管从哪个角度来看，人口爆炸的时代即将结束。

让我们来仔细了解一个临界值——2.1，这是为从总体上维持全球人口水平而要求每个妇女必须生育的平均数量。在其他条件一定的情况下，如果女性的平均生育数量高于这个数字，全球人口就会增长，反之就会下降。根据联合国的数据，全球女性在 20 世纪 70 年代的平均生育数量为 4.5，到 2000 年，这一数字降至 2.7。记住，这是世界平均水平。这是一个很明显的降幅，它也解释了为什么全球人口仍在持续增长，但增速较之以往已经减慢的原因。

联合国预计，到 2050 年，全球出生率将降至平均每个女性仅生育 2.05 个小孩。这刚好低于上述的 "2.1" 的临界值。根据不同的假设，联合国还做了另一项预测：到 2050 年，全球女性的平均生育数量仅为 1.6 个。因此，如果根据拥有最便利数据条件的联合国的预测，到 2050 年，全球人口要么会维持稳定，要么会急剧下降。我相信，后者更接近于未来的现实情况。

1800 年拥有 10 个孩子是财富，2000 年则是灾难

世界上最发达的 44 个国家的人口状况更有趣。在这些国家，女性目前的平均生育数量为 1.6 个，这意味着人口已经开始下降。中等发达国家女性的平均生育数量为 2.9 个，而且这一数字还在下降。即使是在不发达国家，女性平均生育数量也从 6.6 个下降到 5 个，预期到 2050 年会下降到 3 个。毫无疑问，出生率正在急剧下降。原因何在？这个答案可以追溯到人口爆炸的原因。在某种意义上，正是人口爆炸本身所带来的压力让人们下决心终止它。

人口爆炸有两个明显的原因：婴儿死亡率的下降和人均寿命的提高。两者在重要性上旗鼓相当，也都是一系列因素共同作用的结果，包括：现代医疗、更丰富的食物，以及 18 世纪末期开始引入的基本公共医疗。

1800 年，世界上还不存在可靠的出生率统计数据，但对每个妇女平均生育数量的估计可能在 6.5 ~ 8.0 个之间。当时的欧洲妇女平均生育数量与现今孟加拉国妇女的平均生育数量相当，但人口却不见增长。1800 年出生的许多婴孩还没到生育年龄就已经夭折。2.1 的规则仍然有效，每 8 个新生儿中就有 6 个不到 12 岁便早早丧命。

医疗、食物以及公共卫生的飞速进步降低了婴孩的死亡数量，直到 19 世纪末，大多数儿童都能活到拥有自己的孩子。即使婴儿死亡率下降了，家庭模式却没有变化，人们的生育数量还和以前一样。

这不难理解。首先毫不避讳地说，人们喜欢性生活，而当时还不存在避孕措施，这就导致大量婴儿出生。人们不介意养育大量小孩，因为在那时孩子是财富的基础。在农业社会，每一双手都可以创造财富，你不需要会读书或编写计算机程序就可以除草、播种和收割。同时，孩子还是退休的保障，如果你寿命足够长的话。因为当时还没有社会保障，只有依靠自己的孩子来养老送终。因此，之所以多生育，一部分原因是出于风俗习惯，但还有一部分原因则是出于理性的经济思维。一个父亲拥有土地的所有权或者有耕种的权利，孩子要想有权使用这片土地来维持生存，就必须听从父命。

因为孩子能给家庭带来财富和退休保障，所以妇女的主要责任就是尽可能多地生育。如果妇女生育了婴孩，而且他们都能够活到拥有自己的孩子，这个家庭就会变得更富裕。这需要运气，而且从家庭和男主人的立场来看，这也是值得一试的。在性欲和对财富的贪婪的双重作用下，当时的人们没有任何理由不去养育更多的孩子。

习惯很难改变。当家庭成员开始全部迁居到城市时，孩子依旧是很有价值的资产。父母可以在孩子们 6 岁时将他们送到原始工厂里去工作，并领走他们的工钱。在早期的工业社会，工厂不需要大量熟练技工，而是需要农业劳动力，但随着工厂技术变得越来越复杂，他们对 6 岁孩童的使用也就越来越少。不久，这些工厂就需要熟练的、受过高等教育的工人。再后来，拥有 MBA 学历的管理者便炙手可热了。

随着工业复杂性的提高，儿童的经济价值就下降了。为了保持自身"摇钱树"的地位，儿童不得不进入学校接受教育。这不但不会增加家庭收入，还会消耗家庭财富。儿童需要衣食住，而且随着社会的进步，孩子需要受教育的程度也急剧提高。直到今天，许多"儿童"直至 25 岁都在学校接受教育，没挣到一分钱。根据联合国的数据显示，全球最发达的 20 个国家的孩子平均受教育时间介于 15 ～ 17 年。

尽可能多生育的趋势一直延续到 19 世纪末 20 世纪初。许多祖父和曾祖父一辈的家庭都有 10 个孩子。几十年前，10 个孩子当中能有 3 个存活下来就算是幸运的。现在，他们几乎全都能存活下来。不过，1900 年的经济环境让大部分孩子在青春期之前就外出谋生。

在 18 世纪的法国，一个家庭拥有 10 个孩子可能就是上天的恩赐，但到 19 世纪末，10 个孩子对一个家庭来说可能意味着负担，而到了 20 世纪末，他们就成为家庭的灾难了。人们总要经过一段时间才能意识到现实的改变：大多数孩子不会死亡，而养育这些孩子的成本又非常昂贵。因此，人们开始生育越来越少的孩子。生育孩子的目的更多在于享受天伦之乐，而非出于经济考虑。节育等医疗技术的进步使出生率降低，但生养孩子的净成本的增高才是导致生育率下降的根本原因。很明显，孩子从财富的创造者已经转变为消费者。父母开始满足于只养育 1 个小孩，而非 10 个小孩。

现在，让我们来考虑一下平均寿命的问题。毕竟人们的寿命越长，在任何特定时间点上的人口也就更多。在婴儿死亡率下降的同时，人们的平均寿命也增加了。1800 年，欧洲和美国人的平均寿命约为 50 岁。到 2000 年，这一数字已经接近 80。事实上，人们的平均寿命在过去 200 年间翻了一番。平均寿命的持续增加是可能的，但很少有人会预计这一数据会再次翻番。联合国预计，在先进工业化国家，人们的平均寿命将从 2000 年的 76 岁升至 2050 年的 82 岁；在最贫穷的国家，这一数字将从 51 岁升至 66 岁。虽然人们的平均寿命仍在增长，但并不是呈现几何增长形式，且它的增速也在逐渐降低。这也将帮助削减人口的增长数量。

先进工业化国家几十年前发生的出生率下降的现象现在也出现在不发达国家。在圣保罗，生育 10 个孩子无疑是经济自杀。多生育这一习惯可能需要几代人的努力才能改变，但它必变无疑，而且在抚养和教育成本持续增长的情况下，这个习惯不大可能会卷土重来。在人口出生率下降和人均寿命增幅放缓的双重作用下，人口增长的趋势终将结束。

人口停止增长将如何影响世界？

所有这些与 21 世纪的国际影响力有何关系？人口增长趋势的停止将影响所有国家（就像我们将在后面几章看到的那样）及其民众的生活方式。人口数量减少会影响军队数量、国内劳动力以及内部政治稳定等。我们正在谈论的话题不但会影响一个国家的人口数量，也将改变人们，甚至国家的行为方式。

让我们考虑以下三个关键的事实：发达国家中人均寿命的延长（高达 80 岁），妇女的生育数量的下降以及孩子受教育时间的增长。现在在发达国家中，大学教育被认为是维持社会安定和经济繁荣的最低教育水平。大多数学生本科毕业时都已经 22 岁，如果继续深造，那么他们的从业年龄将延迟到 25 岁。当然，并非每个人都遵循这种模式，但有相当比例的人是这样的，他们其中的大多数日后将成为国家政治和经济界的精英。

婚姻模式也因此发生了急剧的变化。人们的婚龄推迟，生育时间也相应延后。让我们来考虑一下这对女性的影响。200 年前，女性在很年轻的时候就开始养育小孩。她们不断生育、抚养孩子（甚至常常亲手埋葬夭折的婴孩）直到自己辞世。这是女性对家庭幸福和社会应尽的义务，也是女性一生中最重要的任务。

在 21 世纪，婚姻模式发生了巨变。假设一个女性在 13 岁进入青春期，并在 50 岁步入更年期，那么她的寿命将达到她祖先的 2 倍，而其中超过一半时间，她都无法生育。假设一个女性一生养育两个孩子，她的孕期将少于 18 个月，大约占她整个寿命的 2%。我们再假设一个很常见的模式：妇女养育两个孩子的时间间隔为 3 年，每个孩子都在 5 岁入学，当年长的孩子开始读书之后，这位母亲就能返回工作岗位。

如此算来，这位母亲一生中花费在生育以及全职抚养孩子方面的时间是 8 年。在人均寿命是 80 岁的情况下，专门花费在生养孩子方面的时间惊人地降至她整个寿命的 10%。哺育孩子从一个女性的主要活动降至次要活动。此外，许多现代女性只生育一个孩子，而且还可能在孩子 5 岁之前采取日托或其他抚养形式，这使得女性的整个生活结构被完全颠覆。

我们可以在人口方面找到女权主义运动的根源。既然花费在孩子身上的时间越来越少，她们就比 50 年前更少地依赖男人。过去，在离异或者丧夫的情况下养育孩子对于女性来说是场彻头彻尾的经济灾难，但现在的情况与从前大不相同，尤其对那些受过良好教育的女性来说，结婚不再是建立在经济需要之上了。

这使得结婚更多的是为了爱情而非需求。爱情是飘忽不定的，它来无影去无踪。若结婚仅仅是靠一时的激情，那么离婚率必将上升。经济需求的下降打破了婚姻的稳定性。爱情的火花可能会延续，但如果仅靠爱情来维持婚姻，其稳定性可能就没有经济需求维持得那么好。

婚姻在过去被当做"至死不渝"的保证。在以前，这种因丧偶而夫妻分离的情景不但来得早，而且很普遍。在过渡时期，许多结婚时间长达50年的夫妇都有10个存活的孩子。但在那之前，婚姻常常因为一方死亡而早早结束，存活下来的另一方要么再婚，要么独自面对经济困境。欧洲就已经历了我们可以称之为"连续多配偶"(serial polygamy)时期，在这种情况下，鳏夫（通常都是妻子去世，因为女性容易在生育过程中死亡）在后来的日子里多次结婚。19世纪末20世纪初，习惯使得婚姻能保持长久。不过，到20世纪末，一种新的模式出现了，"连续多配偶"现象再次大量出现，但这一次是受到离婚的驱使而非配偶的死亡。

让我们再讨论另一种婚姻模式。以前许多婚姻发生在一方或双方都还处于青春期的时候，但现在，大多数人的婚龄已经推迟到30岁左右。过去，人们在14岁结婚前不会发生性行为，但现在，如果期待一个30岁结婚的人还是个处子或者说在进入青春期17年后还没有性行为是不现实的。

如今，人们即使已经发生性行为但还未必能保持经济独立，这种现象已经融入人们的生活方式。还有另外一种情况是，经济独立的人们发生性行为，但却选择不生育。传统生活的整个模式正在瓦解，但目前还没有明显的替代模式出现。在过去，同居意味着正式、合法的婚姻，但现在同居与婚姻根本就是两回事，而且两者也并不意味着生养后代。寿命的延长、死亡率的下降以及受教育时间的增长都彻底瓦解了以前的生活和社会模式。

这种趋势不会被扭转。妇女生育的孩子越来越少，因为在工业化的城市社会，供养许多孩子无异于经济自杀。抚养孩子的成本有增无减，而且也不可能再让6岁孩童去工作。婴儿死亡率同样不会上升，

69

而是会随着医疗技术的进步而出现下降趋势。因此，在 21 世纪，人们将继续倾向于养育更少的孩子。

人口剧减在政治上的反应

人们受教育程度越高，生活方式转变得也就越剧烈。自工业革命之后，最贫穷的人都生活在功能失调的家庭中。混乱的生育模式对于他们来说，再平常不过。受过高等教育的专家、商界富豪与下层阶级处在两个极端，而夹在这两端之间的人中只有一部分经历了这种人口转变。在蓝领和粉领工人之中还存在其他趋势，其中最重要的一点就在于他们受教育的时间较短，这就导致青春期和生育年龄之间的距离被缩短。这类人群倾向于早婚早育。他们在经济上更加依赖彼此，因此，离婚会对个人的经济情况影响很大。他们的婚姻存在一些非感情的因素，而且离婚正如私通和婚前性行为一样，都是家庭生活的禁区。

这类人群中包括许多社会保守主义者，数量不多却颇具影响力，因为他们是在为传统价值观代言。那些受教育程度较高的阶层所处的混乱状态还不能被称之为价值观，他们的生活方式要融入一个前后一致的道德体系还需要差不多一个世纪的时间。因此，社会上的传统主义者有其内在优势，他们的说辞只需与官方的传统立场相一致就有足够的分量了。

不过，男女之间的传统区别正在消失。由于女人的寿命更长，而养育的孩子更少，她们不再迫于环境的压力而扮演传统的角色（就像在人口大爆炸以前发生的那样），而家庭也不再像以前那样成为至关重要的经济工具。离婚不再带来经济上的灾难，婚前性生活也很正常。同性恋（存在性乐趣却无法生育）成为一种合理的选择，如果感情是婚姻的基础，而婚姻又与生育无关的话，同性婚姻为什么不能在事实上取得与异性婚姻同样的合法地位？所有这些改变都源于人们生活方式的急剧变化，而生活方式的变化又是人口爆炸带来的结果之一。

因此，所有教派中的传统主义者（基督教、犹太教、穆斯林以及其他教派）都极力想重返传统的生育模式，这不是一种偶然现象。他们都为大家庭辩护，而且他们当中许多人也都有自己的大家庭。在这种背景下，维持女性的传统角色就尤为重要。同理，对于早婚以及纯洁和永恒的婚姻的传统预期也是这样。

传统主义者秉持的最关键的原则就是养育更多的小孩，其他的一切都不那么重要。这个问题不仅仅出现在先进的工业化国家。例如，有一个反美国主义基金称美国社会的价值观赞颂女性的不道德行为，这不但会导致家庭破裂，还会滋生人们"不道德"的情感。如果你读到本·拉登的讲话就会发现，他不断提到这一主题。他认为，世界正在改变，我们正在远离传统观点中被认同的道德行为规范。他想要阻止这个进程。

上述问题已经形成了一个全球战场，而在许多先进工业化国家，尤其是美国，这些问题也成为国内政治的大漩涡。一方面，一整套根植于现行宗教组织的结构化政治力量已经存在。[2] 另一方面，与一个势不可挡的行为模式（漠视自身行为带来的政治后果）相比，目前采取的政治力量微乎其微。这种行为模式背后的推动力是人口发展的自然规律。当然，也有一些运动来保护这种发展的不同方面，例如同性恋权利运动，但这种变化并非有计划、有准备，而是自发形成的。

实用主义与计算机造就的美国文化

随着美国时代的来临，美国在传统社会模式的瓦解中获利，因为这种瓦解使得社会不稳定，这就给美国提供了改革的契机。美国文化是圣经和计算机（即传统价值观和激进式创新）的不稳定结合体，但随着人口模式的改变，计算机重塑了美国文化，并随之成为美国文化繁荣的根基。这在未来几百年将变得尤为重要。

计算机与先前的技术迥然不同，是一项非常独特的技术，因为它的目的是操作可量化的数据，即数字。此外，由于它将所有的信息（音乐、电影以及文本文档）都简化为数字，因此，它也是一种检视理性的独特方法。

计算机是基于二进制逻辑而设计的，这意味着它仅仅读取命令。这种命令以 0 和 1 的形式发出，要么被拒绝，要么被接受。它使用一系列二进制数码来代表我们所认为的非常简单的事情。因此，大写字母 A 就被看做是 010 000 01，而小写字母 a 就是 011 000 01。这一长串数字被重组成机器语言，并受到电脑编码的控制，这些编码是由 Basic、C++ 或者 Java 计算机语言编写而成的。

如果你觉得看起来有点复杂，那么只要记住下面这些就行了。对于计算机来说，屏幕上的字母或音乐等所有东西都是用数字来表达的。所有东西都简化成 0 或 1。为了能够控制计算机，完全人工化的语言就被创造出来了。这些语言的目的是让计算机使用它提供的数据。

但计算机只能管理以二进制数码表达的信息。你可以用计算机听歌，但它可不会写歌（至少不会写得那么好），更不会诠释音乐的美妙；它能存储诗歌，但不能解释其含意；它能够让你搜索任何一本你能想到的书，但不能判断语法对错（最起码不会很容易地区分）；它能很出色地完成自己的任务，但面对许多人脑能做的事却无能为力。它只是一个工具而已。

计算机是一个强大而富有魅力的工具。它运用逻辑来进行运作，但这些逻辑缺乏其他一些更复杂的理性元素。计算机只是一台用冷冰冰的数字来表达信息的机器。有了计算机后，人们经常思考是否其他方面的知识已经无关紧要了。计算机将理性看做是达到目的的工具，而非思考的过程。它大大缩小了理性所指代的意义和目的的范围，但在这个狭小的领域里，计算机的作用非常强大，它的数据本身甚至比这些数据的内涵更有意义。

任何一个学程序语言的人都知道计算机逻辑的严密性和人为性，它与自然语言决然不同。事实上，它是自然语言的对立面。后者充满了由上下文和推理决定的细微、精妙以及复杂的意义，而逻辑工具必须排除所有这些东西，因为二进制的计算机逻辑不能对其进行处理。

美国文化先于计算机而产生。实用主义的哲学概念是基于查尔斯·皮尔士 (Charles Peirce，实用主义的创始人)等人的观点建立起来的，查尔斯·皮尔士认为"为了弄清一个知识概念的意义，应该先思考一下能从这个概念的真相中得出什么令人信服的实际结果，而这些实际结果将构成整个概念的意义"。换句话说，**一个思想的重要性在于其实际结果。如果一个思想没有实际结果，那就没有意义。**"思考理性"的概念本身并不包括在它的概念意义中。

美国的实用主义概念给欧洲不切实际的"形而上学"带来了沉重的打击。美国文化充满实用性，而形而上学则遭到蔑视。计算机和计算机语言是对理性的实用主义观点的最好体现。每一行代码都必须有一个实际结果。实用是唯一的标准。一行代码不因其用途而因其内在美丽而受赏识的观点是不可理喻的。

实用主义观点 (现在已经逐渐发展为 C++ 这类语言)是对理性领域的彻底简化和浓缩。当今美国，理性只涉及能以实际结果来衡量的现实存在。任何缺乏实际结果的事情都被从理性领域排除，并贬低至低等范围。换句话说，美国文化不涉及真相和美感。它推崇完成任务，而不是关心所做的事情的重要意义。

这是美国文化的核心真理和巨大的推动力。大多数对美国文化的指控在于，这种文化将实用性提升至其他所有形式的真相之上。这种指控是有道理的，但它却没有意识到：历史正是由事实演绎而成的。

美国文化的精髓不仅仅表现在将实用主义当做一种哲学，更重要的是将计算机当做实用主义的具体体现。没有什么能比计算机更能作为美国文化的典型代表了，没有什么能比它更快、更彻底地改变这个世界。计算机比汽车和可口可乐更能展示美国人理性和现实观念的独特一面。

根据定义，计算机文化同样也是原始文化的一种。原始文化的本质就在于将文化简化为一种具有超强凝聚力和竞争力的推动力。它不包括能够阐释自身含义的理性思维，但会考虑将自己简化为最简单的表达形式，并通过实际成果来证明自己。

实用主义、计算机、微软（或其他任何美国公司）无情地聚集在一起，它们的作用巨大，效率也很高。美国文化正在发生分裂，它正慢慢分解为计算机的原始主义以及最终能够使用并塑造计算机和公司的工具，但就像其他美国意识形态一样，尽管美国文化具有明显的多样性，但有一点是相同的，那就是：自我肯定。

美国的社会模式将主导世界？

尽管别国模仿美国的社会模式，但在政治上，美国却遭到批判。它处于国际体系的意识形态断层上。随着人口因为生育模式的转变而下降，美国成为以激进方式重新定义社会生活模式的中心。如果一个国家没有计算机和公司，就不可能存在现代经济，如果你打算编写计算机程序，就必须懂英语和计算机语言。一方面，那些想抵制现代化趋势的国家必须积极地避开美国人的生活和思维模式；另一方面，不采取美国方式的国家又不可能拥有现代经济。正是它赋予美国力量，

同时又不断地挫败那些对美国诟病的批评家们。人们必须分析人口下
降所带来的影响。反抗传统生育模式的瓦解、"9·11"事件和美国文
化的崛起有着密切的联系。

　　旧的国际体制已经瓦解，但新模式还没有建立。在21世纪，一
系列新型社会机制、道德体系以及社会风俗将首次试探性亮相。21世
纪前50年将发生激烈的宗教冲突，传统稳定的婚姻模式与"非一夫
一妻制"的婚姻模式将同时出现。一生之中只拥有一个性伴侣的人数
已经大幅下降，在新的纪元里，社会模式间的互相角力将制造一种"混
乱中的秩序"，也就是说，**在美国时代，美国的社会模式将会主导整
个世界。美国混乱的家庭模式和计算机逻辑将会胜出。它们对美国的
地缘政治实力有着重要的影响，我们将在下一章中讲到。**

注 释

[1] 罗伯特·D.卡普兰.即将到来的地缘战争 [M].广州：广东人民出版社，2013：77.

在两次世界大战之中，麦金德的许多预言都变成了现实。几年前，在堪萨斯的莱文沃思，我参加了美国陆军指挥和总参谋部学院研讨班，学到了一句谚语：同类相耗之力，巨大变革之本（Attrition of the same adds up to big change）。如果说大航海时代或大发现时代大致截止于1900年前后，那么整个20世纪直到今天，以及未来几十年，这个本就已相当拥挤的世界地图，将进一步被塞得满满当当。正如我已指出过的，不管是人口还是武器射程方面，都将处于饱和状态。

[2] 罗伯特·D.卡普兰.即将到来的地缘战争 [M].广州：广东人民出版社，2013：45.

然而，全盘接受地理因素与人之间的关系，并不意味着同意"世界必然受到种族和宗派分裂驱使"这一观点，也不意味着对全球化的抗拒。事实远比这更复杂。全球化本身促使地方保护主义重生，在许多情况下，这种重生建立在种族和宗教意识基础上，而这些意识必须与具体地形相关，因此我们可以通过参考地图得到最佳解释。因为大众传媒和经济一体化的力量已经削弱了许多国家的权力，包括无视地理因素人为划定的国家，一些关键地区显得难以控制、动荡不安。由于通讯技术的发展，尽管单个穆斯林国家内部风雨飘摇，泛伊斯兰运动还是在整个亚非伊斯兰弧形地带得到了壮大。

第 **4** 章

左右21世纪的地缘政治断层线

伴随着世界主要地区势力的崛起，21世纪的大国纷争必将愈演愈烈。躁动的太平洋地区、貌合神离的欧盟、不安稳的伊斯兰世界，太平洋盆地和欧亚大陆上时刻都充斥着火药味。纵然美国还是名副其实的"世界老大"，但面对一心想收复势力范围的俄罗斯，自家后院毒品犯罪泛滥的墨西哥，迅速崛起的中国，未来伊斯兰世界"领头羊"土耳其，"世界老大"是否会心力交瘁？

下一场地震将发生在什么地方，又会以怎样的形式出现？要回答这个问题，我们需要仔细审视一下 21 世纪的地缘政治断层线。像地理分界线一样，这样的地缘政治断层线也不胜枚举。我们需要识别出那些活跃断层线，以便确定那些小摩擦可能会升级的地区。随着人们关注的视线逐渐从伊斯兰世界转移，哪里将成为下世纪人们关注的焦点？目前，世界上有五个地区最有可能：

第一，任何时候都非常重要的太平洋地区。美国海军统治着这片大洋，亚洲环太平洋地区基本上全部是由贸易国家组成的，它们极度依赖这条海洋通道，因此也就依赖美国。太平洋地区的两个重要国家（中国和日本）是这个地区的主要力量，它们可能会对美国的霸权地位形成潜在挑战。1941 年到 1945年期间，美国和日本为争夺太平洋的统治权而发生战争，美国取胜，并且直到今天还将其控制在稳定状态。

第二，我们必须考虑苏联解体后亚欧大陆的未来。自 1991年以来，这个地区就一直处于分裂和萧条状态。接承了苏联衣钵的俄罗斯带着重建的自信逐渐崛起。然而，俄罗斯的地缘政治位置也同样不稳定。除非这个国家竭力创建强大的影响范围，否则可能会再度瓦解，另一方面，创建这样的影响范围可能会引发与美国和欧洲的冲突。

第三，人们还在不断质疑欧洲最后的体系框架。 500 年来，欧洲一直战火不断。在过去的 60 年中，欧洲各国不是忙着应对战争，就是试图构建一个远离硝烟战火的联邦。同时，欧洲还要不断应对俄罗斯的崛起、美国的恐吓以及国家内部剑拔弩张的紧张态势。毫无疑问，冲突的大门依然大敞。

第四，伊斯兰世界。 它的麻烦不是来自于不稳定，而是源于它以联盟为基础形成的单一民族国家体制（除了它的意识形态问题）。土耳其一直是穆斯林世界中最强大的权力中心，也是一个充满活力、发展迅猛的现代化国家。它的未来是什么？其他穆斯林国家的未来又会怎么样呢？

第五，美国和墨西哥之间的关系问题。 一般来讲，墨西哥的地位不会升至全球断层的等级，但它在北美的地理位置赋予了它远超出国力的重要意义。此外，因为墨西哥的 GDP 在全球排行榜上位居第 15 位，它的其他优势也不应被低估。墨西哥和美国之间的纠葛有着极深的历史渊源，它们之间社会力量的纷争会在下个世纪凸现出来，这种趋势不是两国政府任何一方所能左右的。

为了准确地描述未来将发生的事件，我们现在需要仔细审视一下上述事件中哪些可能会发生，以什么顺序发生。或许，一条存在上千年的断层线只是偶尔引发一些轻微的震动，但由于上述几条主要断层线的存在，冲突不可避免地会在 21 世纪爆发。

21 世纪名副其实的火药桶：太平洋盆地

过去半个世纪，太平洋西岸一直是全球经济增长最为迅猛的地区。全球最大的几个经济体中，有两个就位于这个地区：中国和日本。它们和东亚其他几个经济体都严重依赖海上贸易：向美国和欧洲出口商品，以及从波斯湾和太平洋其他地区进口原材料。因此，在商品运输中，任何干扰都会带来严重的损失，而持续性的干扰必将引发灾难。

让我们看一下日本。它是全球第二大经济体，也是唯一一个资源贫乏的工业大国。它需要进口从石油到铝的所有矿物资源。一旦切断进口来源，特别是石油，日本的工业就会在几个月内遭受重创，工业化强国的地位将一落千丈。进口供给对于日本的重要性，我们从 1941年它偷袭珍珠港中可见一斑，它偷袭的原因正是美国阻塞了它进口原材料的通道。

过去几十年，中国也崛起为一个工业化大国，尽管它的经济规模仍远小于日本和美国，但它的经济增长速度超过世界上其他任何主要经济体。中国现在是太平洋地区的核心角色。它在原材料方面的自给程度要远胜于日本，但随着中国经济的飞速发展，其国内的原料供给已经不能满足发展需求，中国也将成为一个原材料进口国。

太平洋盆地的两个亚洲大国都严重依赖进出口商品来发展经济。中国大陆和中国台湾、日本以及韩国都依靠太平洋通道运送成品和原材料。由于美国海军控制了太平洋，它们不得不仰仗美国。对任何国家来说，将发展希望寄托在其他国家都是一个巨大的赌注。

这种状况还存在另一面。美国采购了亚洲大量的工业成品。就整体而言，它受益于亚洲提供的廉价商品，但这种贸易模式也削弱了美国国内的工业能力，进而影响了部分美国经济领域和地区。这些廉价商品给美国消费者带来实惠的同时，也导致美国国内的失业率不断攀升，降低了工资水平，因此遭到了美国人的强烈抵制。由于美国自身在外交政策方面拥有游刃有余的空间，因此很容易对国内政治问题过分敏感，这是美国的一个显著特征。尽管美国与亚洲的贸易在整体上令其受益，它也极可能会迫于国内的政治压力而改变对亚洲的进口政策。虽然这种改变的可能性很小，但对东亚国家的利益来说仍是一个巨大的威胁。

中国近 1/4 的出口商品都销往美国。如果美国对中国商品设限，或者征收使其商品失去竞争力的关税，中国都将面临巨大的经济危机。对日本和其他亚洲国家来说，境况也一样。经济危机会让这些国家乱了阵脚，它们会为了开辟新的市场而变得有侵略性，甚至不惜施加政治压力，动用军事威胁。

军事上，美国随时可以封锁通往太平洋的通道。经济上，美国虽然依赖与亚洲的贸易往来，但依赖程度远没有像亚洲依赖美国那么严重。美国也很容易受到国内政治压力的影响，如那些遭受亚洲廉价商品冲击严重的集团的抗议。美国可能在国内政治压力的驱使下尝试重塑太平洋的经济关系。美国能够使用的工具之一就是在军事力量支持下的保护贸易立法，而在回应美国的军事和经济行动方面，东亚国家并没有切实有效的对抗方法。

从主观角度讲，这个地区的任何国家都不希望发生冲突。从客观角度讲，该地区的力量又严重失衡。美国政策的任何改变都可能给东亚带来灭顶之灾，况且这些变更常常超乎想象。例如，美国通过对华制裁，它设法限制中国石油进口，直击中国国家利益的核心。因此，中国必须借助日益增长的经济实力来发展军事力量，以便对抗美国。它们仅仅根据战略计划的基本原则来行事：抱最好的希望，做最坏的打算。

过去 50 年，太平洋西岸的经济实力已获得极大提升，但军事实力却并未随之跟进，这种失衡让东亚国家变得不堪一击。因此，在本世纪，中国和日本除了提升军事实力之外别无选择，而这在美国看来，是对其太平洋西岸控制权的潜在威胁。美国会将这种防御性战略理解为挑衅——不管中国的主观目的是什么，从客观上来看确是如此。再加上局势不断变化的韩国和中国台湾，在 21 世纪，太平洋西岸将成为名副其实的火药桶。[1]

而且，任何亚洲国家，只要它确信石油价格会高涨的话，都不会忽视美国对能源控制的威胁。在短期内（未来 20 ~ 50 年），这实际上是一种非常现实的情况，任何理性的亚洲国家都必须为此未雨绸缪。这个地区唯一有能力挑战美国海上霸权的两个国家就是中国和日本，两国虽有宿怨，但对于美国操控油价都有所顾忌。

美国控制能源运输的海上通道，其明确的用意就是加强对太平洋要塞的控制。石油价格越高，非碳氢能源的实现就越遥不可及，海洋航道的争端也会随之愈演愈烈。这个地区力量失衡的加剧以及能源运输的争议性问题的凸显，都会促使太平洋地区成为备受关注的地缘政治断层。

欧亚大陆的地缘政治棋局

20 世纪后 50 年的多数时间里，苏联控制了从德国到太平洋，向南延伸到高加索和印度的亚欧大陆。苏联解体后，其西部边界向东缩减了近 1 000 公里，从西德边界移到俄罗斯与白俄罗斯的边界。南部边界从印度向北退回了 1 000 公里，至俄罗斯和哈萨克斯坦的边界。俄罗斯也被迫从土耳其边界向北退至北高加索地区。俄罗斯为了稳固在高加索地区的统治，不断与车臣武装分子激战。与几个世纪以前相比，俄罗斯边界已经东扩了很多。特别是在冷战时期，它西扩的势力范围更是比以往任何时候都要大。在未来的几十年，俄罗斯东西边境线的势力范围将会确定下来。

苏联在 20 世纪末解体后，外国势力纷纷涌入俄罗斯，在这里攫取经济利益，使其一度陷入混乱和贫穷的泥淖。俄罗斯迅速行动，尽可能地将原俄罗斯帝国纳入自己的版图。东欧成为北约和欧盟成员，波罗的海各国也纷纷投靠北约。美国与高加索地区的格鲁吉亚以及其他许多中亚的"斯坦"国家建立了密切关系。尤其是在"9·11"事件之后，俄罗斯允许美国军队进驻中亚，插手阿富汗战争。更值得关注的是，乌克兰逐渐疏远俄罗斯，转而投靠美国，这可称之为俄罗斯历史上的里程碑事件。

2004 年 12 月到 2005 年 1 月发生在乌克兰的"橙色革命"是后冷战世界结束的一个时机。俄罗斯将此看做美国拉拢乌克兰投靠北约的一次尝试，俄罗斯分裂的帷幕由此拉开。坦率地讲，俄罗斯的想法不无道理。

如果西方国家成功控制乌克兰，俄罗斯就失去了重要的防卫屏障。它与白俄罗斯的南部边界，以及它西南部的边界都将处于不设防的危险境地。此外，乌克兰和哈萨克斯坦西的距离仅约为 400 英里，这也将成为俄罗斯掌控高加索地区战略部署的一个缺口。由此，我们可以断定，俄罗斯很可能会失去控制高加索地区的能力，并且不得不从车臣进一步北撤，进而放弃自己的部分联邦成员。这样的话，俄罗斯的南部侧翼也会变得不堪一击。如若俄罗斯不能重整旗鼓，夺回俄罗斯帝国时期的版图，那么它将会继续分裂。

当俄罗斯的分裂事态达到一定的程度，必将在亚欧大陆引起混乱。正如我们已经知晓的，美国对这些事态的发展不会有任何异议，它一直将分裂亚欧大陆并加强对海洋的控制视为重大战略。因此，美国完全有理由支持这一进程，而俄罗斯会坚决制止。

在俄罗斯认定美国会进一步使事态恶化之后，莫斯科政府就着手恢复以前的策略，重申苏联的影响范围。它的影响力会在乌克兰事件上偃旗息鼓，但在中亚、高加索以及西部的波罗的海和东欧，却日渐高涨。未来几十年（大约到 2020 年），俄罗斯将会把主要精力投放在重建俄罗斯联邦和重振本国在这一区域的声威上。

有趣的是，地缘政治形式的转变总是与经济状况的转变紧密相连。俄罗斯前总统弗拉基米尔·普京认为俄罗斯更多的是一个重要的原材料和能源出口大国（特别是天然气），而非一个工业化国家。他致力于将能源产业置于国家的监管之下，即使和石油公司合作，也不会允许外国利益集团分羹。他确立以出口为导向的发展策略，尤其注重对欧洲市场的拓展。居高不下的能源价格维持了俄罗斯国内经济的稳定，但普京不会将他的努力仅限于能源产业。他同时也将寻求对国内农业、木材、黄金、珠宝以及其他原材料进行投资的机遇。普京正引导俄罗斯从一个赤贫的灾难性国家转变为一个虽然贫穷但是多产的国家。普京同时赋予了俄罗斯挟制欧洲的杀手锏——天然气管道的阀门。

俄罗斯正在重回它原有的边界。它正将注意力高度集中于中亚，只要假以时日便会在此取得成功，但它在更加关键的高加索地区将会颇费周折。俄罗斯人不打算让任何一个联邦分离出去。因此，在恢复影响范围的过程中，俄罗斯必将在未来 10 年内与美国和这个地区的其他国家发生冲突。

但在所有的可能性中，真正的摩擦点将集中到俄罗斯的西部边境。白俄罗斯将与俄罗斯结盟。在所有苏联加盟共和国中，白俄罗斯实施的经济和政治改革较少，它对于任何愿意重建苏联的志同道合者都很感兴趣。在以某种方式与俄罗斯建立联结之后，白俄罗斯将使俄罗斯的势力范围重新恢复到苏联时期的边界。

从波罗的海到南部罗马尼亚边境的这片区域，历史上一直是不稳定和冲突频发的地方。北部是一条从比利牛斯山脉延伸至圣彼得堡的狭长平原。这里曾爆发过几次欧洲历史上最大规模的战争，也是拿破仑和希特勒入侵俄罗斯的必经之路。这里没有什么天然屏障，因此，俄罗斯人必须尽可能地向西扩展势力范围，创造一个缓冲区。"二战"后，他们一度将边界推进到这块平原上的德国中部地区。今天他们虽然已经向东回撤，但必定还会卷土重来，而且尽可能地向西扩展。这就意味着像以前一样，波罗的海各国及波兰仍然是俄罗斯亟待解决的问题。

限制俄罗斯的影响力势必会引发一些争议。美国以及苏联加盟共和国都不希望俄罗斯走太远。波罗的海各国最不希望发生的事情就是再次被纳入俄罗斯的统治范围，北欧平原南部各国也是如此。苏联的卫星国，尤其是波兰、匈牙利和罗马尼亚都很清楚，若俄罗斯重新将边界推至它们的边境，不知将会给它们的安全带来怎样的威胁。这些国家现在已经加入北约，它们的利益必然会影响到欧美的利益。问题是这条边界线会延伸到俄罗斯西部的哪一个区域。这一直是个历史问题，在过去几百年，它也是欧洲面临的一个主要挑战。

未来 10 年，俄罗斯虽不会成为一个全球性的大国，但毫无疑问，会成为一个主要的区域性大国。这意味着它将与欧洲发生冲突，因此，俄罗斯和欧洲的边界将是一条断层线。

走下帝国神坛的欧洲

在走下帝国神坛，并经历两次世界大战之后，欧洲仍处于自我调整中，但这种调整能否以和平方式进行仍有待观察。最然欧洲不会再出现帝国，但这不代表欧洲内部从此没有战争。这一问题的核心在于欧洲究竟是一座死火山，还是暂时处于休眠期。欧元区的 GDP 总规模超过 14 万亿美元，比美国还高出 1 万亿美元。一个如此富饶多产的地区理论上发生冲突的可能性不大，但这不是绝对的。

将欧洲当做一个单一实体来谈论是不合乎逻辑的。虽然有欧洲联盟，但这个地区仍不能被视作一个单一的实体。欧洲是由一系列独立自主和争强好胜的国家组成的。这个总的实体被称做欧洲，但相比于单一欧洲，三个欧洲的说法更加合理（我们从这份名单中剔除俄罗斯和其他苏联成员国，尽管它们也属于欧洲，但与欧洲相比，它们拥有完全不同的特性）。

大西洋欧洲：这些国家地处大西洋和北海沿岸，它们是过去 500 年欧洲帝国的主要力量。

中欧：主要是德国和意大利，这两个国家直到 19 世纪末才以现代单一民族国家的面貌出现，而正是它们过分强调自身的国家利益才酿成了 20 世纪两次世界大战的大错。

东欧：这些国家主要分布在波罗的海到黑海的广大区域，它们在"二战"中被苏联军队占领，"二战"结束之后，这些国家才慢慢发展出现在的国家认同。

20 世纪前 50 年，大西洋沿岸的欧洲是世界帝国的核心，中欧是后来者和挑战者，而东欧则是受害者。两次世界大战让这里四分五裂，欧洲面临着一个最基本的问题：德国在欧洲体系中的身份是什么。德国从大西洋沿岸欧洲创建的帝国体系中挣脱出来，转而颠覆这个体系，并维护自己的统治。"二战"最终以德国被粉碎、分裂以及占领而告终，这个国家的东部被苏联占领，西部则被英国、法国和美国分割。

迫于苏联的压力，西德极其依赖美国和它的北约盟友。创建一支德国军队显然又会引发一系列问题。若两次世界大战爆发都源自德国的力量壮大。如果德国的实力提升，那么我们又该如何阻止第三次欧洲战争呢？答案在于德国军队与北约的整合——从本质上将其置于美国的号令之下，但更宏观的答案在于统一后的德国作为一个整体融入欧洲的程度。[2]

20世纪50年代，北约建立之后，欧洲经济共同体也诞生了。而从这个共同体衍生出来的欧盟则是一个在精神上处于分裂状态的实体，它创建的初衷是在保证主权独立的前提下，组建一个欧洲经济的共同体，同时它也被视为欧洲组建一个拥有欧洲中央政府、议会和专业的民事委员会的联邦国家的序幕。中央政府管辖欧洲联邦，统筹国防和外交事务，各国独立处理其内部地方事务。

欧洲尚未实现这个目标。它虽然已经创建了一个自由贸易区和一种欧洲单一货币（自由贸易区内的一些成员国使用这种货币，另一些成员国则依旧使用自己原有的货币），但还没有创建自己的宪法。欧洲各国各自拥有主权，并未形成一体化的防御和外交政策。对外防御策略，从某种程度来说，是掌控在北约手中的。当然并不是所有的北约成员都是欧盟成员（很明显的一个例子就是美国）。苏联解体之后，东欧的单个国家也被允许加入北约和欧盟。

总之，后冷战时代的欧洲有些混乱，要打破其内部极为复杂而又模棱两可的历史关系不太可能。鉴于欧洲历史，这种混乱一般会引发战争，但欧洲（除了前南斯拉夫外）已经没有精力应付战争，也没有欲望制造混乱，而且毫无疑问，它们也不希望发生冲突。欧洲心理的转变历程是独特的。在1945年之前的几个世纪里，屠杀和战争在欧洲司空见惯，而在1945年之后，即使是欧洲现行体制引发的混乱也仅局限于口舌之争，并未引起大的冲突。

在欧盟的表皮底下，旧的欧洲民族主义虽然并不活跃，但是依然在坚守阵地。这可以在欧盟内部的经济谈判中窥出端倪。例如，法国坚持保护本国农民免遭过度竞争，如果之前签署的协议会导致贸易逆差，法国就不愿意遵守协议的规定。因此，从地缘政治的背景来看，欧洲还没有成为一个统一的跨越国界的实体。

基于上述原因，**将欧洲当做一个单一实体来谈论（就像谈论美国或者中国那样）是不切实际的**。它只是一些单一民族国家的联合体，而且仍然在经受"二战"、冷战以及失去帝国权杖后的落寞。这些民族极度狭隘，它们都是以本国利益为出发点，来决定地缘政治行动。在这里，最基本的交流活动不是发生在欧洲和世界其他国家之间，而是发生在欧洲内部的各个国家之间。从这点来看，欧洲国家的行为更像拉美等国而非世界强国。在拉丁美洲，巴西和阿根廷的大部分精力花费在改善彼此的关系上，因为它们清楚自己对世界事务的影响力是有限的。

剪不断，理还乱：俄罗斯与欧洲的历史纠葛

俄罗斯是欧洲面临的最直接的战略威胁。俄罗斯的兴趣不是占领欧洲，而是重新夺回苏联的控制区域。在俄罗斯看来，这不仅是重建小范围影响力的一次有益尝试，而且就其本质而言也是一项防御策略。可是，这项防御性策略也将直接影响波罗的海沿岸的三个国家，它们现在已经是欧盟的一员了。

很明显，东欧想要阻止俄罗斯的复兴。现实问题是，欧洲其他国家会对此作何反应，尤其是德国。它现在是欧洲和俄罗斯之间的一个缓冲区，这样一个安全的位置，使它能够腾出精力专注于国内经济和社会事务。此外，"二战"的"包袱"仍然沉重地压在德国肩上，因此，德国人更愿意作为一体化的欧洲的一员参与行动，而不愿单独行动，但是德国的状态是无法预测的。考虑到自身所处的地缘政治位置，它已经认识到过分强调国家利益的巨大危害。1914年和1939年，德

国试图果断地回应来自地缘政治的威胁，但是每一次的努力都以灾难性的失败告终。德国分析后认为：在大范围的联合行动之外独自参与政治军事冲突行动，会面临巨大的危险。大西洋沿岸的欧洲各国将德国看做是应对俄罗斯的缓冲区，也不在乎波罗的海地区的局势。所以，它们不会加入德国所需的反俄联盟当中。大西洋欧洲国家不会与德国联合阻止俄罗斯势力的扩张，所以俄罗斯将再度西进。

但还存在另一种可能，那就是德国意识到，俄罗斯统治波罗的海国家会令波兰面临极大的危险。德国将波兰看做是本国国家安全的一个必要组成部分，因此会主动采取一系列有力措施，旨在通过保护波罗的海保护波兰。德国和俄罗斯都不会轻易放弃该区域。因此，为了增加自身在波兰和喀尔巴阡山脉地区的影响力，德国会与俄罗斯进行大范围的对抗。

德国必将与好战的过去决裂，而且将与欧洲其他国家分道扬镳。当欧洲国家极力置身事外的时候，德国将卷入到传统的政治力量冲突当中，在此期间，其行动效果和潜在国力都将上升，而它的心态也将随之发生改变。一夜之间，统一的德国将再现欧洲，德国也将一改其防御性姿态变得越来越有进攻性。

当然，这种状况出现的概率很低。但是，事态的演变也有可能会让德国重蹈覆辙。它再次将俄罗斯视作大敌，将波兰和东欧视作自己势力范围的一部分，为了保护它们而与俄罗斯对抗。事态的进一步发展取决于俄罗斯行动的激进程度，波罗的海国家顽强抵抗的程度，波兰愿意承担风险的程度以及美国插手这件事情的程度，但最终还是取决于德国国内的政治决策。

就内部而言，欧洲还是比较迟钝的，它仍未从丢失帝国权杖的冲击中苏醒过来，但外部力量（比如伊斯兰移民的进入或者俄罗斯试图重建帝国）可能会以不同方式使这条年老的断层再度蠢蠢欲动。[3]

谁将成为穆斯林世界的领头羊？

我们已经从整体上将穆斯林世界作为一条断层讨论过了。虽然当前的危机已暂时解除，但是穆斯林世界依然动荡不安。虽然这种不稳定还不会导致穆斯林世界的暴动，但是它确实增大了穆斯林世界单一国家利用这种动荡不安的可能性，它们利用其他国家的软弱强调自己作为区域强国的可能。全球最大的穆斯林国家印度尼西亚不可能担当这个角色。巴基斯坦是穆斯林世界第二大国家，且拥有核力量，但它处在西部阿富汗、北部俄罗斯、中国，以及东部印度等国的包围圈之中，没有任何地理优势，因此它也不可能崛起成为穆斯林世界的领头羊。

除了印度尼西亚和巴基斯坦之外，世界上还有三个主要的穆斯林国家。最大的就是埃及，它有 8 000 万人口；土耳其以 7 100 万人口位居第二；拥有 6 500 万人的伊朗居于第三。

从经济上看，土耳其的 GDP 达到 6 600 亿美元，它是全球第 17 大经济体；伊朗的 GDP 达到 3 000 亿美元，位居全球第 29 位；埃及凭借 1 250 亿美元的 GDP，位居全球第 52 位。在过去 5 年中，土耳其 GDP 的年平均增速在 5% ~ 8% 之间，在全球大国中，是持续增速最快的国家之一。与此同时，伊朗和埃及过去 5 年间只有 2 年经济衰退，其余 3 年经济增速均超过 6%。这两个国家也处于高速增长期，但它们经济发展的起点远低于土耳其。在欧洲，土耳其是第 7 大经济体，而且增速惊人。

不过，经济规模不见得决定一切。从地缘政治方面来说，伊朗似乎是这几个国家中最好战的一个，但这也恰恰是它的软肋。为了使自己的政权免受美国、逊尼派穆斯林以及反伊朗阿拉伯国家（伊朗不是阿拉伯国家）的侵袭，伊朗常常过早地表明其坚定立场。在这个过程中，伊朗吸引了美国的注意力，后者不可避免地将伊朗看做是危险国家。

伊朗在波斯湾和伊拉克有利益关联，因此它不可避免地与美国这样的国家发生冲突。这意味着伊朗必须分神防御，保护本国免受美国的攻击，然而此时正是伊朗经济需要高速发展，提升自身区域地位的关键时期。这件事情最坏的结果就是触怒美国。美国可能会发出摧毁伊朗的严正警告。伊朗可能还没有为成为区域强国做好准备，因为它常常过早地消耗了自己的力量。要成为一个区域强国，伊朗每一步的行动自然都会受到世界强国的关注，因此这个过程可说是举步维艰。

地理位置也是一个问题。伊朗处于穆斯林世界的边缘，它的东部是阿富汗，那里并没有什么有价值的资源。若伊朗打算北扩，那就会与俄罗斯的利益相悖；向西部的伊拉克扩张确实可行，但这又会令伊朗陷入泥潭，成为阿拉伯国家及美国关注的焦点。因此提升伊朗的地区影响力并不是一件容易的事，任何轻举妄动都会得不偿失。[4]

埃及是阿拉伯世界最大的国家，而且传统上一直是这个世界的领头羊。在纳赛尔的领导下，埃及在成为阿拉伯世界领导者的道路上迈出了最关键的一步。不过，阿拉伯世界已经深深地陷入分裂状态，埃及也在设法与这个世界的主要角色之一的沙特阿拉伯划清界限。在1978 年与以色列签署《戴维营协议》之后，埃及就中止了扩张的步伐。不管怎么说，它已经不战而败了。考虑到它的经济状况，相对孤立的地理位置以及该国狭隘的胸襟，可以预测，埃及在将来很难成为一个地区性大国，它也不可能依附任何国家，不管是土耳其、美国还是俄罗斯。在过去几个世纪，它的命运一直如此。

土耳其的情况则大不相同。这个国家不仅仅是个主要现代经济体，而且截至目前，它还是穆斯林世界最大的经济体——其经济规模远大于伊朗，也许还是这个世界唯一一个现代化的经济体。而最重要的一点是，在战略位置上，它坐落于欧洲、中东和俄罗斯之间。

土耳其并没有与世隔绝，或者被缚住手脚。在战略位置上，它有多重方向可以自由行动。最重要的是，它并不是美国利益的挑战者，因此也就不会时常遭受美国的打压。这意味着它不用浪费资源抵制美国。在经济迅速发展的前提下，它很可能崛起，成为穆斯林世界的主导力量。[5]

对于"一战"前土耳其把持世界主要帝国皇位，人们一定记忆犹新。在帝国坍塌之后，土耳其成为一个政教分离的穆斯林国家。1918 年之前，它是全球最强大的穆斯林国家。土耳其帝国在 14 ~ 16 世纪步入鼎盛时期，国力极其强盛。

16 世纪，土耳其成为统治地中海的强国，不仅控制了北非和地中海东岸，而且还统治了东南欧、高加索地区以及阿拉伯半岛。

土耳其社会内部错综复杂，既有受到军事力量庇护的政治体制，又有逐渐成长壮大的穆斯林运动，最终哪一股力量会成为主导，现在定论还为时过早，但是当我们审视美国入侵之后伊斯兰世界的残骸，并考虑这个地区哪个国家值得认真对待时，答案似乎显而易见，这个国家必须是美国的盟友、该地区最大的经济体——土耳其。

身处潜在断层线的墨西哥

如果有人在 1950 年宣称半个世纪之后，日本和德国将成为世界上最具经济活力的国家。听者可能一笑置之。如果你在 1970 年断言，到 2007 年，中国将成为全球第 4 大经济体。那么听者也一定嗤之以鼻。但是与在 1800 年预言美国到 1900 年将成为世界强国相比，前两者远没有这个好笑。世界在变，一切不可预知的事情都将成为可能。

在 2007 年，墨西哥就已经是全球第 15 大经济体，紧随澳大利亚。当然，墨西哥的人均收入排名要低一些。据国际货币基金组织统计，墨西哥的年人均收入约为 1.2 万美元，全球排名第 60 位，与土耳其不

相上下，略胜于中国。单就这点而言，它毫无疑问也算是一个举足轻
重的国家。

人均收入固然非常重要，但是经济总量对于衡量国家实力来说尤
为关键。贫穷是个问题，但是经济规模也决定了一个国家在军事和相
关事务上的资源投入比例。苏联和中国的人均收入都较低，但两国经
济规模成就了它们的大国地位。事实上，在历史上，不管贫穷与否，
庞大的经济规模加上人口数量足以让一个国家受到重视。

墨西哥1950年的总人口约为2 700万，之后50年，增加到1亿，
到2005年，这一数字已经升至1.07亿。联合国预计，到2050年，这
个国家的人口将在1.14亿至1.39亿之间，而前者的可能性更大一些。
因此，在过去50年大约增长了3倍之后，墨西哥的人口数量将在未
来50年基本保持稳定，这样可以保证它有充足的劳动力。这是一个
优势。因此，墨西哥在人口方面不是一个小国。当然，由于毒品和商
业垄断的肆虐，它也无疑是一个不稳定的国家，但这些问题是可以解
决的。

全球还有许多像墨西哥这样的国家，但我们却不能给它们贴上地
缘政治断层线的标签。从根本上来说，墨西哥与它们之中的任何一个
（如巴西和印度）都不相同。它地处北美，我们之前已经论述过，这
个地区目前是国际体系的重心所在。墨西哥也同时濒临大西洋和太平
洋，还与美国共守着一段距离很长而态势紧张的边界。为了争夺北美
霸权，它与美国也发生过大战，但以失败告终。墨西哥的社会和经济
与美国有着千丝万缕的联系。它的战略位置和逐渐提升的国际地位让
它成为一条潜在的断层线。

为了理解断层的本质，我们先简单了解一下边缘地带的概念。在
两个毗邻的国家之间，通常都会有一块纷争地，它被两个国家轮番操
控。随着时间的流逝，它就成为一个烙上了双边国家的民族和文化特

点的区域。例如，阿尔萨斯和洛林地处法德两国之间，它们都存在独特的混合文化，这里的居民也有着不同的国家归属。他们讲法语、德语和一种混合方言。现在这一区域归法国管辖，但是不管哪一方管理该区域，它都是一个拥有两种文化氛围，充满潜在紧张态势的边缘地带。全球存在很多这样的边缘地带，像北爱尔兰，它是英国和爱尔兰之间的边缘地带，克什米尔也是印度和巴基斯坦之间的边缘地带；还有俄罗斯和波兰的边界；塞尔维亚和阿尔巴尼亚之间的边缘地带科索沃；以及法国、加拿大和美国之间的边界。这些都是存在不同紧张程度的边缘地带。

美国和墨西哥之间也存在一个边缘地带，这里居住着拥有共同混合文化的墨西哥人和美国人。这个边缘地带紧靠双方的官方分界线。在这里，属于美国的一边与美国其他地方不尽相同，属于墨西哥的一边也与墨西哥其他地方大不一样。和世界其他边缘地带一样，这里也有其自身的独特性：美墨边界线两边的墨西哥人和美国人都与自己的国家交往密切。在经济和文化融合的表象之下，边缘地带永远都存在政治紧张气氛，而这一点在美墨边境的边缘地带尤为显著，因为墨西哥人在不断涌入边缘地带，穿过边境，进入美国，但是美国人南下移民墨西哥的现象倒很少发生。

全球许多边缘地带的归属权都多次易主，但截至目前，美墨边境边缘地带的归属权仅仅更换过一次。

墨西哥北部逐渐被纳入美国，这一进程始于得克萨斯的暴动，并在 1846 ~ 1848 年的美墨战争期间达到顶峰。它构成了今天的美国西南部诸州。两国的边境被确定在里奥格兰德河，后来在西部进行调整之后又将美国亚利桑那州南部包括进来。墨西哥当地的土著居民并未被强行迁出，墨西哥人也在不断进入这块地方，而后来，这里的大部分地区都被从美国东部迁居而来的人占据了。在 20 世纪后 50 年，墨西哥开始了另一波进入边缘地带和美国纵深区域的人口迁徙运动。这进一步使这个地方的人口组成复杂化了。

我们可以对传统的移民和进入边缘地带的人口流动加以区别。当来自其他国家或地区的移民群体移入另一个国家的时候，他们接受了新的文化和经济的冲击，其后代也深受这些主流文化和经济的吸引。进入一个边缘地带的情况却大不相同。后者相当于是祖国的延伸，它并没有与祖国彻底分离。边界只是一个政治分界线，而非文化和经济分界线，进入这个地方的人与自己的国家也相隔不远。他们在物质上仍紧密相连，其归属感复杂而多变。

进入边缘地带的墨西哥人与定居芝加哥的墨西哥人在行动上存在很大的差别。后者更像是传统上的移民，而迁居边缘地带的墨西哥人潜意识里可能会认为自己是居住在国内一块被占领的区域，而非国外，这与定居得克萨斯的美国人在革命前看待自己身份的方式没有差别。

在一定时间点上，边缘地带的情况将简单地转化为军事和政治势力问题。边缘地带属于强势的一方，而力量的强弱又将取决于双方的陆军力量。自1848年以来，美墨的政治边界就一直由超级大国美国来划定。人口可以流动，走私也时常发生，但政治边界只能由军事力量来划定。

到本世纪末，美墨当前边界的状况会一直维持两个世纪。墨西哥的国力可能会再次复兴，而在美国这边，边缘地带的人口流动可能会非常频繁，以至于其政治边界可能将难以为继。到本世纪末，墨西哥很可能已经不再是全球第15大经济体，而是进入到前10位。更令人称奇的是，美墨之间的自由贸易给墨西哥的经济发展提供了帮助。那些经济规模巨大、暂时位居墨西哥之上的许多欧洲国家其实已面临严峻的人口问题。[6]考虑到美墨边境冲突的潜在可能性，毫无疑问，这条断层线必须引起重视。

谁将更有力地挑战美国？

　　如果我们寻找美国和伊斯兰圣战者之间战争结束后的新挑战者，那么有两个地区需要关注。墨西哥和土耳其显然还未准备好担当全球性大国的重责，而欧洲也将保持与世隔绝和四分五裂的状态（它将对国际重大事件做出反应，但不会是这些事件的发起者）。这样的话，全球就只剩下两条断层线——太平洋盆地和亚欧大陆，而且如果放在2020年的背景下，这意味着有两个国家可能会有突出的表现：中国和俄罗斯。还有第三种可能性，那就是日本，但时间远在2020年之后，而且这个国家的行动将严重依赖于中国。因此，我们需要细心查看中国和俄罗斯的地缘政治态势，以预测哪个国家将率先发起挑战，并在未来10年对美国构成威胁。

　　从地缘政治方面来看，我们在这里谈论的是所谓的"系统性"冲突。冷战是个系统性冲突，它使得全球两个主要大国互相对抗，而它们对抗的方式则界定了整个国际体系。世界上还存在其他冲突，但其中大多数都被卷进主要冲突的漩涡。因此，从阿拉伯和以色列的冲突到智利国内的政治问题，再到刚果独立，一切都被卷进冷战，并且被冷战所左右。两次世界大战也是系统性冲突。

　　根据定义，系统性冲突必须在冲突发生时有全球性大国参与其中。因此，它必须包括美国。进一步说，美国对任何主要冲突都不能置身事外。如果俄罗斯和中国互相对抗，美国几乎不可能对此视而不见或保持中立。对抗的结果对美国意义重大，而且在没有美国会置身事外的承诺的情况下，中俄双方不可能开战。美国是如此强大，以至于它与其中任何一个国家结盟都意味着另一个国家的失败。

　　中国和俄罗斯，哪个国家更可能将自己置于与美国的冲突之中？参照一下美国的宏图大略，它并不倾向于引发冲突，除非有好战的区域性大国要致力于提升自己的安全等级，对美国分裂亚欧大陆的利益构成了威胁。因此，放眼未来几十年，我们需要将阐述重点放在中国和俄罗斯。我们就从中国——这个人人都相当关注的国家开始。

注　释

　　[1] 罗伯特·D.卡普兰.即将到来的地缘战争 [M].广州：广东人民出版社，2013：135～136.

　　亚洲的概念是由西方海权国家创立的，始于16世纪之初的葡萄牙，并在冷战期间被分割成许多单独的区域。但在20世纪70年代，随着自由经济热潮席卷东亚，"太平洋盆地"（Pacifc Basin）这个新的大型区域形成了，在此基础上亚洲地图回归其整体性。这种经济成功的故事之所以成为可能，绝非仅仅是以武力相威胁的结果；相反，正是因为军事霸主美国的存在，才保证了亚洲的地区和平。现在，随着亚洲重返单一的有机整体，美国的力量正在慢慢后撤，而中国、印度和其他本土国家的军事实力随之上升。随着区域次单元逐渐崩溃，亚洲变得越来越大；又因为人口规模和导弹射程不断扩大，它越来越令人感到恐惧。武器装备在逐渐累积，同时却没有伴随联盟结构，这样一个亚洲，愈加显得不稳定。

　　[2] 罗伯特·D.卡普兰.即将到来的地缘战争 [M].广州：广东人民出版社，2013：18～20.

　　如果我们抽丝剥茧地深入到两次世界大战的逻辑核心，就会发现其本质是关于德国是否能够主宰欧亚大陆的中心地带；而冷战的本质则是苏联如何主宰东欧，那里正处于麦金德心脏地带的西部边缘。这里所指的东欧包括在其势力范围内的东德，历史上的普鲁士正是为了领土的需要进行同样的东扩，最终奔向"心脏地带"；而西德则成为北约海洋联盟的一部分，以天主教为精神依托，借助其雄厚的工业力量和商业头脑，向北海和大西洋挺进。

　　冷战时期，美国著名的地理学者索罗·B.科恩（Saul B. Cohen）指出，"划分东德与西德的边境区，正是历史上最古老的一个区域"，中世纪区分法兰克和斯拉夫部落的分界线正在这里。换句话说，东西德之间的边境，几乎不是人为划定的。科恩认为，西德"反映的是海上欧洲"，而东德属于"陆权王国"，他因此支持德国分裂，认为"它在地缘政治上是合理的，在战略上是必要的"，因为它是欧洲中心连年战斗间的稳定地带。

麦金德在1919年也预见性地写道："贯穿德国的分界线是世界上绝无仅有的，我们可以借此从战略意义上，把大陆地带与海洋地带划分开来。"柏林的一分为二，本质上是人为的，而对于德国的分裂，人为的成分则相对较少。

科恩把中欧称为"单纯的地理概念，却缺乏地缘政治的实质"。按照这个逻辑，德国的统一，不会导致中欧的浴火重生，反而会导致欧洲重燃战火。由此推理，对于欧亚大陆中心地带而言，德国的钟摆朝向何方，意义非同小可。如果向东倒向俄罗斯，将会对波兰、匈牙利和其他前苏联卫星国产生巨大的影响；如果是向西倒向英美，是否会为这两个海洋大国提供胜利的契机？这一点我们尚不知晓。在冷战后的早期阶段，科恩和其他学者都未能准确地预见今天统一德国"处于停摆化"的情况。如今的德国"厌恶军事解决方案"，同时保留着深厚的文化水准，这在未来可能成为有助于欧洲大陆稳定的积极砝码，也可能成为使这个大陆重陷动荡的原因。

德国作为强权国家之一，一直占据着欧洲的中心。因此，德国人总是表现出强烈的地理意识和敏锐的战略观，并将其视为一种生存保障机制。目前，德国人亟须完成的正是超越一时持有的准和平主义观念，恢复其敏锐特性。一个统一而自由的德国难道不可以成为一种平衡力量吗？有德国横贯于大西洋和欧亚大陆心脏地带之间，为"中欧文化"提出大胆的新诠释，是否可以使中欧的概念成为调节地缘政治的整流器呢？果真如此，加顿·阿什等人的理论将得以印证，他们也将享有超过麦金德和科恩的声誉。

[3] 罗伯特·D.卡普兰.即将到来的地缘战争 [M].广州：广东人民出版社，2013：115～116.

也许，斯皮克曼最有说服力的观点是对欧洲的观察。他反对德国或苏联统治欧洲，也反对在任何情况下实现一个统一的欧洲。他更倾向于在欧洲国家之间形成权力平衡，认为这比欧洲联邦（即便是通过和平民主的方式实现的）更有利于维护美国的利益。他写道，一个"欧洲联邦……有可能凝聚力量，彻底改变我们对于大西洋地区的重要性，并大大削弱我们在西半球的地位。"目前欧盟仍处于发展中阶段，各个强国的国家领导人虽加强相互协调，并建立了单一货币区，但仍奉行各自独立的外交政策；要评判斯皮克曼的预测是否准确，还为时过早。然而我们已经可以看到，欧洲越是统一，与美国的关系就越是紧张。一个拥有武装部队并奉行单一外交政策的真正意义上的欧洲超大国，将是美国强有力的竞争对手，甚至可能成为在南美洲南部的"等距离区"占主导地位的外部力量。

[4] 罗伯特·D.卡普兰.即将到来的地缘战争 [M]. 广州：广东人民出版社，2013：263~276.

伊朗其国近乎浑然天成。其神职政权内部的激烈竞争，倒也体现一种更高的制度化水平，比该地区除以色列和土耳其以外的任何地方都要高。正如中东对于非洲和欧亚大陆来说是一个四边形，对于世界岛而言，伊朗就是中东的万向节。麦金德的枢纽不应在中亚土地上，而应向南转移到伊朗高原。这样，伊朗正日益受到中国和印度的青睐也就毫不奇怪了，其海军甚至可以在21世纪的某个时间与美国海军分享欧亚海上通道的优势。虽然伊朗在面积和人口上远不及以上两个大国以及俄罗斯或欧洲，但因为它处于关键的地理位置，在人口、资源和能源方面也十分重要，因此是地缘政治的根本。

伊朗当下的广泛影响力主要在于对美国和以色列的公开挑战。除此之外，我们看不出它还有什么魅力，其辉煌文化如此浪费着实可惜。除非某一天其政权自由开放，或者产生翻天覆地的变化，诞生一个民主化或准民主化的新伊朗，它才可能凭借地理优势，激发起阿拉伯世界和中亚穆斯林千百万同胞的能量。

再来看1979年巴列维的倒台。亨利·基辛格曾经告诉我，20世纪70年代末伊朗发生反对国王巴列维的叛乱，如果当时卡特政府能更好地处理，国王有可能保住，伊朗现在会像韩国一样成为充满活力的准民主体制，尽管偶尔与美国有不痛不痒的摩擦，但基本上算是一个盟友。在他看来，当时的巴列维政权是能够改革的，尤其是苏联的民主动荡十年后才发生。虽然基辛格对吉米·卡特总统的指责可能过于轻率，但是由此提出伊朗革命不同结果的可能性，仍然耐人寻味。谁说不是呢？20世纪90年代我走遍了伊朗，最近又刚从埃及回来，前者反美和反以色列的情绪其实比后者要小得多，对此我心知肚明。其实，伊朗与犹太人的关系从古代一直到巴列维王朝都还是良性的，对于伊朗人来说，仍有许多希望和可能性。

再来看看"9·11"恐怖袭击给美国提供的机会。袭击发生后，阿亚图拉阿里·哈梅内伊和时任总统的穆罕默德·哈塔米毫不含糊地谴责逊尼派基地组织的恐怖主义，伊朗人在德黑兰街头组织为受害者守夜的活动，而其他阿拉伯世界的民众却在为攻击欢呼。当年晚些时候，美国组织联军打击塔利班，伊朗亦为其提供帮助。2003年春天巴格达陷落后，伊朗提出举行实质性谈判。这都说明，在现今时段，历史没有必要像以前一样发展。其他结果也是可能的。

伊朗丰富的文化、辽阔的地域、丰富多彩的城市，与中国和印度一样自成一体，其未来必将取决于政治和社会条件，最关键的节点就是伊拉克。伊拉克的历史和地理与伊朗交织在一起，没有任何国家能与其相比。此外，德黑兰若采用更自由的制度，将激发伊朗文化的连续性，既无愧于老波斯帝国的光彩，又不再受神职人员的约束。一个更自由的伊朗，将拥有为数众多的库尔德人、阿塞拜疆人、土库曼人，以及北部等地的其他少数民族，也有可能随着中央集权的解散，民族的边缘地带将脱离德黑兰的轨道，渐行渐远。伊朗并非一个单纯的国家，而是一个形状不定的跨国家帝国。其真实大小与任何正式指定的版图总不相符。今天的伊朗西北部是库尔德和阿塞拜疆土耳其人居住区，而阿富汗和塔吉克斯坦西边的一部分在文化和语言上与伊朗国家更为兼容。伊朗回归的最终目标，可能正是这种国无定形，正像帕提亚帝国一样，伊斯兰极端主义浪潮和毛拉政权的合法性将日益式微。

[5] 罗伯特·D.卡普兰.即将到来的地缘战争 [M]. 广州：广东人民出版社，2013：280~284.

像伊朗一样，土耳其自成关键地区，并按顺时针依次影响巴尔干、黑海、乌克兰和俄罗斯南部、高加索和中东阿拉伯国家。战略家乔治·弗里德曼写道，与阿拉伯世界相比，土耳其"是混乱中的稳定平台"。虽然影响周边的所有地方，但土耳其作为大陆桥夹在两个海洋中间，南有地中海，北有黑海，从这一点来讲，它实际上是一个岛国。无法与干旱陆地连接，使土耳其在地理方面不能像伊朗那样成为影响其邻国的关键。它在西部巴尔干地区的影响力和南部对叙利亚与美索不达米亚的影响，主要是经济上的。在南斯拉夫，它最近已参与冲突后的调解进程，只有在高加索地区，特别是阿塞拜疆，因其语言非常接近土耳其语，土耳其的外交影响力可以极大地影响其日常政治。

土耳其控制着底格里斯河和幼发拉底河的源头，这是一个了不起的地理优势，赋予它控制叙利亚和伊拉克水源命脉的能力。当然，如果土耳其真的切断其水源，就从事实上构成一种战争行为，因此土耳其必须小心使用这一优势。为了满足自身农业发展的需要，土耳其有可能将河流改道或从上游拦截水流，而中下游国家对水流减少的可能性的担心，使土耳其在阿拉伯政治局势中拥有相当大的影响力。

事实上，多年以来，土耳其一直希望加入欧洲联盟，20世纪80年代和90年代我曾多次访问该国，土耳其官员明确指出这是他们的既定方向。但从21世纪第一个十年的现实看来，土耳其可能永远不会成为欧盟的正式成员，理由看起来很牵强，源于充满腐朽气的地理和文化宿命论：尽管土耳其是一个民主国家，是北约的成员，但它也是穆斯林国家，因此人家欧洲不要。入欧盟被拒，对土耳其政体是极大的冲击。更重要的是，它早已与其他社会发展趋势相融合，因此土耳其的历史和地理可能会经历重大调整了。

[6] 罗伯特·D.卡普兰.即将到来的地缘战争 [M].广州：广东人民出版社，2013：323.

汤因比在比较野蛮人和罗马人时写道，在高度发达与不那么发达的社会边界，"天平不会达到稳定的平衡，而是随着时间的推移，向边境上更落后社会的一侧倾斜"。自1940年以来，墨西哥人口已上升超过5倍多，

1970年至1995年间几乎翻了一番，1985年至2000年又增长了1/3以上。

墨西哥人口现在是1.11亿，还在以更快的速度增长。不过，美国东海岸精英对墨西哥几乎没有表现出什么兴趣。墨西哥与美国边境各州，如加利福尼亚州、亚利桑那州、新墨西哥州和得克萨斯州之间的生活挑战、大小事件、商业往来、文化互动等，在地理上远离东海岸精英的关注视野，他们的关注点集中在更广阔的外部世界，以及美国在那里的地位。也许在精英的想象力范围中，墨西哥的位置远远低于以色列或者中国，甚至不如印度。然而，墨西哥比任何其他国家更可能影响美国的命运。墨西哥与美国和加拿大一起，构成麦金德"世界岛"周围最关键的大陆卫星国。

第 **5** 章

迈向世界大国的中国

作为传统的大陆型国家，缺乏活跃的地缘断层带使得中国在历史上多次选择闭关锁国。直至 1978 年邓小平领导的改革开放，才使得中国步入快速发展的轨道。然而，不断扩大的贫富差距、巨额的政府负债、结构化转型的乏力增长等问题，使得中国在步入世界大国的道路上布满荆棘。面对美日的围堵及周边国家的挑衅，未来的中国能否在解决内部问题的情况下再次惊艳世界？

任何关于未来的探讨，都必须先从中国说起。拥有全球 1/4 人口的中国常被列入未来世界强国，它的经济在近 30 年里突飞猛进，这无疑使其成为一个重要的强国。但是 30 年的持续增长并不意味着这种势头永不停滞，也可能正在逐渐减弱，这对中国而言意味着它可能要面对一系列的问题。但有一点我深信不疑，那就是：谈论未来，绝对要从中国开始。

那么，让我们以地缘政治学作为框架溯本求源。首先，中国是一座岛，虽然没有被海水环绕，但被众多无法逾越的国土和荒漠所包围，这使得它与世界其他地区隔绝开来。

中国北临西伯利亚和蒙古草原，荒无人烟，难以逾越；西南部是难以攀爬的喜马拉雅山；南部与缅甸、老挝、越南接壤，遍布山地和丛林；东部临海；只有毗邻哈萨克斯坦的西部地区可供通行，但也需要花费很大的工夫。绝大多数中国人分布于距海岸线不足 1 000 公里的土地上，居住在中国东部地区，而中部和西部地区则人烟稀少。

中国在历史上唯一一次完全被征服要追溯到 12 世纪的蒙古人南下，但是中国几乎从未在现有版图下对外扩张。在历史上，中国也从不侵略他国，只是偶尔卷入与他国的纷争中。中国在以往的世界贸易中并不活跃，经常间歇性地闭关锁国，与世隔绝。对外通商之后，中国又会开辟丝绸之路这样的陆上通道穿越中亚地区，开放东部港口供商船航行。19世纪中叶，欧洲人看中了中国。当时的中国正处于自给自足的时期，团结统一却一贫如洗。欧洲人强行闯入中国，在沿海地区频繁进行贸易活动。这造成了两方面的影响：一方面，中国沿海地区由于对外贸易，财富激增；另一方面，中国沿海地区与内陆地区贫富差距越来越大。这种悬殊不但削弱了中国政府对沿海地区的控制力，而且引发了社会的不稳定和混乱。沿海地区更愿意与能为自己带来经济利益的欧洲国家保持密切联系，也不愿受限于当时的政府。[1]

动荡时期从19世纪中叶一直持续到1949年共产党执政。共产党一开始试图在上海这样的沿海城市开展革命，但没有成功，于是开始了著名的长征。在内陆省份，毛泽东组织了一支由贫农组成的军队，发起反击，收复沿海地区。后来，他使中国恢复到欧洲国家未介入以前的独立自主的状态。从1949年直至毛泽东去世，中国在一个强大的中央政府的领导下，团结统一，但在西方看来有些闭塞排外，贫困问题仍很严重。

破釜沉舟后的"世界引擎"

毛泽东逝世后，中国新一代领导人邓小平深知，中国若想保持安定团结，闭关锁国绝不是长久之计，经济处于弱势的中国定会被别国觊觎。于是邓小平决定破釜沉舟，他认为通过对外开放，参与对外贸易，中国不会再因为内部矛盾而四分五裂。

沿海地区随即重新繁荣起来，并与世界强国密切往来。上海等沿海大都市凭借廉价的商品交易迅速累积财富，而内陆地区的贫困状况却没有得到彻底改善，沿海地区和内陆地区的贫富悬殊并没有得到根本性缓解。尽管如此，北京的地位并没有动摇，既没有丧失对各个区域管制的权力，也无需强力高压。

这种状况大概持续了 30 年，30 年在历史长河中算不上很长的时间，而对于这一时期的中国人来说却十分漫长。问题在于，是否能妥善处理中国国内存在的问题。于是又回到了讨论的起点：21 世纪中国对世界将会有怎样的影响？中国还是全球贸易体系的一部分吗？

中国在 21 世纪初破釜沉舟，以期求得永久的稳定。中国作出了一个大胆的设想：逐渐把相对富足的沿海地区资源运送到内陆。这个提议没有遭到沿海和内陆地区的反对。中国领导人试图让全中国的人民都满意，并且竭尽全力实现这一目标。

世界各国对廉价出口商品趋之若鹜，而这些廉价商品交易是靠巨额贷款维持的。中国对商品定价越低，利润也就越低。这种无利润出口商品虽然使经济引擎频繁运转，却没有在实质上促进经济增长。我们可以把它看做是这样一种交易：以成本价或者以低于成本的价格出售商品。如此一来，的确有巨额资金在商业领域流通，然而这些资金也会迅速流失。

这是东亚国家普遍存在的问题，日本就是一个很有启发性的例子。日本在 20 世纪 80 年代跻身为世界经济大国，这对美国商界造成了巨大的打击，工商管理硕士不得不向日本人学习借鉴，效仿他们的经营方式。日本经济迅猛增长，然而这种增长并不是源于经营管理，而是由于日本的银行体制。

由于政府的监管，日本银行支付给一般储户的利率普遍很低。同时由于各种法律条令和政策的倾斜，邮局存款利率比银行高出一倍，因此大多数日本人只好把钱存入邮局。政府转而用这笔钱借贷给日本各大银行，但它的利率仍然远低于国际标准。银行继而又把钱贷款给业务伙伴，例如住友银行 (Sumitomo Bank) 贷款给住友化工厂 (Sumitomo Chemical)。20 世纪 70 年代，相较于美国公司两位数的银行贷款利率，日本公司的贷款利率不过是美国的一个零头。

这样看来，日本企业比美国企业运营得好也就不足为奇，因为成本远低于美国。同样，日本极高的存款比率也就不足为奇。其实日本当时不但没有公共退休计划，其企业退休基金也微不足道，日本人只好通过储蓄存款为退休养老做准备。如果不节俭，那将来就没有保障。这些可怜的储户们别无选择，只有接受低利率存款。

高利率保障了西方经济的规范性，通过优胜劣汰，可以剔除那些毫无竞争实力的孱弱公司，限制其在低利润条件下的无限扩张，而日本银行人为降低利率，贷款给合作伙伴，因此根本不存在真正意义上的市场。货币流通，社会关系是关键，因此，许多坏账应运而生。

日本主要的融资手段不在于增强股票市场的公平性，而在于银行贷款。董事会是由公司职员和银行家组成的，比起利润，他们反而更关心资金流动，以保证公司的运营，偿还贷款。因此，日本曾一度成为世界上资本回报率最低的国家，但是由于日本人采取独特的方式规划经济——依赖出口，他们的经济增长速度的确是快得惊人。

日本人不得不这么做。用一个极高的储蓄率推动整个经济体系的发展，普通的日本公民几乎很少消费。因此，日本想通过内需来拉动经济几乎不太可能。由于日本的公司不受投资者的限制，而是受到组织内部人员和银行家们的控制，所以他们想要做的就是增加资金流的注入量。至于能产生多少效益（如果有的话），则关系不大。因此，低成本出口潮高涨。借贷资金增加，现金需求扩大，出口量也就随之提升。表面上，经济是在增长，但其内部危机四伏。

日本银行那种随意的放贷方式使不良贷款数目上升——这种贷款不会得到偿还。许多糟糕的企业得到了资助。日本银行非但没有取消这些贷款或是让这些企业破产，相反，它们用更多的贷款来填补这个漏洞，让这些企业继续存活下去，贷款也随之水涨船高。为了利用储户的资金来维持该银行体系，它就迫切需要利用出口来吸收更多的资金。这一体系虽然资金充裕，但底下暗流涌动，众多依靠政府得以存活的公司，以及那些极力增加现金流入而无视赢利的公司，正逐渐削弱整个银行体系。出口的巨大潮流并没有产生太多的利润。整个体系被搅得一塌糊涂，这时的日本光是要维持正常运作就已经异常艰辛了。

从表面看来，日本经济正在急剧上扬，用超乎想象的高质量、低价位的产品占领市场。这与沉迷于高利润的美国公司有所不同，日本人对未来表现得志在必得。实际上，事实恰恰相反。日本正依靠少得可怜的、受到政府限制的"遗产"度日。低价位是他们的一着险棋，以试图保证资金不断注入，这样银行体系就不会在短期内崩溃。

最终，贷款迅速膨胀，以至于凭借出口的利润都难以为继。日本银行开始破产，政府不得不为其买单。但是日本绝不会对此种大规模的经济衰败坐视不理，它千方百计利用各种挽救措施来延缓这种极度的痛苦，并以此来克服长期以来挥之不去的经济萎靡。经济萧条使得市场每况愈下。有趣的是，20世纪90年代初正当经济危机席卷而来的时候，西方并没有注意到日本的经济已经溃不成军了。在20世纪90年代中期，他们还在谈论着日本经济的奇迹。

"中国龙"如何走出"日本陷阱"？

这与中国有什么关系？这是因为中国经济与日本经济如出一辙。两国的经济都严重依赖出口，它们都保持着起伏不定的高增长率，并且当增长率开始出现衰退时，它们都可能崩溃。

中国的经济显现出兴旺与生机，如果你只着眼于其经济的高速增长的话，那么它确实令人瞠目结舌。然而，增长只是检验经济的一个因素，更重要的是这种增长是否有利润回报。中国的经济确实呈现了实实在在的增长，所获得的经济回报也确实满足了银行业的需求。但一旦增长出现减缓趋势，比如说由于美国方面导致经济不景气，那么整个经济结构可能很快就会出现滑坡。

这在亚洲并不是什么新鲜事了。20世纪80年代，日本是经济增长的火车头。照常理而言，日本将会压倒美国。但实际上，日本高速的增长率没有持续下去。当这种增长大幅度下降时，日本就经受了巨大的银行危机。危机过后，日本在接下来的20年里都没有彻底复原。同样，当东亚经济于1997年出现危机之后，许多国家都措手不及，因为当时东亚的经济正在突飞猛进。

中国过去30年的发展也十分迅猛。中国人认为自己可以持续保持这种增长势头，但这种想法与基本经济规律是相悖的。有时经济循环在淘汰没有竞争力的企业的同时，也孕育了它们的丑恶弊端——的确如此。有时候，技术工人的极度缺乏也将成为经济持续增长的瓶颈。可以说，经济增长将受到许多结构限制，而中国也将无法避免。[2]

"唱衰"中国的逻辑

日本用一代人的缓慢增长来解决自身问题。它运用政治规律和社会准则来对该事务进行处理而没有引起动荡。东亚用了两种方法来解决这个问题。一些国家和地区，诸如韩国和中国台湾，大刀阔斧地强制执行强硬的措施，但是可行性却非常有限，除非它们有强大的政府能够承受这种压力。而另外一些国家，如印度尼西亚，则就此一蹶不振。

中国的挑战是政治方面的。当国内出现经济下滑和资金终止注入等问题时，中国的银行体系，甚至整个社会组织都会动荡不安。企业发展的减缓会造成企业倒闭和人口失业，而在一个区域性贫穷和大范围失业的国家里，经济下滑的附加压力会引发一系列的不稳定。

回想中国是如何在近代美国的干涉与现代毛泽东的胜利领导之间被分成沿海和内陆的。沿海的企业在对外贸易和商业投资中蓬勃发展。由于受到外部利益的驱使，它们力图自行发展。它们受到中国境内一些掌有金融权益的欧洲帝国主义者和美国人的拉拢。这和今天的情况很有可能是如出一辙的。一名上海商人乐于跟洛杉矶、纽约和伦敦保持利益往来。实际上，他从这些联系中赚到的钱远比与北京的商业往来中赚到的更多。与此同时，中国内陆的穷人将会努力迁往沿海城市，或者向北京施压给沿海地区加税从而获得资金资助。

如果中国政府曾想要努力挽回对沿海地区的控制力，那么很难想象促进那些地区发展而后又对这些地区施压的行为是出自同一个政府。19世纪，同样的问题也暴露出来了，沿海的政府官员们不想推行北京的法令，他们想与外国人做生意。

因为在经济问题方面与外国存在实质性的对抗，所以中国政府要保护自己的经济投资。国际争端将会帮助中国巩固自己的地位。这最有可能发生在21世纪的头10年。[3]

到那时，中国有三种可能的未来发展方向。

第一个可能的方向是中国继续无限期地迅猛发展。没有一个国家做到过这一点，中国也可能不会例外。过去30年里中国的飞速发展已经使经济失衡，这一点是将要加以改正的。从某些观点来看，中国必须得经历艰难的调整期，而亚洲的其他国家已经经历过这些了。

第二个可能的方向是中国的中央集权化。利益冲突将会显现，而中央政府则会发布命令并限制地方政府的权力，以防止经济下滑。这个方案与前者相比更具可实施性。但是实际上，政府机构充斥着那些为个人利益而反对中央集权化的人，这点使得该方案很难实施。政府不能只依靠自己人来实施那些规定。爱国主义是使他们团结一致的唯一王牌。

第三个可能的方向是在经济低迷的压力下，中国沿着传统的区域界限分崩离析，同时北京的势力也大不如前。从传统观念来看，在中国这是一个更有说服力的方案。而且这个方案对富人和外国投资者都有好处。这会使中国回归到毛泽东领导前的状态，在一个努力治国的中央政府之下存在着区域之争，甚至是地区冲突。如果我们接受中国的经济将不得不在某个时刻做出调整，以及中国也会像其他国家那样产生严重的紧张态势的事实，那么第三个结果就最符合中国的历史及现状。

日本的算盘与中国的考量

先进的工业世界会在21世纪头10年面临人口紧缩和劳工匮乏的现象。一些国家基于旧有的观念指出，移民入境不是可选择的办法，至少不是个令人满意的办法。比如说，日本极其反对移民入境，但是它又必须找到劳动力的来源。这些劳动力受日本政府的控制并交纳税款来供养老龄工人。大多数移民工人不会选择日本，因为日本对想要成为日本公民的外国人非常不友好。在日本的韩国人到哪都没有公民身份。即使他们终生都居住、工作在那里，他们在身份证明文件中还会被日本警察叫做"韩国人"（不管是朝鲜人还是韩国人），不能够成为日本的合法公民。

然而，考虑到中国是一个低成本劳动力的集中地，即使中国人不想去日本，日本人也会来中国，就像他们过去那样。日本人在中国办厂，并雇用中国劳动力，这可以看做是另一种移民入境。而这种方式并非日本人的专利，其他国家的国民也会如法炮制，涌入中国。

从传统上来看，当北京受到压力时，它就会准备接受较慢的经济增长速度。然而从长远上来看，大规模的、集中的日本企业占据并吸收中国的劳动力，对于当地企业家和政府，甚至对于中国政府来说都存在着巨大的经济价值，但却毫无政治意义。日本不希望北京将资金转投向自己国家的企业，那样会使自己的如意算盘全部落空。

大约到了 21 世纪 20 年代，日本会吸引中国来引进它的日资开发（有益于日本的）项目。中国的沿海地区会有足够的竞争力来吸引日资。不同于沿海地区，内陆的企业和政府不会从日本企业中获得多少利益。拥有大量资金的日本人将会在沿海城市而非内陆地区招募新的同盟。

对于像日本那样承受巨大的人口压力又无力应付大规模移民的国家来说，中国将会被视作一个救星。不幸的是，这个前景不容乐观。

所有这一切都归结为中国没有对未来 20 年描绘出一个地缘政治断层线，而且，就中国的地形来说，这在任何环境下也是不可能实现的，中国的军事需要花费至少 10 年的时间来克服这种地形上存在的局限。中国经济和社会的内在压力将会给中国带来更大的国内问题，而这些问题超出了它的负荷能力。因此，中国没有太多的时间开展外交政策的冒险活动。从这个意义上说，中国将被卷入国外权力的纷争中，并用自我防御来抵制外来的侵犯，而不是构建自身的实力。

注　释

[1] 罗伯特·D.卡普兰.即将到来的地缘战争 [M].广州：广东人民出版社，2013：200～201.

麦金德在著名的"枢纽"一文末尾谈到中国时，颇有惊人之语。他先是阐明欧亚大陆内部为什么会形成世界地缘战略强国的支点，随后断言，中国人"可能构成威胁世界自由的黄色危险，原因正是他们能够为其大陆资源再增加海洋前沿据点，这种优势就连占据枢纽地区的俄罗斯人都无缘享有"。这个论断带有鲜明的时代特点，当时种族主义情绪甚嚣尘上，对任何非西方力量的崛起都报以敌视态度。且抛开这些不管，先来看看麦金德的分析，他认为俄罗斯是一个大陆强国，其唯一的海洋前沿主要由北极冰封锁，而中国虽也是大陆强国，但其阴影区延伸到前苏联所属中亚地区的战略中心，那里蕴藏着丰富的矿物和碳氢化合物资源。中国有9 000英里长的海岸线和许多天然良港，其中大部分是不冻港口，此外还与3 000英里以外的太平洋主航道相连。麦金德于1919年在《民主的理想与现实》一书中写道，如果欧亚大陆与非洲连接，由此形成的"世界岛"相当于北美大小的四倍及其人口的八倍，中国作为欧亚大陆上最大的陆权国家，海岸线兼跨热带和温带，将因此占据全球最有利的位置。他在该书的结论中预言，中国将与美国和英国并驾齐驱，最终引导世界，为人类1/4的人口建设一种"既非完全东方化又非完全西文化"的新文明。

[2] 弗里德曼.未来10年 [M].深圳：海天出版社，2011：192～195.

中国经济在20世纪80年代之所以能实现突飞猛进的增长，部分原因在于，之前毛泽东始终对发展经济采取控制性政策。随着毛泽东的逝世，邓小平成为中国的新一代领袖，中国的思想解放，令需求突然释放，再加上中国本土的大批人才的出现，中国经济在短时间内便实现了爆发式增长。

在此后的每个10年中，中国经济均保持着高速增长的态势，但增速却不断放慢，这种发展速度的下降隐含着不稳定的种子。

在历史上，中国始终游走在两个极端之间：要么闭关自守，忍受贫穷，要么打开国门，导致社会动荡。从19世纪40年代英国第一次迫使中国开放其沿海口岸开始，到中国共产党在1949年夺取政权为止，在此期间，中国也曾开放部分地区，个别地域也曾繁荣一时，但整个中国基本处于支离破碎的状态。当毛泽东率领红军长征，带领农民武装赶走西方列强时，尽管中国也曾陷入贫困，但也给中国带来了近一个世纪以来不曾有过的团结和统一局面。

在开放而不稳定与封闭而统一之间摇摆不定，这在一定程度上源于中国主要经济资产的特性：劳动力廉价。在允许西方强国在中国投资建厂时，他们通过各种规模的工厂和企业充分利用中国的富裕劳动力。列强开办这些工厂的主要目的并不是生产产品在中国销售，而是重新出口销往其他国家。因此，他们的投资也主要集中于港口附近或是能便利连接港口的地方。加之中国的人口主要集中在沿岸地区，因此，他们没有理由到深入内陆的地区建设基础设施。外国投资的绝大多数工厂均建在海岸线几十英里以内。即便是在中国社会出现繁荣、工厂变成国有之后，这种模式依旧如此。

目前，中国中产阶级的公认标准为家庭年均收入达到两万美元（该数字及下文的相关统计数字源自中国人民银行）。或许我们会对这个数字有所争议，有些人可能会说，中国的生活成本远低于其他国家，但是在沿海地区，住宅及公寓价格已达到令人瞠目结舌的水平。约6 000万中国人的生活水平已经达到中产阶级水平（他们的家庭年收入达到两万美元）——这个数字相当于一个欧洲大国的全部人口。但中国有13亿人口，生活在中产阶级的6 000万公民还不足全部人口的5%，而且他们的绝大多数集中在沿海地区或是北京等大都市。

与这种相对繁荣形成鲜明对比的是，还有6亿人口生活在年收入不足1 000美元的家庭里，换句话说，他们每天收入不足3美元。还有另外4.4亿人口的家庭年收入在1 000美元到2 000美元之间，或者说，每天平均收入在3～6美元。如此狭小的发达地区不仅造成了巨大的地域差异，也造就了明显的社会鸿沟。沿海地区的利润来自贸易，而其他地区却并非如此。实际上，中国沿海地区的经济利益更多地与国外贸易伙伴休戚相关，这种相关性不仅超过与国内其他地区的关系，甚至超过了与中央政府的关系。

正是沿着这条断层线，19世纪的中国支离破碎，也正是在这里，它在未来可能产生新的裂痕。事实上，由于国外利益驱使，沿海地区往往与中央政府存在着一定的矛盾，加上贫富鸿沟，中央政府的权威自然要受到削弱。英国人侵后的清政府就是这种情况，毛泽东在20世纪四五十年代的决定就是彻底消除贫富差距，驱逐国外资本，没收富人财产分配给穷人。

那么，中国在未来10年将会采取何种措施处理这种困境呢？在经济状况相对繁荣、经济增长相对稳定情况下，国家还有能力解决这个问题。尽管贫富不均程度不断加剧，但随着大多数中国人绝对生活水平的提高，这种差距还不足以引发民众的消极情绪。但是在经济疲软、人们生活水平出现总体下降时会怎样呢？对于那些达到或超过中产阶级的人来说，这也许只会给他们带来一点麻烦和不便。但是对生活实际上很贫困的十亿中国人来说则完全两样了。而这也是中国在近期可能不得不面对的现实——经济形势恶化，经济增长相对放缓，这种矛盾一旦在经济和社会上发展到一定阶段，就会引发不满情绪。

由于中国经济生产能力与消费能力完全不成比例，因此，问题注定极为棘手。在这里，中国厂商生产的iPod和高档服装并不是卖给本国相对贫困的民众。与巴基斯坦或菲律宾等国家相比，中国的低工资优势已经不复存在。此外，有限的半熟练劳动力（相比无技术的农民供给的无限性）价格已经上涨。在竞争压力下，中国已经开始降价，这就降低了出口收益。面对日益激烈的竞争以及部分目标市场国家经济疲软，中国的国际竞争力将有所下降，因此，企业还贷能力的削弱必将加大整个金融体系压力。

但最严酷的现实还是在于中国如何应对失业问题。大量农民涌入城市寻找工作，一旦失业，他们要么滞留在城市，给城市带来不安定因素；要么回到农村，进一步加剧农村的贫困程度。中国可以通过鼓励银行向应破产企业发放贷款、提高出口补贴或是创办国有企业等手段维持就业水平，但这些举措都将无一例外地令经济空心化。简言之，中国迟早要面对现实，即便不是现在，以后也无法逃脱。

未来10年那个长期问题也许就将见分晓，即中国该如何解决自身问题，是闭关自守、关停沿海企业并驱逐外国资本，还是回到19世纪末和20世纪上半叶那种各自为政、动荡不安的局面。我们唯一能肯定的是，中国政府将以解决国内问题为首要任务，同时，小心翼翼地在中日美这个三角框架内维持竞争力的均衡，并对日本和美国保持更高的警惕性。

[3] 罗伯特·D.卡普兰.即将到来的地缘战争 [M]. 广州：广东人民出版社，2013：114~115.

斯皮克曼以1942年作为基点，其目光超越第二次世界大战，这使我们看到了地理学家心系未来的先见之明。虽然当时盟国的优先目标是彻底摧毁希特勒的战争机器，但斯皮克曼也非常担心战后德国一旦非军事化，会给世界局势带来什么影响。他解释说，一个"从乌拉尔到北海"的俄罗斯民族国家，可能比一个"从北海到乌拉尔"的德国好不到哪里去。苏联若在英吉利海峡设立机场，将和德国机场一样威胁大不列颠的安全。因此，在希特勒垮台后，一个强大的德国仍然是必要的。基于同样的道理，虽然美国与日本之间的夺岛恶战还要打三年，斯皮克曼仍然建议与日本结成战后联盟，以对付苏联等大陆强权，特别是正在崛起的中国。日本是一个粮食净进口国，石油和煤炭产量不足，但其悠久的海军传统是一大优势；对美国来说，这个强大的东亚海上岛国在远东可以发挥同英国在欧洲一样的作用。斯皮克曼特别强调，虽然中国在20世纪40年代初因遭受日本的侵略而异常虚弱，但将来必然会重新振作，因此联合日本这个盟友实属相当必要：一个现代化、军事强大、生机勃勃的中国不仅会对日本构成威胁，还会向西方列强在"亚洲地中海"的地位提出挑战。中国幅员辽阔，控制着广大周边海域，在亚洲占据着类似于美国在美洲地中海的主导地位。当中国变得强大时，它对该地区的经济渗透无疑将带有强烈的政治色彩。可以设想，这片海域将不再由英国、美国、日本海权控制，而是由中国的空中力量控制，这种结局可能为时不远。

第 **6** 章

对峙的断层线
2020年俄罗斯第二次解体

　　苏联解体后，俄罗斯往日雄风早已不在，但"北极熊"从未停止过对大国梦的执着。以"能源出口"为导向的经济增长模式犹如一把双刃剑，使得俄罗斯在与西方大国的对决中难免伤及自身。面对美国撑腰的格鲁吉亚和土耳其的步步紧逼，"北极熊"欲重新控制高加索地区显得尤为乏力。纵然俄罗斯在中亚地区暂时性的收复了失地，但北约的东扩犹如一把匕首，已经直插其心脏。面对复杂的国际及地区局势，未来强人普京带领下的俄罗斯将如何继续走下去？

在地缘政治学中，许多重大冲突周而复始地上演。例如，法国和德国之间、波兰和俄罗斯之间的多次战争。当一场战争无法解决某个潜在的地缘政治事件时，战争就会持续不断，直至此事尘埃落定。就算战争没有继续，双方之间也会呈现持续紧张的态势，出现一系列的冲突。这些重大的冲突深植于现实之中，不是能轻易解决的。一个世纪以前，巴尔干半岛的地缘政治问题所引发的频繁战争就很能说明问题。

　　俄罗斯地处欧洲东部，多次与其他欧洲国家发生冲突。在某种程度上，拿破仑战争、两次世界大战以及冷战都涉及俄罗斯的地位以及该国与欧洲其他国家的关系。团结独立的俄罗斯在这些战争中幸存下来或获胜，这对欧洲来说是一个潜在的巨大挑战，所以俄罗斯和欧洲其他国家的纠纷最终都没有解决。

　　俄罗斯地域辽阔，人口众多。虽然该国比欧洲其他国家贫穷，但是它拥有两项重要资产——土地和自然资源。正因如此，欧洲强国总是对俄罗斯垂涎三尺，企图东扩以扩大国土面积和增加财富。但是，据历史记载，但凡入侵俄罗斯的欧洲国家都惨遭失败。这些欧洲国家要么被俄罗斯打败，要么就是身心俱疲致使其他战线的战败。俄罗斯偶尔会将它们的权势向西扩张，利用自身的人口和资源优势来威胁整个欧洲。其他国家经常会趁俄罗斯处于衰落时期利用俄罗斯，但不久之后，这些国家就会为低估俄罗斯的实力而付出惨重的代价。

冷战是专门针对俄罗斯的。假如苏联解体时，美国、欧洲和中国能给俄罗斯致命一击，那么俄罗斯问题最终也就能够尘埃落定了。但是，欧洲在 20 世纪末濒临分裂，势力太弱；而当时的中国则没有发展到可以涉足国际政事。另外，"9·11"事件发生后，美国忙于与伊斯兰教徒开战，在对俄策略上举棋不定。美国所采取的行动显然准备不足且有些盲目。事实上，美国所采取的行动仅仅让俄罗斯开始警惕美国对其所造成的潜在威胁，并确保俄罗斯能做出回应。

考虑到俄罗斯依然是个统一的大国且雄心勃勃，俄罗斯的地缘政治问题不久必会卷土重来。这种冲突不会以冷战的方式重演，正如世界大战并非按拿破仑战争的方式重演一样。但它将会回到俄罗斯的根本问题上：**如果俄罗斯是一个统一的国家，那么它的边境在哪，与邻邦是何关系？这个问题将会占据世界史下一个主要阶段——从现在直到 2020 年。**

极力挽回势力范围的俄罗斯

如果想要了解俄罗斯的行为及其意图，我们首先需要了解俄罗斯的根本弱点：该国的边境线，尤其是西北边境线。即使在乌克兰受俄罗斯管辖的几个世纪里，以及在白俄罗斯仍属俄罗斯的时期里，俄罗斯北部也没有天然的边境线。俄罗斯中部和南面的边境线固定在喀尔巴阡山脉，北面的边境线远伸至斯洛伐克和波兰的边境，东面的边境线位于普里皮亚特沼泽。由于地处沼泽地带，所以入侵者无法由此通

121

行。但是，俄罗斯北面和喀尔巴阡山脉以东的地区并无坚固的缓冲区保卫俄罗斯本国，或者说，保卫俄罗斯的邻国。

无论俄罗斯的边境线划到哪，俄罗斯北部平原总是很容易受到攻击。这个平原上几乎没有任何重要的天然屏障。虽然俄罗斯于 1945 年将其西部边境线延伸到德国境内，但是此举并没增强其边境线的稳定性。俄罗斯唯一的自然优势就是其地域广度。俄罗斯西部的边境线向欧洲延伸得越远，入侵者到达莫斯科的时间就越久。因此，俄罗斯总是向西迫近至北欧平原，而欧洲则总是向东挺进。

俄罗斯其他的边境线却不是如此（苏联当时也是这个情况）。俄罗斯现在的大体轮廓源自 19 世纪末的边境线。俄罗斯南面原本有一个天然的安全边境线。黑海流向高加索山脉，俄罗斯隔着黑海与土耳其和伊朗相望。此外，里海和土库曼斯坦南部的卡拉库姆沙漠对伊朗起了一定的防御作用。

卡拉库姆沙漠沿着阿富汗边境线蔓延，直到喜马拉雅山脉。俄罗斯有些担心阿富汗靠近伊朗的地区，所以可能会向南迫近（俄罗斯之前也曾多次这么做），但是其他国家无法从南面的边境线入侵俄罗斯。单从地图上看，俄罗斯与中国的边境线很长，很容易受到攻击。入侵西伯利亚实际上是不可行的，那是一片辽阔的荒野。中国西部的边境线存在一个潜在的弱点，但不算很严重。因此，除了在欧洲北部面临着地理上的劣势以及强大的欧洲国家所带来的巨大威胁之外，俄罗斯"帝国"是十分安全的。

苏联解体以后，俄罗斯开始变得勇敢无畏。1989 年，俄罗斯的掌上明珠圣彼得堡距离北约组织的部队约 1 000 英里；到 2008 年，此距离缩短为 70 英里。1989 年，莫斯科距离俄罗斯军事界限 1 200 英里；而现在仅为 200 英里。乌克兰独立之后，俄罗斯只控制着黑海的一小部分，所以俄罗斯不得不向高加索山脉的最北面迫近。目前，阿富汗暂时被美国占领，而喜马拉雅山脉对俄罗斯所起的保护作用也已消失。事实上，不论哪国军队有意侵略，俄罗斯都毫无还击之力。[1]

俄罗斯的战略问题在于其幅员辽阔，但交通不便。如果周边国家同时攻打俄罗斯，那么即使俄罗斯兵力充沛，防御的难度还是很大。俄罗斯在调动兵力方面存在困难，不可能在每条阵线上都部署兵力，所以俄罗斯需要保持相当数量的常备军供其重新部署。这种压力会给俄罗斯经济带来巨大的负担，降低它的经济实力，从内部瓦解俄罗斯，这也是苏联解体的主要原因。当然，俄罗斯并非第一次陷入这样的危险之中。

目前，保卫边疆并非俄罗斯所面临的唯一难题。俄罗斯很清楚地意识到它面临着巨大的人口危机。目前，该国人口约 1.45 亿，预计 2050 年人口将减少到 9 000 万～1.25 亿。不久，是否有能力派遣足够的军队来满足它的战略需求将成为俄罗斯面临的主要问题。在国内，与其他民族相比，俄罗斯人口逐年减少带来的巨大压力，迫使该国需尽早开始采取行动。就目前的地理位置来看，俄罗斯的国防安全隐患很大。考虑到俄罗斯人口逐渐减少的趋势，如果在 20 年之后才开始采取行动则为时已晚，而该国领导人很清楚这点。俄罗斯无需征服整个世界，但必须重新控制该国的护身符——也就是苏联的边境线。

俄罗斯必须设法从根本上解决其在地缘政治、经济以及人口方面的问题，通过工业化让俄罗斯成为现代化国家，赶上欧洲其他国家。但是它并没有完成这一任务。2000 年，俄罗斯改变了策略，并没有像在过去几个世纪那样，把重点放在工业发展方面，而是重新成为自然资源的出口商，尤其是能源出口。此外，矿物质、农产品、木材和贵金属也是俄罗斯出口的商品。

把重点从工业发展转向原材料，俄罗斯选择了一条截然不同的道路——这是一条对发展中国家而言更为普遍的道路。由于突如其来的能源和商品价格上涨，这一举措不但拯救且巩固了俄罗斯的经济，而且使得该国能够实施它们精心选择的再工业化进程。更重要的是，较之工业生产，自然资源生产所需的劳动力要少得多。所以，即使俄罗斯人口数量正逐年减少，该国的经济基础还能够继续维持下去。

此外，这项举措还增加了俄罗斯在国际体系中的筹码。欧洲对能源的需求非常急迫，而俄罗斯正在修建往欧洲输送天然气的管道，此举不但能帮助欧洲解决能源以及自身的经济问题，而且还能将欧洲置于俄罗斯附庸国的位置。**在整个世界都急需能源的大环境下，俄罗斯的能源出口如同海洛因。**一旦某些国家开始从俄罗斯进口能源，就会对此上瘾。俄罗斯已经用天然气来迫使它的邻国屈从于它的意愿。这种权势已经深入欧洲的中心地带，苏联的东欧附庸国和德国都依靠俄罗斯的天然气。俄罗斯在天然气和其他资源的供给方面会给欧洲国家带来相当大的压力。

附庸国也可能是把双刃剑。如果俄罗斯是一个军事弱国，那么它不仅无法给其邻国造成压力，而且反而会被它的邻国侵占。所以，俄罗斯必须恢复它的军事力量。富裕但软弱对一个国家来说可不是什么好事。俄罗斯必须有能力保卫自身拥有的自然资源，并以此来影响国际大环境。

在未来的 10 年里，俄罗斯将会日益富裕（至少和过去相比），但地理上却缺乏安全性，所以俄罗斯需要用财富来增强军事力量以保护自身利益，建立缓冲区以保卫国土不受他国侵犯，然后在缓冲区之外再增加进一步的第二级缓冲区。俄罗斯的宏伟战略计划包括在北欧平原建立深度缓冲区，同时划分并操纵邻国，从而在欧洲建立一种新的区域平衡态势。俄罗斯所不能容忍的就是虽然拥有牢不可破的边境线却没有缓冲区，也不愿意看到邻国联合对抗自己。也正因为如此，俄罗斯未来的行动会显得进攻性极强，但实际上它们只不过是在防守。

俄罗斯的行动将会分为三个阶段。首先，俄罗斯会恢复苏联时期的影响力和有效的控制力，重新建立苏联时期形成的缓冲区域体系；其次，俄罗斯会试图在苏联的边境线之外建立第二级缓冲区，但俄罗斯不会树立起一道对立墙，因为在冷战中，这种对立墙让俄罗斯无法呼吸；最后是俄罗斯需要解决的头等要事：阻止反俄联盟的形成。回想一下，为什么苏联能够在20世纪后半叶保持完好无损？苏联并非靠武力团结在一起，而是靠支撑苏联的经济关系体系。苏联与俄罗斯一样，是一个幅员辽阔的内陆国，位于亚欧平原的中心。苏联的国内运输系统匮乏，这就像内陆区域的河流灌溉体系无法与农业体系相匹配一样糟糕。因此，俄罗斯很难运输食品——在工业化以后则很难运输工业制成品。

苏联是亚欧大陆的一部分。亚欧大陆从太平洋向西一直延伸至中国北部荒原，北部气势磅礴的山脉源起中国西北部，从中南亚边界继续绵延至里海，一直到高加索山脉。黑海和喀尔巴阡山是亚欧大陆的缓冲区域。北面就是北极。此间存在一个幅员辽阔的大陆——经济萧条的俄罗斯。[2]

如果我们将苏联看做一个由地形封闭且经济落后的国家组成的自然联盟，就能发现是什么让苏联如此牢不可破。苏联的各个国家注定要联系在一起。虽然它们在经济上无法与世界上其他国家竞争，但是它们可以相互帮助和扶持。这个自然联盟欣然接受俄罗斯的支配。喀尔巴阡山以外的国家（"二战"后被俄罗斯占领，并成为俄罗斯的附属国）并不包含在这个自然联盟当中。如果不是因为苏联的军事力量，这些国家将会以欧洲的其他国家为导向，而不是俄罗斯。

苏联的成员国实在无路可走。经济模式非常陈旧，而俄罗斯的"能源出口"的新经济模式让这些成员国比以往更加依赖于俄罗斯。虽然乌克兰对欧洲其他国家充满了诱惑力，但它无法与欧洲竞争或者开展合作，于是很自然地与俄罗斯建立了经济关系。该国在能源方面需要依靠俄罗斯，这导致军事上要受到俄罗斯的支配。

俄罗斯需要运用这些优势重塑自身的国际影响力。俄罗斯不需要在莫斯科重新创建一个正式的政治结构——虽然这是可能的。更重要的是，在未来 5～10 年里，俄罗斯会展现出对这个区域的影响力。为了分析这一情况，让我们把俄罗斯分为三个战区——高加索战区、中亚战区以及欧洲战区（包括波罗的海）。

高加索地区的战略演变

高加索山脉是俄罗斯和土耳其的分界线。有史以来，它一直是两个帝国之间的导火索。冷战期间，它也扮演着同样的角色。土耳其和苏联的边境贯穿高加索山脉，其中，苏联这边包括三个加盟共和国——亚美尼亚、格鲁吉亚和阿塞拜疆，这三个国家目前都已独立。高加索山脉向北延伸至俄罗斯联邦境内，包括达吉斯坦的穆斯林区，更重要的是还包括车臣。自从苏联解体之后，反对俄罗斯统治的游击战在车臣地区愈演愈烈。

从防御角度来看，只要俄罗斯和土耳其双方将分界线的基点定在高加索山脉，那么俄罗斯和土耳其双方如何精确地划分边境线所带来的影响并不大。在崎岖地带，防卫要简单许多。然而，如果俄罗斯完全失去在高加索山脉的阵地并向北收缩至低地地区，那么俄罗斯的情况就会变得很严峻。由于乌克兰和哈萨克斯坦之间的峡谷宽度仅为几百英里，俄罗斯可能会因此陷入战略危机。

这也是俄罗斯不愿意与车臣妥协的原因。车臣南部处于高加索山脉北侧。如果失去车臣，那么整个俄罗斯的地理防御将会受到极大冲击。如果可以选择，在亚美尼亚是俄罗斯的同盟国的大背景下，俄罗斯宁愿向南趋近格鲁吉亚。如果格鲁吉亚属于俄罗斯，那么整个局势就会更稳定。控制车臣势在必行。重新与格鲁吉亚建交值得一试。控制阿塞拜疆无法为俄罗斯提供战略优势，但是俄罗斯并不介意将阿塞拜疆和伊朗作为其缓冲区。俄罗斯对于这样的战略位置尚可接受，但是格鲁吉亚与美国的关系向来密切，这是俄罗斯所不能忍受的。

战争在这个地区愈演愈烈，而且总是在位于山地地区的小国爆发，例如，亚美尼亚人憎恨土耳其人。它们指控土耳其在20世纪早期对亚美尼亚人实行了种族灭绝。亚美尼亚人指望着俄罗斯来保护它们。亚美尼亚和格鲁吉亚之间的对抗局势仍然很紧张。尽管斯大林是格鲁吉亚人，格鲁吉亚人对亚美尼亚人有很强的敌意，并小心谨慎地提防俄罗斯人。俄罗斯相信当武器经由格鲁吉亚运往车臣时，格鲁吉亚人的看法就会改变。俄罗斯还认为格鲁吉亚与亚美尼亚过近的地理位置使得局势趋于恶化。阿塞拜疆对亚美尼亚也持有敌意，因此，阿塞拜疆与伊朗和土耳其的关系相当密切。

高加索地区的局势不仅很难理解，而且还很难处理。事实上，苏联曾设法解决了这一错综复杂的局势。第一次世界大战之后，高加索附近的小国全部并入苏联，并被残忍地剥夺了自治权。无论现在还是未来，俄罗斯都不可能不重视这个地区——除非俄罗斯准备失去它在高加索地区的战略地位。因此，俄罗斯要从格鲁吉亚开始，重塑该国在该地区的战略地位。

由于美国视格鲁吉亚为其战略资产，俄罗斯想要重申其在格鲁吉亚的战略立场就意味着要与美国对抗。除非车臣地区的武装反抗彻底消失，否则俄罗斯就必须向南行进，孤立车臣的武装反抗力量，从而在高加索地区站稳脚跟。[3]

有两股势力不愿意此事发生，其一是美国，其二就是土耳其。美国认为俄罗斯对格鲁吉亚的控制会逐渐削弱它在该地区的势力。土耳

其则认为，如果俄罗斯控制了格鲁吉亚，那么俄罗斯军队会重新回到它的边境。而俄罗斯相信，正是由于他国的阻碍，它更加需要行动起来。因此，高加索地区必定会有一场决斗。

"北极熊"的中亚棋局

中亚幅员辽阔，位于里海和中国边境之间。该地区是穆斯林信徒的聚集地。苏联解体之后，穆斯林世界爆发大规模动乱。因此，正如我们所见，中亚地区的局势同样动荡不安。中亚地区的能源储备增加了自身的经济价值，但是该地区对俄罗斯的战略并不重要——除非另一大国有意统治中亚并将中亚作为对抗俄罗斯的战略基地。如果那样的话，中亚地区的重要性将不容小觑。只要控制哈萨克斯坦，距离伏尔加河就仅有几百英里，那可是对俄罗斯农业至关重要的水路。

20 世纪 90 年代，西方能源公司在中亚地区涌现。俄罗斯对此并无异议。俄罗斯无力与西方国家竞争，也无力用军事控制该地区。俄罗斯对中亚地区持相对冷淡的态度，因为对俄罗斯来说，这不过是个中立地区。2001 年"9·11"事件发生后，所有的一切都变了。"9·11"事件对中亚地区的地缘政治问题重新下了定义，使美国入侵阿富汗变得更为紧迫。由于美国无法立即发动侵略战争，它需要向俄罗斯求助。

美国希望俄罗斯能够帮助它让北方联盟（阿富汗地区的反塔利班组织）在战争中发挥主要作用。该联盟由俄罗斯发起建立，并受到了俄罗斯的有效控制。此外，美国还希望俄罗斯支持其在几个中亚国家建立安全基地。严格说来，这些中亚国家都是独立国家，但是美国向北方联盟寻求了帮助，也不想得罪俄罗斯。此外，中亚地区的国家都不愿惹恼俄罗斯，而且美国的战机必须越过苏联的上空才能抵达中亚的各个国家。

俄罗斯赞成美国军队出现在中亚地区。俄罗斯认为已经和美国就此达成非正式协议——美军出现在中亚地区不过是暂时的情形。但是由于阿富汗战争久拖未果，美军需要继续待在阿富汗；而由于美军没有撤离，美国逐渐开始影响这个地区。俄罗斯意识到中亚这个缓冲区将要被另一个世界强国所控制，这个世界强国不断在乌克兰、高加索以及波罗的海地区紧逼俄罗斯。另外，由于能源价格不断上涨，而俄罗斯又采取了新的经济战略，所以中亚地区的能源显得尤为重要。

俄罗斯不希望看见美军出现在伏特加河 100 英里之内。显而易见，俄罗斯必须采取行动。但是俄罗斯不会直接行动，而是操控中亚地区的政治形势，削弱美国的影响力。这一行动旨在重新将中亚地区纳入俄罗斯的势力范围之内。而美国作为另一世界强国，混乱的阿富汗、伊朗以及巴基斯坦使其面临孤立的状态，无法做出还击。俄罗斯随之重新夺回了该国原先的战略位置。显然，中亚地区也是美国海军无法到达的少数地区之一。

迫于俄罗斯的压力，美国无法继续留在中亚地区。中国可能对中亚地区造成潜在威胁，但可能性较小。中国的确对中亚地区有经济上的影响力，但俄罗斯的财政和军事实力足以胜过中国。俄罗斯也许会让中国进入中亚，但是中俄双方在 19 世纪达成的协议将继续生效。因此我认为，2010 年之前，即在欧洲出现重大冲突之前，中亚会重新回到俄罗斯的势力范围之内。[4]

俄罗斯与欧洲："新冷战"中胶着前行

欧洲战区位于俄罗斯的正西方。在这个区域，俄罗斯的西方边境线正对着爱沙尼亚、拉脱维亚和立陶宛三个波罗的海国家，以及白俄罗斯和乌克兰两个独立共和国。这些国家都是苏联的成员国。除了这些国家以外，波兰、斯洛伐克、匈牙利、罗马尼亚和保加利亚这些国家都是苏联的附庸国。为了国家的基本安全，俄罗斯必须控制白俄罗斯和乌克兰。控制波罗的海各国也很重要，而只要俄罗斯南部根植于喀尔巴阡山脉，并且在北欧平原拥有雄厚的军事力量，那么东欧则显得不那么重要。但一切并没有那么简单。

对俄罗斯来说，乌克兰和白俄罗斯意味着一切。如果这两个国家落入敌手（例如，加入北约组织），那么俄罗斯将身陷险境。莫斯科距离俄罗斯与白俄罗斯交界处仅 200 多英里，而乌克兰距离伏尔加格勒（伏尔加河下游城市，曾称为斯大林格勒）甚至不到 200 英里。因为地理的纵向深度，俄罗斯保卫了自己的国家不受拿破仑和希特勒的侵略。没有白俄罗斯和乌克兰，就没有了地理上的优势。当然，现在去猜想北约是否会对俄罗斯造成威胁似乎很荒谬，但是俄罗斯相信 20 年的轮回，它认为一切皆有可能。

俄罗斯知道美国和北约正有条不紊地扩展它们的势力范围，它们不断吸收东欧国家和波罗的海国家成为北约成员国。一旦美国着手将乌克兰纳入北约，俄罗斯对美国的意图和乌克兰的看法就会改变。俄罗斯认为，将乌克兰纳入北约威胁了俄罗斯的利益，就好比墨西哥进入华约将会威胁美国的利益一样。当橙色革命（反共亲美的暴动）要将乌克兰送入北约时，俄罗斯指控美国试图包围俄罗斯并将其毁灭。美国决定公开与俄罗斯争论，它认为乌克兰加入北约并不会潜在性地破坏俄罗斯的国土安全。

俄罗斯并没有调动它们的军队而是调动了情报部门。该部门安插在乌克兰的秘密特工就像是潜伏在得克萨斯州的美国联邦调查局特工。俄罗斯在暗中破坏了橙色革命，在乌克兰东部亲俄派以及乌克兰西部亲美派之间挑拨离间。事实证明做到这点并不困难，很快乌克兰的政治形势陷入了僵局。俄罗斯恢复对基辅（乌克兰首都）的影响力不过是时间问题。

白俄罗斯的问题就更简单了。正如之前提到的，白俄罗斯是苏联成员国中改革力度最小的国家，它仍是一个专制的中央集权制国家。更重要的是，白俄罗斯领导层曾多次缅怀苏联，并提议与俄罗斯在一定程度上结为联盟。当然，这个联盟无疑需按照俄罗斯的意愿而建立，这必将造成局势紧张，但是让白俄罗斯加入北约是完全不可能的。

五年之内，白俄罗斯和乌克兰将会重新被纳入到俄罗斯的势力范围之内，这是一个已知的事实。那时候，俄罗斯大致已将其边境线退回到与欧洲接壤的地方。南面根植于高加索山脉，并可以保卫乌克兰；北面边境线位于欧洲平原北部，与波兰和波罗的海国家毗邻。那样的话，又会出现两个问题：北部最强盛的国家是哪个？边境线该如何精确划定？而真正的导火线将是那些波罗的海国家。

入侵俄罗斯的一贯路径是喀尔巴阡山脉北部和波罗的海之间的峡谷。这一地区地势平坦，几乎没有河流障碍，所以入侵者可以平稳地穿过欧洲平原北部。欧洲入侵者可以从正东方进入莫斯科，或者从西北方进入圣彼得堡。冷战期间，圣彼得堡距离北约前线超过1 000英里。如今，这一距离缩短至70英里。这解释了俄罗斯在波罗的海地区面临的战略紧迫性。

波罗的海的三个国家曾是苏联成员国。苏联解体后，每个国家分别独立，并纷纷加入北约。正如我们所见，欧洲极有可能因为距离北约太远而没有能力充分利用这一形势。然而，俄罗斯不会拿自己的国土安全去冒险。1942年，俄罗斯眼睁睁地看着德国这个在1932年已经几乎瘫痪的国家踏入了莫斯科的门槛。将波罗的海国家和波兰一起纳入北约，可以使北约的边境线非常接近俄罗斯的中心地带。在过去200年里，俄罗斯三次被他国入侵。对这样一个国家来说，俄罗斯不得不重视北约成员国可能对自己造成的威胁。

俄罗斯认为，入侵俄罗斯最主要的路径不但完全暴露在外，而且那些对俄罗斯持有敌意的国家还控制着这一路径。波罗的海国家至今痛恨俄罗斯对它们的统治。波兰人同样对俄罗斯充满了仇恨，对俄罗斯的意图也深表怀疑。由于它们已经是北约的成员国，这些国家也就形成了一条前线。尾随它们的就是德国，就像波兰人和波罗的海国家的人不信任俄罗斯人一样，俄罗斯人压根就不信任德国人。的确，俄罗斯人有些偏执，但这并不代表他们没有敌人，或者断言他们是疯子。

这也许会成为某种对抗的导火索。俄罗斯原本可以与中立的波罗的海国家和平共处。然而，波罗的海国家加入了北约，与美国的关系密切。显然，俄罗斯无法冒险与这样的波罗的海国家和平共处。另一方面，美国已从中亚地区撤离，在高加索地区也少有行动，所以美国不会从波罗的海国家撤军。如果在这三个北约成员国的问题上有任何妥协，那么整个东欧地区就会陷入恐慌。东欧国家的行动也将无法预料，而且俄罗斯影响力向西蔓延的可能性也将增大。俄罗斯可以获得很大利益，但是美国的位置不容小觑。[5]

俄罗斯下一步行动可能会就联合防御体系与白俄罗斯达成协议。白俄罗斯和俄罗斯建交多年，所以两国恢复之前的关系不过是自然而然的事情。俄罗斯会将其军队派往波罗的海边境。另外，俄罗斯还可以派军前往波兰边境，此举将导致对抗全面升级。

波兰害怕俄罗斯和德国。夹在两国之间、没有任何地理防卫的波兰，总是害怕更强大的那个国家。其他东欧国家至少还有喀尔巴阡山脉这个障碍挡在俄罗斯面前，且这些国家是与乌克兰而非俄罗斯接壤。与此不同，波兰地处危险的北欧平原。在与波罗的海国家对抗的过程中，当俄罗斯大规模进军至其边境之时，波兰必将做出反击。波兰并非小国，现有人口4 000万。而且，有美国在背后做支援，波兰绝不容小觑。

在争取波兰的支持之前，俄罗斯首先要获取波罗的海国家的支持。

俄罗斯会将乌克兰拉入其与白俄罗斯的联盟当中，并将俄罗斯军队派往波兰边境并向南延伸至黑海。到那时，俄罗斯就会开始尝试让波罗的海国家保持中立。我相信，这一切将会发生在 2015 年左右。

为恢复对波罗的海国家的影响力，俄罗斯可采取三种手段：

首先，秘密行动。如同美国秘密为世界上的非政府组织提供资金及能源，俄罗斯将以同样的方式为这些地区的俄罗斯族和亲俄力量提供资金和能源。

其次，如果波罗的海国家镇压这些行动，那么俄罗斯就有借口使用第二种手段——经济制裁，尤其是切断天然气的供应。

最后，俄罗斯会派遣大批军队至波罗的海国家边境，给这些国家造成军事压力。毫无疑问，这将对波兰和波罗的海国家造成巨大的精神压力。

美国在俄欧关系中的角色

近几年来，有许多关于俄罗斯军事弱点的会谈都准确指出了苏联解体 10 年以来俄罗斯的军事软肋。但是现在，新情况又出现了：俄罗斯军队的弱点在 2000 年发生改变，而到 2015 年之时，那些弱点将不复存在。欧洲东北部的对抗不会突然升级，但是这场对抗将会长期持续下去。俄罗斯有充裕的时间去发展军事力量。俄罗斯在 20 世纪90 年代坚持研究发展的一个领域就是高端军事科技领域。到 2010 年，俄罗斯肯定拥有该地区最高效的军队。2015 ~ 2020 年，俄罗斯将拥有足够的军事力量去挑战任何企图往波罗的海地区派遣兵力的国家，包括美国。

俄罗斯将面对北约一群缺乏自卫能力的国家。只有当美国准备使用武力之时，北约才能起作用。正如我们所见，美国在亚欧大陆问题上始终坚持一个核心政策：阻止任何国家支配整个亚欧大陆或者亚欧大陆的一部分。如果中国和欧洲方面的势力减弱，那么美国能够避免一场全面战争的爆发，从而获取根本利益，其方式就是让俄罗斯无法顾全全球战略，只能聚焦于波兰和波罗的海国家。

美国会使用技术援助的传统方式来支持这些国家。2020年，这种方式将会变得更加有效。为战争发明的新技术使得军事力量规模越小，效率越高，这就意味着如果小国家能够获得高端技术，它们就可能拥有远远超越其国家规模的军事力量。美国急切期望增强波兰和波罗的海国家的军事力量，以此来约束俄罗斯，这也是控制俄罗斯的最好方法。高加索地区的格鲁吉亚是第二条导火索，是激怒俄罗斯的原因，也是转移欧洲兵力的关键。所以，美国必将入侵格鲁吉亚。但是，真正的关键地区在欧洲，而不是高加索。

考虑到美国的强大实力，俄罗斯对美国发动直接进攻，美国也不会让它的同盟国去冒险。相反，俄罗斯会试图给美国在欧洲地区或世界其他国家的事务上增加压力。例如，俄罗斯会试图破坏其邻国政府的稳定，像斯洛伐克和保加利亚。战火将蔓延至俄罗斯和欧洲其他国家之间的所有边境线。

俄罗斯的基本战略是试图瓦解北约并孤立东欧国家。这一战略的关键在于德国，然后是法国。这两个国家都不想再与俄罗斯对抗。法德两国都是岛型国家，而且德国需要依赖俄罗斯出口的天然气。德国正尝试降低这种依赖性，但这种依赖不会立即消失。因为，俄罗斯会提醒德国，美国会再次利用德国来抑制俄罗斯，而俄罗斯不但不会威胁德国，而且还与德国共享利益（即两国之间稳定中立的缓冲区域——波兰）。俄罗斯还表明波罗的海国家的问题不应该掺杂其中。波罗的海国家不会成为美国的主要控制对象，除非美国计划入侵俄罗斯。考虑到要形成一个更庞大的联盟，俄罗斯时刻准备着保障波罗的海国家的自治权以及波兰的国家安全，用以回报这些国家的中立态度。德国和法国对另一种选择（战争）也没有任何兴趣。

在欧洲看来，美国的侵略欲望极强，可能会在东欧激起不必要的麻烦来威胁俄罗斯。如果德国允许北约这么做，那么德国将会卷入到一场冲突当中，这将损害德国的利益。因此，我认为德国会阻止北约对波兰、波罗的海国家和其他东欧国家的支援——北约需要成员国一致同意才能运作，而德国是其中的主要国家之一。俄罗斯期望北约撤销支援会对波兰和其他国家造成打击，迫使这些国家做出让步。

但是，事实恰巧相反。地处俄罗斯和德国之间，这一直是波兰的历史噩梦。所以，波兰需要更多地依赖美国的支持。美国看准这是个用较少的花费便可压制俄罗斯的大好机会，它可以从中线开始分裂欧洲，弱化欧盟的势力。从这点来说，美国将会增加其对东欧的支援。到 2015 年，一个新的多国集团将会出现，主要包括苏联的附属国和波罗的海国家。这一集团远比西欧国家富有活力。靠美国的支持，这一集团将爆发令人惊叹不已的能量。

为回应美国这一抢夺势力的狡猾举动，俄罗斯将试图在别的方面给美国施加压力。例如在中东地区，巴以冲突永无休止，而俄罗斯将增加对阿拉伯国家的军事援助。总的来说，俄罗斯的军事援助会轻易进入任何反美政权存在的地方。到 2015 年，一场全球性对抗即将发生，而这场对抗将在 2020 达到高潮。对抗双方不会冒险开战，但是双方会调遣兵力增强自己的军事筹码。

到 2020 年，这场对抗将成为最主要的世界话题，而且每个人都认为这场对抗是个长期问题，但也许没有冷战涉及的范围那么广泛。**俄罗斯没有能力控制整个亚欧大陆，也不会对整个世界造成威胁。但是，俄罗斯会对某一区域造成威胁。那样的话，美国就必须做出回应。**

俄罗斯边境局势会很紧张，但是美国没有能力（或者也不需要）像对付苏联那般，在俄罗斯边境周围部署警戒线。

如果这场对抗发生的话，欧洲对碳氢化合物的需求将成为一个战略问题，因为欧洲主要从俄罗斯进口它们需要的碳氢化合物。美国不再将其战略重点放在碳氢化合物能源上，而是将关注点高度集中在开发替代能源上。俄罗斯一如既往地将重点放在其现有工业上，而不是去开发新能源。这就意味着石油和天然气的产量将增加，而不是新能源。因此，俄罗斯不会走在高新科技发展的最前端，而主宰本世纪的后半叶的恰巧正是高新科技。

相反，俄罗斯需要发展其军事力量。因此，正如过去的两个世纪那样，俄罗斯将会把资金致力于应用新科技以开发尖端军事武器，拓展现有工业。这样，俄罗斯仅在非军事方面落后于美国及世界上其他国家，而在高端科技方面并不落后于这些国家，但事与愿违，俄罗斯将深受碳氢化合物这一财富的影响，因为俄罗斯没有开发新科技的刺激因素，而且军事开销也会增加俄罗斯的负担。

俄罗斯重整旗鼓的第一阶段将持续至2010年左右。到那时，它国将会低估俄罗斯的实力。其他国家会认为俄罗斯已四分五裂、经济萧条、兵力软弱。2010年，俄罗斯边境的对抗加剧，且其邻国提高警惕。那时候，越是强国就越倾向持蔑视态度。

美国尤其倾向于先低估敌人，然后再高估敌人。到2015年左右，美国又将受到俄罗斯的困扰。此处有一个有趣的过程值得深入观察。美国情绪摇摆不定，但事实上，正如我们所见，美国所执行的外交政策始终保持一如既往的理性。那样的话，尽管俄罗斯的发展会引起美国的不安，但美国仍将利用非战争手段来最大限度地牵制俄罗斯。

对峙的断层线在哪里很重要。如果要将俄罗斯复苏带来的危机降至最低，那么俄罗斯会占领中亚和高加索地区，还可能将摩尔多瓦纳入其势力范围，但是它不会占领波罗的海国家，也不会占领高加索西部的国家。如果俄罗斯千方百计想占领波罗的海国家，并得到巴尔干半岛地区国家的支持，或者是与斯洛伐克这样的中欧国家结盟，那么，美俄之间的竞争将愈演愈烈。

但事实上，事态并没有那么严重。为回应俄罗斯的行动，美国只需动用一小部分军事力量，就会让俄罗斯难以招架。暂且不管欧洲其他国家会如何行动，波兰、捷克共和国、匈牙利和罗马尼亚会全力以赴制止俄罗斯的进攻行动，并与美国签订任何协议以换取美国的援助。因此，如今这条断层会定在喀尔巴阡山脉，而不是像冷战时期那样定在德国境内。波兰北部平原将成为这一对抗的主干线，但是俄罗斯不会采取军事行动。

引发这场对抗的原因（也是之前冷战的原因）会造成与冷战同样的后果，只不过在这次对抗中，美国付出的努力更少些。上一次美俄对抗发生在中欧，而这次对抗的发生地远至欧洲东部；上一次对抗中，中国是俄罗斯的同盟国（至少在对抗开始阶段是这样的），而这次，中国不再参与其中；上次对抗中，俄罗斯完全控制了高加索地区，但如今，俄罗斯不再拥有高加索地区的掌控权，而且其北部还需承受来自美国和土耳其的压力；上次对抗时，俄罗斯人口众多，但如今俄罗斯人口呈下降趋势。受国内压力的影响，尤其是南部地区的影响，俄罗斯的注意力不得不从与西方国家对抗转移到处理内政。最终，即使没有战争，俄罗斯也将会四分五裂。1917年，俄罗斯爆发革命；1991年，苏联解体；而在2020年后不久，这个国家的军事力量将再次土崩瓦解。这就是所谓"俄罗斯二次解体"。

注　释

[1] 罗伯特·D.卡普兰.即将到来的地缘战争 [M].广州：广东人民出版社，2013：171～173.

俄罗斯是世界上最独特的陆权大国，经度跨越东经26°至西经170°，几乎占地球的一半。主要出海口在北方，一年中数月被北极冰层封锁。马汉曾暗示过，俄罗斯作为陆权国家常年处于不安全境地。在获得海洋屏障之前，他们永不满足，要么继续扩张，要么坐视别人征服。俄罗斯土地平坦宽阔，几乎没有自然边界为其提供保护，因此他们对陆地上的敌人充满恐惧，这也是麦金德学说的一个主要议题。因此，俄罗斯想方设法把边界推到中东欧中间，以阻止19世纪法国和20世纪德国的进犯。为了限制英国在印度的势力，并寻求在印度洋的温水出海口，俄罗斯多次出兵阿富汗，他们还把边界强推到远东，以限制中国。此外，俄罗斯对高加索山脉的作用极为重视，将其作为屏障，以防御大中东的政治和宗教争端。

俄罗斯面临的另一个地理事实是严寒。俄罗斯的大片陆地都位于北纬50°以北，大部分人口居住在比加拿大更寒冷的气候带上。地理学家索尔·科恩（Saul Cohen）写道，"俄罗斯纬度较高，又远离海洋，加上山脉的屏障作用和大陆性气候"，使得该国的大部分地区都寒冷干燥，不适宜永久定居。但高加索和靠近朝鲜边境的俄罗斯远东地区例外，这也是高加索的另一个吸引力所在：处于北纬43°，气候相对温和。

俄罗斯的气候和地貌确实严酷到极点，这也是掌握俄罗斯人性格和历史特点的钥匙。俄罗斯史学家菲利普·朗沃思写道，俄罗斯的极度高寒，似乎正是这个民族"能够承受苦难，普遍具备集体主义意识，甚至愿意为共同利益牺牲个人"的原因。他解释说，北部高纬度地区农作物生长季节很短，需要农民之间齐心协力，"通过狂热而艰苦的努力完成长时间的田间劳作，甚至要动员儿童参加"，因为播种和收获的全过程，都不得不匆匆完成。

此外，寒冷造成的低产量，促使新兴的俄罗斯富豪们尽力控制广阔的土地，这严重扼杀了农民的积极性，只要没人强制就不愿多干活，这造成了农民在日常生活中往往具有"暴力倾向"。俄罗斯共产主义的特点以及对于个人自由的不以为然，都与寒冷的地理条件息息相关。空荡荡的大地，冰冷平原上的大教堂和防御工事，东正教的祈祷诵经以及所有风俗制度，都体现了集体主义的冷酷无情。

俄罗斯北部处于北极圈和北冰洋之间的冻土带，常年覆盖着冰雪，除了苔藓和地衣外寸草不生。当夏季冰雪融化时，大量的蚊虫又会泛滥成灾。冻土带往南是世界上最大的针叶林，从波罗的海一直延伸到太平洋。这样的地区，在西伯利亚和俄罗斯远东占40%左右。在俄罗斯南部，从西部匈牙利平原经由乌克兰、北高加索地区以及中亚，一路直到远东，绵延着世界上最大的草原，用俄罗斯学者 W. 布鲁斯·林肯（W.Bruce Lincoln）的话说，这简直就是一条"以草铺就的大路"。

麦金德说过，俄罗斯人本来是蜷缩在森林里的民族，从远古、中世纪到近代早期一直受到亚洲草原游牧民族的侵扰，迫于无奈，不得不寻求对外扩张与征服。特别是蒙古人，包括中世纪莫斯科公国附近的金帐汗国和中亚的蓝帐汗国对他们的长期侮辱和侵犯，直接导致俄罗斯错过了文艺复兴时期，但同时也赋予他们共性、动力和极强的目的性，这些至关重要的品质最终反过来都助他们摆脱了蒙古人统治的枷锁，在近几个世纪里夺取大片领土。历史学家 G. 帕特里克·马奇（G.Patrick March）认为，蒙古人的统治造就了俄罗斯人"对暴政的极大容忍"，使他们在遭受困苦的同时，患上了"侵略妄想恐惧症"。

不安全感是俄罗斯典型的民族情感之一。美国国会图书馆馆员詹姆斯·H. 比林顿（James H.Billington）写道："既想在历史中寻根，又希望利用历史为自身辩护，这种需求部分源于来自东部平原的不安全感。"

[2] 罗伯特·D.卡普兰.即将到来的地缘战争[M].广州：广东人民出版社，2013：179～180.

当法国和英国这两个海权帝国忙于应付海外的劲敌时，俄罗斯却不得不在自己的领土上接受敌人的挑战。忧虑和警惕，成了他们从早期历史中学会的东西。这个国家似乎总是处于不同形式的战争状态，再来看看高加索的例子：北高加索地区的车臣穆斯林在18世纪后期抵抗叶卡捷琳娜大帝的军队，19世纪则继续与沙皇战斗，在今天这个时代依然不曾安歇；而高加索南边更顺从的地区，如格鲁吉亚，早在很久之前已纳入沙皇统制下。车臣的好战，源于其生活条件的极端困窘。石质山脉少得可怜的土壤本就收成极低，还需要拿起武器来保护绵羊和山羊免遭野生动物的侵害。在经过高加索地区的贸易路线上，车臣人既是导游也是劫匪；此外，他们虽然皈依了苏菲伊斯兰教，却往往不像其他教派信徒那样狂热，而是把大部分精力花在保卫家园、抵御东正教俄罗斯的入侵上。地理学家丹尼斯·J.B. 肖（Denis J.B.Shaw）写道，在高加索地区，"俄罗斯人、乌克兰人和哥萨克殖民者，遇到了山区暴民的顽强抵抗。除了奥塞梯人以外，此地居民在文化上都从属于伊斯兰，这更使他们下定决心痛击俄罗斯入侵者"。

出于对北高加索地区人民独立精神的恐惧，布尔什维克拒绝将其纳入统一的共和国，而是将其与不同语言和民族构成的其他民族人为划分到一起。正如肖指出的，"把卡尔巴德人与巴尔卡尔人划分在了一起，尽管前者与切尔克斯人有更多共同之处，而后者与卡拉恰伊人更合得来"。更有甚者，1944年斯大林以涉嫌与德国人合作为由，将车臣人、印古什人和卡尔梅克人流放到了中亚。他摆出的这副冷酷面孔，相当一部分是由高加索造成的。这是陆权国家的宿命，也是他们对征服的需求使然。

[3] 罗伯特·D.卡普兰. 即将到来的地缘战争 [M]. 广州：广东人民出版社，2013：170～171.

从历史上来说，高加索始终紧扣俄罗斯人的心弦，索尔仁尼琴这样激烈的民族主义者，特别对它充满恐惧和敬畏。在黑海和里海之间有一座大陆桥，欧洲在这里逐步消失于绵延600英里、高达18 000英尺的群山中，那蜿蜒的山脊格外迷人，舒展而平坦的草原向北延伸。这里是俄罗斯的"蛮荒西部"，虽然这些山脉处于莫斯科和圣彼得堡的南边。自17世纪以来，这里一直是俄罗斯殖民者试图征服的"蛮夷"民族的聚居地，他们包括车臣人、印古什人、奥塞梯人、塔吉斯坦人、阿布哈兹人、卡特维尔人、卡克特人、亚美尼亚人、阿塞拜疆人等；在这里，俄罗斯也见识了伊斯兰教的温文尔雅和残酷无情。俄罗斯人对高加索地区复杂的情感，让他们既着迷又惶恐，俄罗斯的整个历史故事，也在这里打开了窗口。

[4] 罗伯特·D.卡普兰.即将到来的地缘战争 [M].广州：广东人民出版社，2013：19 ～ 197.

听起来有点讽刺，虽然前苏联加盟共和国各单一族群间缺乏完整的身份识别，居然也曾一度保持了中亚的适度稳定，只是偶尔在费尔干纳河谷等地出现动荡。中亚极端丰富、充满活力的天然资源，给其中一些国家提供了与莫斯科和北京讨价还价的底气。中亚天然气需要通过俄罗斯输送到欧洲市场，这是俄罗斯对欧洲的筹码，但俄罗斯的立场正因中国自己购买中亚油气而受到威胁。

中亚的自然资源的确得天独厚。哈萨克斯坦的田吉兹油田储量，据探为阿拉斯加北坡的两倍；土库曼斯坦每年的天然气产量居世界第三位；吉尔吉斯斯坦是前苏联最大的汞和锑生产基地，另有巨大的金、铂、钯、银储量。丰富的自然资源以及对前苏联占领的强烈不满，导致乌兹别克斯坦开放其通往阿富汗的铁路桥作为北约的通道，而没有征得俄罗斯同意；此外还面向土库曼斯坦提供多元化的能源路线，而非完全依靠俄罗斯；在工程建设方面，他们宁可寻求哈萨克斯坦或欧洲的帮助，以开发利用里海大陆架的石油储量，也不求助俄罗斯的工程师。

以上种种因素，使俄罗斯的势力范围难以维持，并在某种程度受制于全球能源价格波动，因为俄罗斯经济就像中亚一样，本质上是建立在自然资源基础上的。如果俄罗斯新帝国成功建立，将可能只是昔日帝国的一个薄弱轮回，不仅受制于翅膀渐硬的中亚各国，也受制于中国在中亚影响的上升，印度和伊朗的限制也会给它造成一定影响。中国在中亚投资超过250亿美元，并为横跨哈萨克斯坦的 2 000 英里高速公路买单。哈萨克斯坦的阿拉木图市和中国西部的乌鲁木齐市之间每日有航班往来，中国商品极大地填补了中亚市场的空缺。

哈萨克斯坦可能是俄罗斯在欧亚大陆财富的最终寄存器。作为一个欣欣向荣的中等收入国家，哈萨克斯坦地理面积相当于整个西欧，国内生产总值比所有其他中亚国家加起来都大。新首都阿斯塔纳位于由俄罗斯民族主导的北部地区，苏联解体后，头脑发热的俄罗斯民族主义者想吞并它。沿哈萨克斯坦北部有 3 000 英里范围与俄罗斯边境接壤，属于前苏联的 9 个州 8 个在北部地区，人口近 90% 属非哈萨克人。阿斯塔纳的象征性建筑"生命之树"，由诺曼·福斯特爵士设计，象征着哈萨克斯坦保卫国家免受俄罗斯侵犯的决心。阿斯塔纳再造计划耗资 100 亿美元，它与南部地区以高速列车相连。

目前，哈萨克斯坦正在向真正的独立国家迈进，并充分行使自己的权利。它正在开发 3 个超巨型的"大象项目"，即石油、天然气和炼油业。里海海域有两大油田，主要由西方跨国公司投资，从里海到中国西部的新石油管道也将很快完成。此外，哈萨克斯坦即将成为世界上最大的铀生产国；它还拥有世界上第二大的铬、铅、锌储量，锰矿储量全球第三，铜储量全球第五，并拥有占世界前十位的煤、铁和金储量。

哈萨克斯坦，是麦金德真正的心脏地带！这里集中了世界上所有的自然战略资源，欧亚大陆中部的咽喉要道在这里相互重叠：地处西西伯利亚和中亚，向西 1 800 英里外有里海，东部伸展到蒙古；乌拉尔山在哈萨克斯坦的西北部，天山山麓则始于东南部。哈萨克斯坦属极端大陆性气候，阿斯塔纳冬季拂晓前的气温可至零下 40 摄氏度。麦金德认为，一些大国或超级大国必须控制心脏地带，但在我们这个时代，心脏地带在其原住民手中，俄罗斯和中国等大国争夺的只能是能源资源。俄罗斯若想影响哈萨克斯坦并以某种方式施压，哈萨克斯坦必然无法抵御，但若被逼到极致，他们可以随时转向中国；俄罗斯将会受到国际反对和外交孤立，等于自吞苦果。2008 年，在格鲁吉亚这个只占哈萨克斯坦 1/40、人口只相当于对方 1/3、自然资源贫乏的国家，已经暴露了俄罗斯在大陆进行军事冒险的局限性。事实上，当吉尔吉斯斯坦在 2010 年向俄罗斯发出暗示性请求，希望俄罗斯军队干预制止其种族骚乱时，俄罗斯拒绝了。它害怕陷入一个多山的中亚国家，尤其是在哈萨克斯坦的边远地区。

俄罗斯在中亚军事行动中面临的另一个制约因素就是中国，他们在远东共享漫长的边界。俄罗斯与中国的交好将为上海合作组织注入活力，目的是联合欧亚国家（主要是权威体制国家），以抗衡美国的影响。俄罗斯和中国之间若心存敌意，对美国和欧洲在欧亚大陆的影响更大。因此，俄罗斯将约束别国在中亚的行为，坚决阻止任何国家企图以武力收回部分麦金德的心脏地带。

[5] 罗伯特·D.卡普兰.即将到来的地缘战争 [M].广州：广东人民出版社，2013：192～194.

然而，普京没有完全放弃俄罗斯在地理上属于欧洲的维度。他对乌克兰的关注，背后还有更大的企图，那就是在海外周边重新打开势力范围，这进一步印证了他想把俄罗斯以非民主的条件锚定于欧洲的野心。乌克兰作为支点国，南部毗邻黑海，西部接前东欧卫星国，它若独立将使俄罗斯在很大程度上与欧洲绝缘。然而，乌克兰西部地区奉行希腊和罗马天主教，东部则为东正教；西乌克兰是乌克兰民族主义的温床，东部地区则主张与俄罗斯保持更加密切的关系。

换句话说，乌克兰自身的宗教地理特点使该国具有中东欧之间的边疆作用。布热津斯基写道，没有了乌克兰，俄罗斯虽仍然是一个帝国，但只能是一个"以亚洲型为主"的帝国，并将进一步卷入与高加索和中亚国家的冲突。一旦乌克兰重归俄罗斯统治，俄罗斯面向西方的人口结构就会再增加 4 600 万人，并同时对欧洲形成挑战和融合之势。根据布热津斯基的观点，下一步俄罗斯所觊觎的波兰将成为"地缘政治的新支点"，决定中欧、东欧和欧盟本身的命运。

俄罗斯和欧洲之间的斗争，尤其是和德、法之间的斗争，自拿破仑战争以来一直持续着，今后还将继续如此，波兰和罗马尼亚等国随时命悬一线。苏联帝国虽已解体，欧洲人仍然需要以乌克兰为主要通路进口俄罗斯的天然气。冷战的胜利在相关国内引起了巨大变化，但它无法改变地理事实。澳大利亚情报分析师保罗·迪布（Paul Dibb）认为，一个复兴的俄罗斯可能宁愿"考虑中断复兴，也要创造战略空间"。2008 年对格鲁吉亚的入侵，正表明俄罗斯不是一个维持现状的力量。

在俄罗斯的沉重压力下，乌克兰已同意延长俄罗斯黑海舰队基地租约，以此交换较低的天然气价格，克里姆林宫还试图将乌克兰的天然气管道网络置于其控制之下（毕竟，乌克兰还依赖俄罗斯的贸易）。然而，并非欧亚大陆的所有管道地理都对俄罗斯有利。中亚的管道向中国提供油气资源，阿塞拜疆的里海石油，通过管道横跨格鲁吉亚通往黑海，并通过土耳其进入地中海，完全避开了俄罗斯。此外，一个以里海为起点的天然气管道计划，打算横穿整个南高加索和土耳其，通过巴尔干半岛到达中欧，也避开了俄罗斯。不过与此同时，俄罗斯正在筹建从黑海到土耳其的海底天然气管道，以及向西输往保加利亚的黑海海底管道。土库曼斯坦远在里海之滨，通过俄罗斯出口天然气，因此即使有多元化的能源供应，欧洲特别是东欧和巴尔干地区仍将在很大程度上依赖俄罗斯。欧洲的未来，正如过去一样很大程度上依赖东方的发展。

俄罗斯手里还有其他筹码：位于立陶宛和波兰之间的波罗的海海域的强大海军基地；高加索和中亚地区大量讲俄语的少数民族；亲俄罗斯的亚美尼亚人。此外，格鲁吉亚受到亲俄罗斯的分离省份阿布哈兹和南奥塞梯的威胁；在哈萨克斯坦的空军基地和导弹试验基地，在吉尔吉斯斯坦的空军基地，覆盖范围可达中国、阿富汗和印度次大陆；塔吉克斯坦也允许俄罗斯军队巡逻其与阿富汗的边界。2010 年，正是俄罗斯精心策划的媒体宣传和经济压力，帮助驱逐吉尔吉斯斯坦总统巴基耶夫下台，并指控其引入美国的空军基地等罪行。

第 7 章

移民缔造的美利坚奇迹如何延续？

从 1776 年美国的诞生以杰斐逊为代表的众多先驱的开垦，到里根时期刺激投资的"补给边缘经济"，美国一直以 50 年为周期的循环模式向前发展。作为一个移民型国家，来自世界范围的移民在美国的历史上起到了举足轻重的作用。伴随着人口老龄化问题的显现及有效劳动力的减少，美国将率先打响移民争夺战并维护其霸主地位。

美国南部边境正在修建隔离墙，目的是阻止非法移民入境。移民造就了美国强大的经济实力，但是自 20 世纪 90 年代以来，全美国却呼吁限制移民，以确保工作不会被外人抢走。绵延于墨西哥边境的隔离墙，正是这一政策的产物。

　　20 世纪 30 年代，世界正处于人口加速膨胀的时期。美国乃至世界面临的问题是，如何应对汹涌的劳动力洪流。廉价的劳动力逐渐流向发达国家。面临潜在移民冲击的美国，决定限制移民入境，以防止工资下跌。

　　在 21 世纪，美国并不会建立限制移民的制度。随着人口增长巨浪的逐渐消退以及人均寿命的逐渐延长，人口老龄化趋势将日益明显。这意味着美国将从 2020 年开始出现劳动力短缺，并且这种趋势将在 10 年内持续加剧，因此，利用移民资源来填补这个漏洞就很有必要。而且，随着可利用新劳动力的日益减少，不仅美国需要新劳动力，其他工业国家也同样需要劳动力。20 世纪的问题是限制移民，21 世纪的问题将是如何吸引足够的移民。

　　俄罗斯第二次经济瓦解将为美国开启黄金时代之门。但与俄罗斯对峙结束后，将会出现由于劳动力紧缺而引起的大规模国内经济危机。

如今，在发达的工业化国家里，此类危机已经初见端倪。引起危机的原因，从很大程度上来说是社会性的：几世纪以来一直变迁的家庭结构将继续瓦解，从而导致众多老年人无人看管。正如上文提到的，将有越来越多的老年人需要照顾。社会保守主义和不断变化的社会现实之间将会产生尖锐的政治斗争。从脱口秀到政论访谈的大众文化中，我们已经见到斗争的端倪，以及该斗争持续升温的迹象，直到21世纪20年代中期危机爆发。

如果历史有任何指导作用，那么我们可以预见此次危机将在2028年或是2032年的总统选举期发展到顶峰。我之所以这样说，是因为在美国历史中有一种难以诠释的奇怪模式。美国大概每50年必遭遇一次经济危机和社会危机，而且在危机出现的前10年就开始露出苗头。接下来的10年甚至更多的岁月里，就得由具有决定性的总统选举来改变国家的政治面貌。只有危机解除，美国才能繁荣。到下一代，旧问题有了新的解决措施，但这种新措施本身又会产生新问题。随着矛盾的加剧，又会导致下一次的危机，如此循环往复。

我认为美国将在21世纪20年代经历危机是有原因的。了解这些原因对于全面了解这一模式至关重要。就像不了解股票的运行模式就不能投资股票一样，不了解美国政治经济的循环模式，你就不能理解我的推测。

到目前为止，美国已经经历了四次这样完整的循环，目前正是第五次循环进行到一半的时候。

这种循环模式通常始于一届众望所归的总统而终于一届失败的总统。因此，华盛顿(Washington)时期的循环终于约翰·昆西·亚当斯(John Quincy Adams)，杰克逊(Jackson)时期的循环终于尤利西斯·S.格兰特(Ulysses S. Grant)，海耶斯(Hayes)时期的循环终于赫伯特·胡弗(Herbert Hoover)，罗斯福(FDR)时期的循环终于吉米·卡特(Jimmy

THE NEXT 100 YEARS
A Forecast for the 21st Century

Carter)。危机总是隐藏于政治外衣之下，这是由衰落的统治阶级及其建立的经济模式与新兴阶级及其建立的经济模式之间的斗争决定的。每个派系都代表一种对世界完全不同的看法以及对合格公民不同的定义，反映了生存方式的变迁。

1776 美利坚的诞生：从创始人到拓荒者

随着《独立宣言》（*The Declaration of Independence*）的问世，美国于 1776 年成立。从那一刻起，它就有了自己的国家身份、军队和国会。美国主要是由单一的种族（英国人以及少数的苏格兰人）组成。这些曾辉煌一时的人们将自己视为新政权的捍卫者。他们与那些失去土地、无家可归的非洲农奴完全不同。

尽管如此，建设国家不能光靠他们自己来完成，还需要一批先驱向外扩张，去开垦阿利根尼山脉以西的土地。与杰斐逊或华盛顿完全不同的是，这些先驱大多来自苏格兰和爱尔兰，是典型的贫穷而又没受过教育的移民。他们想要寻找一小块土地来耕种，丹尼尔·布恩(Daniel Boone) 就是其中的代表。

到 19 世纪 20 年代，随着创始人的理念与开拓者利益之间的不断碰撞，两派之间的政治斗争日益激化。社会矛盾演变为经济危机。1828 年，危机以创始人时代的最后一位总统约翰·昆西·亚当斯的失败和新一届总统安德鲁·杰克逊当选而告终。

林肯的时代：从拓荒者到美国小城镇

杰克逊当选时期，美国最动荡的人群是农民拓荒者。他们中有许多在美洲大陆的中心定居下来。上一代的创始人并没有销声匿迹，政治权力的平衡逐渐转向不计其数的贫穷的西部开拓者。杰克逊的前任总统倾向于用稳定的货币政策来保护投资者。杰克逊却提倡降低利息来保护为他投票的债务人。华盛顿，这位绅士、农民、战士、政治家，是首次循环的英雄代表，而第二次循环的英雄代表则是出生于肯塔基州一个小木屋里的亚伯拉罕·林肯。

到这次循环结束，即内战后，美国西部摆脱了第一代拓荒者的贫瘠的农场经营模式。到1876年，农民不仅拥有自己的土地，而且还靠耕作为生。城市布局也有所改变，为了服务于日益富裕的农民，一批小城镇应运而生。小城镇的银行可以受理农民的存款，并在华尔街进行投资，而华尔街的大银行家们又反过来将这笔钱用在铁路和工厂建设上。

但问题仍然存在。持续了15年的低廉货币政策或许曾有利于拓荒者，但却损害了他们下一代人的利益，因为他们的孩子已将西部农场商业化。到19世纪70年代，由低廉的货币政策引发的危机已经失控。低利率使得农场，或是服务于农民的商业投资无利可图。

美国若想发展壮大，其根本是建立稳健而有力的货币政策。1876年，继尤利西斯·S.格兰特失败卸任后，卢瑟福·B.海耶斯当选总统。海耶斯[或者更准确地说是他的财政部部长约翰·谢尔曼(John Sherman)]用金子支撑货币来抑制通货膨胀，并且提高利率，刺激投资。贫农的利益受损，但富农、大牧场主以及小城镇的银行家们却大大受益。这项金融政策加速了美国的工业化进程。之后的50年里，美国经济空前繁荣，直到下一次危机的到来，就如同前两次的循环那样。

罗斯福的改革：从小城镇到工业城市

正如人们称赞当选的丹尼尔·布恩那样，美国民众也格外喜欢小镇生活。几百万的移民到煤矿和工厂工作，并主要定居在大城市。他们大多数来自爱尔兰、意大利或是东欧。这批移民与之前的移民完全不同。

这样，一个以白人和新教徒为主的民族，突然间充斥了大量的移民，而且这些移民无论是外貌特征、说话方式，还是行为习惯都与他们完全不同。所以，美国小城镇居民对这些移民持怀疑和敌对的态度。这些新移民定居的大城市，被看做是外来腐朽文化的中心。

但是，小城镇的价值观与美国建国时的价值观已渐行渐远。自 19 世纪 70 年代末，美国开始采取紧缩银根 (tight money) 的货币政策，这无疑将鼓励存款和投资，但却抑制消费及信贷。高出生率和移民的双重原因导致大城市人口膨胀，随之降低的工资使新移民生活更加困难。随着投资的增长，工人购买自己生产的商品的能力受到严重抑制。这就导致经济大萧条，即消费者没钱购买必需品，工厂不得不靠裁员来降低损失。勤俭和节约是美国小城镇居民的美德，但却无力对抗宏观经济的巨大力量。

1932 年，继赫伯特·胡弗失败的任期后，富兰克林·罗斯福当选总统。罗斯福着手扭转前任政府的一些政策，通过促进投资者和消费者之间的资金流通来寻求刺激消费途径。他以小城镇及其价值观的衰落为代价，赢得了工厂和城市工人的拥护。

最终，虽然新政没能结束经济萧条，但"二战"却做到了，因为战争迫使政府花费大量资金建造工厂以及雇佣工人。"二战"的余波对于经济大萧条的结束起到了至关重要的作用。战争结束后，一系列的法律出台允许退伍军人贷款买房，并轻松获得大学教育资助，成为职业白领。联邦政府构建了州际公路网，开放城市周边地区来建设住宅。这些措施转移了大量资金，增加了工厂及工作岗位，并维持了战时经济收益。美国中产阶级就这样产生了。迫于"二战"，罗斯福改革的目的在于改善城市工人阶级的生活质量，这使得工人阶级的孩子成为中产阶级的市郊居民。

里根的补救：从工业城市到服务郊区

一种解决方案往往会引发另一种问题。通过扩大需求，增加工作岗位，赢得社会支持以及转移资金，美国民众顺利地度过了萧条时期。对富人征收高税率，给房屋买卖者提供低利息贷款，向大批购买者推荐消费贷款，这一系列措施使美国经济得以恢复。

但是到 20 世纪 70 年代，这一模式不再有效。企业家被高税率隔在资金市场门外，从而倾向于投资效率低的大企业。对富人和企业征收的支付比例最高的边际税率 (marginal tax rates) 已经超过 70%，这项税率政策大大抑制了投资。虽然积极的消费贷款政策刺激了消费，但工厂严重老化衰落。没有投资，工业及整个经济效率低下，全球竞争力不强等问题日益严重。

20 世纪 70 年代末，出生在战后生育高峰期的婴儿这时已经进入适婚年龄，这正是对贷款需求最旺盛的时期。所有的因素再加上能源危机，使得情况日益严重。吉米·卡特任职总统期间，整个经济摇摆不定。长期贷款利率正处于它的"青春中期"。通货膨胀超过 10%，与失业率持平。虽然卡特通过削减中低阶层税率的手段拉动了消费，却给整个经济体系埋下了更大的隐患。所有前 50 年里曾用于刺激经济的手段虽然仍然有效，但是却使得情况更加糟糕。

20 世纪 80 年代，罗纳德·里根 (Ronald Reagan) 当选总统，等待他的是萧条的投资市场以及由于过分消费而引发的危机。里根采取的措施是保持消费的同时增加投资数量。里根通过"补给边缘经济" (supply-side economics) 降低税率来刺激投资，其目的是使上层阶级和企业能够通过投资实现经济现代化。里根不想抑制需求，使得消费者无力购买商品。这项举措引起 20 世纪 80 年代美国经济的剧烈重组，并为 90 年代的经济繁荣奠定基础。

里根的政策使得政治经济力量从城市转移到郊区。由于罗斯福—卡特时期的改革，大量人口迁移到郊区，从而改变了城市布局。州际公路网以及其他良好的公路设施不但使人们能够轻松地与城市保持联系，还可以方便地到达欠发达且地价较便宜的地区。20 世纪后半叶，这些郊区居民越来越富裕，正是因为受益于 80 年代里根的经济政策。

里根远离新政且不计一切偏向城市工人阶级消费的原则是，重整美国经济，侧重郊区职业人群及企业家人群。因此，有些人认为他这是对美国社会中心、城市、美国劳动力灵魂以及工会的出卖。与罗斯福、海耶斯，以及杰克逊受到的待遇一样，里根被诽谤为美国人民的叛徒，但最终里根与他们一样，别无选择，只能根据实际情况制定有益于整体发展的政策。

"50 年循环模式" 的延续：从服务郊区到永久移民阶层

现在让我们展望一下未来。

如果根据持续了 220 年的一系列循环总结出的 "50 年循环模式" 准确的话，我们现在就正处于 1980 年当选的罗纳德·里根带领下的第五次循环的中期。这一模式表明当今美国的社会结构比较合理，这将一直持续到 2030 年。不论是总统还是任何意识形态都无法改变最基本的经济及社会趋势。

1952 年，罗斯福当选 20 年后，德怀特·艾森豪威尔 (Dwight Eisenhower) 当选总统。但是他却无力改变新政时期建立的基本模式。

伟大的罗斯福没有大幅改变海耶斯设定的模式；林肯则坚持杰克逊的原则；而杰斐逊则继承了华盛顿时期建立的体系。每次循环中都是反对党获胜，有时可能会选举出一位伟大的总统，但基本原则仍然不变。比尔·克林顿 (Bill Clinton) 无法改变 1980 年以来的基本事实，如今任何一党的总统也都无法改变。这种模式的力量非常强大，而且深植于美国的立国根基之中。

但是，我们正在处理这些最终都会结束的循环。如果这一模式停滞，等待我们的将是 21 世纪 20 年代高危的经济和社会矛盾，然后是 2028 年或 2032 年的某次决定性的大选。现在的问题是，我们不知道 21 世纪 20 年代的危机是什么，更不知道其解决方案。我们唯一知道的是解决前一次危机的方案必然会引发下一轮的问题，而接下来的解决措施将彻底改变美国。

当今美国经济以消费性支出与商业发展的信贷系统为基础，其利率处于历史低潮。大部分财富来自房屋、40(K)计划和土地的股票增长，而不是传统储蓄。储蓄利率虽然降低，但财富增长速度却大大提高。

这种增长速度没有任何人为因素。20 世纪 80 年代的经济重组开启了企业活动促进大规模生产力的繁荣景象。新技术和新商业模式的引进极大地提高了工人的生产力，同时也增加了商业的实际价值。微软和苹果就是 20 世纪 80 年代新工业的典型模式。在先前的循环模式中，通用汽车和美国钢铁等企业在经济结构中占主导地位，而目前的循环模式则更加侧重于创造企业型 (entrepreneurial) 的工作岗位，而非资本型 (capital-intensive) 的工作岗位。

现在的情况是消费需求与股票价格基本持平。只要消费需求因某种原因而降低，房屋或商业的价值就会降低。无论是在消费贷款，还是商业贷款的信贷额度方面，这些有价交易都有助于推动经济发展。在有价交易过程中，个人和商业的净价值都能得到确立和体现。如果股票下跌而导致消费需求下降，那么也会引发经济的螺旋式下降。直到目前为止，经济中存在的问题和人口增长的速度同步增长。如今面临的挑战是防止经济下滑的速度高于人口增长的速度。理想的情况是即使人口数量下降，经济也应该继续增长。

现在，距离 21 世纪出现第一次危机还有 10 多年，但我们已经能够窥见其发展源头。三次风暴即将来临，首先是人口风暴。21 世纪头 10 年，婴儿潮时期出生的大部分人口步入 70 岁，其收入主要来自股票和出售房屋。其次是能源风暴，最近激增的石油费在 25 年的低能源价格后，只会呈现周期性的良好态势。这些风浪可能只是油气经济结束的前兆。

最后，上一代改革创新带来的高生产率将到达顶峰。20 世纪八九十年代的大企业公司，诸如微软、甲骨文以及谷歌等已占据主导地位。这些大公司的利润率下降，反映了生产率增长速度的下降。总的来说，过去 25 年的改革创新已经成为影响股票价格的因素，想要保持过去 20 年那惊人的增长速度绝非易事。

所有这些因素都会给房地产和股市施压。管理股票价格的经济手段并不存在。过去的 100 年里，控制信贷——这一管理利率以及货币供应的手段已经建立，但是管理股票价格（例如房地产和股市）的手段根本不存在。2008 年抵押贷款体制的崩溃已经充分证明了这一点。已经有人谈到了住房和股市的投机泡沫，但目前还未真正到来，最糟糕的时刻将出现在 15 ~ 20 年以后。一旦这次循环到达高峰期，由人口、能源以及改革引起的危机将彻底捣毁美国经济。

一旦谈到经济危机，我们就会想到令人恐惧的大萧条时期。事实上，从历史观点来说，循环期里的危机发展到末期时产生的极度不适比起萧条时期更让人痛苦。比起 20 世纪 30 年代长时间的大萧条，20 世纪 70 年代的滞涨或 19 世纪 70 年代短暂而深刻的危机其实更糟糕。

21 世纪 20 年代的危机也是如此。在面临历史转折点的时刻，我们可以采取措施避免大萧条的出现。

美国建国后前 100 年的首要问题是土地所有权的结构问题，之后 150 年的首要问题是资金构成与消费关系的管理问题。其解决方案摇摆于资金构成和消费两者之间，有时又处于平衡状态，但在美国 250 年的历史中，劳动力从未成为问题。人口一直在增长，而且年轻人总比老员工更受欢迎。

隐藏在 2030 年危机背后的事实是劳动力将不再是可靠因素。"二战"后的生育高峰期以及平均寿命的延长导致大量人口老龄化，越来越多的人丧失工作能力但却继续消费。值得思考的是，社会保障制度规定的退休年龄是 65 岁，但男性的平均寿命只有 61 岁。这不得不使我们意识到社保资金是多么微乎其微。后来，平均寿命达到 70 多岁这一事实已经完全改变了退休年龄。

如何养活更多的退休人员？

随着人口从业时间的推迟，20 世纪 70 年代以来逐步下降的出生率使得退休人员的数量减少。到了 21 世纪 20 年代，这一趋势将变得更加严重。工作者要赡养退休的老人，而那些依靠房产股权以及退休金的老人将继续保持高水准消费，他们的需求需要得到满足。随着劳动力数量的减少以及商品和服务需求的稳定增加，通货膨胀将一发不可收拾，因为劳动力成本将超标。这将加快退休工人消耗财富的速度。

退休人员可划分为两个群体。一个是那些足够幸运、足够精明，并且在房屋及 401（K）计划中有股票储备的人，他们将被迫变卖固定资产。另一组退休人员没有或只拥有少量的固定资产，即使在最好的情况下，社会保障也不能让这批人群摆脱贫穷。婴儿潮一代人维持基本生活水平和医疗标准的压力将更加沉重。而婴儿潮时期出生的退休人员是极为庞大的选举人群，他们可以利用自身的选举权利来获利。

不仅在美国，全世界所有的政府都将被迫增加税收或外债。如果是前者，政府的增税对象是那些因为劳动力短缺而工资上涨的人群。如果增加外债，政府将进入资本萎靡的市场，同时，人们将从市场撤回资金，进一步加剧高利率，重演 20 世纪 70 年代由于货币供应量激增而导致通货膨胀加速的危机。唯一不会重演的是 20 世纪 70 年代的失业。任何有劳动能力的人都会有高报酬的工作，但是高税收或通货膨胀会导致工资真实价值的急剧缩水。

生育高峰期出生的人们将在 2013 年陆续退休。如果我们假设平均退休年龄是 70 岁（根据健康和经济因素制定），那么几年后退休高峰期将会到来，直到 2025 年或 2025 年以后才会有显著下降，但其经济影响将继续蔓延。出生于 1980 年的人将在 35 ~ 45 岁之间应对这些问题，他们中的大部分将处于日益失调的经济当中。从广泛的历史角度看来，这只是一个过渡问题。那些 1970 年到 1990 年之间出生的人不仅仅将承受生活带来的压力和痛苦，自身发展也将受到很大限制。这或许不是下一次大萧条的预兆，但是那些铭记 20 世纪 70 年代滞涨的人将会引以为戒。

不管是谁当选 2024 年或 2028 年总统，都将面临严峻的问题。像亚当斯、格兰特、胡弗以及卡特一样，这位总统将用前任的方案来解决新的问题，正如卡特试图用罗斯福的原则来解决滞涨那样，可这却会使情况变得更糟。这一时期最后一任总统将用里根的办法，减轻税务以刺激投资。在劳动力短缺最严重时，削减税务可以增加投资，但却会过分增加劳动力价格，并导致恶性循环。

像前一场危机一样，21 世纪 20 年代出现的问题也不容小觑。我们该如何增加劳动力的数量呢？劳动力短缺问题将有两种解决方案。

一种是提高每个工人的生产率，另一种是引进更多的工人。由于问题的严重性及时间的限制，当下之际唯一的解决办法是增加工人的数量，这就需要通过增加移民来实现。从 2015 年起，移民数量将持续增长，但因为增速不够快，问题还是不能得到解决。

1932 年以来，美国一直担心失业问题会导致劳动力过剩。移民被视为是一个世纪以来低工资问题的来源，而移民的根源就是人口爆炸。能够解决劳动力短缺问题的想法将和 1930 年失业不是因为懒惰的想法一样不切实际。

21 世纪 20 年代，这种观念会再次改变。到 2028 年或是 2032 年选举时，美国的政治思想将发生巨变。有人对此提出异议，说有足够的可用劳动力，只是过高的税务使得他们没有工作的动力。失职的总统将试图通过削减税务来刺激根本不存在的工人参加劳动，从而刺激投资来解决问题。

通过移民来迅速增加劳动力才是真正的解决之道。这一突破有力地驳斥了传统的劳动力紧缺观念。未来，通过劳动力来增加资本的趋势将不再持续下去，取而代之的问题将是寻找资本需要的劳动力。这种危机不仅限于美国，每个发达工业国家都将面临同样的问题——其中大多数国家将陷于更复杂的境地。很简单，它们将急缺新的劳动力和纳税者。同时，曾是移民主要来源的中间层国家随着其人口结构逐渐稳定，其经济将从本质上得以改变。任何移民到其他国家的危机都将得以平息。

现在很难想象到 2030 年发达国家将展开移民争夺战。美国制定移民政策时将不会考虑怎样把他们排斥在外，而是要鼓励他们来美国而不是去欧洲。虽然形势严峻，但美国仍然占有优势，现在移民到美国就比到法国简单得多，以后的形势也是如此。而且，单就美国的低人口密度来说，美国比欧洲一些国家有更多的发展机会。但事实是美国不得不做些史无前例的事情，即创建鼓励机制以吸引移民。

很明显，退休人群将倾向于用移民来解决问题，但是劳工群体对此态度不一。那些担心由于竞争而导致自己收入减少的人群将强烈反对；而处于较为安全位置的其他工人，则会支持移民，尤其是在那些要求降低服务价格的地区。最终，政治气候将不再纠缠于移民政策原则本身，而是转向确定可接收大量移民的区域（在这些区域，移民能够创造巨大的经济价值），同时也致力于处理移民的安置问题，这样就不会出现过分密集的移民区。

让我们重新回到激励机制。美国将不得不提供给移民一系列的竞争优势，从高度简洁的绿卡办理程序到专门签证，来迎合移民劳动力的需要和期望。他们还很有可能获得奖金，这是由政府或雇佣他们的公司直接发放的，还附有就业保障。移民当然会在比较之后选择一个合适的地方。这个过程使联邦政府的权力在根本上有所扩大。自1980年以来，联邦政府的权力不断受到侵蚀，而2030年前后需要在政府的直接管理下进行的移民改革将改变这一局面。如果私人商业要参与此次移民浪潮，那么联邦政府至少要担保移民不受欺骗，公司也要履行承诺，否则找不到工作的移民将成为负担。只简单的开放边境并不是好的解决办法。对新劳动力的管理，以及对于资本和信贷市场的相应管理，都会迅速扩大联邦权力，改变里根政府时期的格局。

入境的移民可以分成两类。一类人群可以解决人口老龄化带来的问题，例如医生和管家。另一类是为了解决劳动力长期短缺问题，能够提高生产率的人群。因此，物理学专家、工程师、医学专家和多种手工劳动者将是主要招工类型。

这次移民浪潮比1880～1920年的移民浪潮更加猛烈，其数量比之前任何移民潮都多。这会改变美国的文化特点。但由于美国处于野蛮之地，没有固定文化，因此可塑性非常强就是它的优势，这对于吸引移民至关重要。我们也应该预想到吸引移民过程中将会引发的国际摩擦。美国将不惜任何代价达成自身的战略目标：出高价从发展中国家吸引知识型工人，针对劳动力短缺问题从策略上战胜他国。正如我们将要看到的，这将影响这些国家的外交政策。

另一方面，对于美国来说，这只是历史上另一个成功的 50 年循环，也是另一个由于大量机会而引来的移民潮。不管这些移民来自印度或是巴西，他们的孩子将和之前美国历史上的移民大军一样，成为一代美国人。

但墨西哥人是个例外。美国占领着一块墨西哥曾宣布占有的土地，两国边境划分问题一直都很棘手。墨西哥和美国之间的人口流动不同寻常，尤其是在边境地区。这一地区将是 21 世纪 30 年代手工劳动力的主要来源地。本世纪末，这将会给美国带来严重的战略问题。

到 2030 年，使美国经济不稳定的劳动力紧缺问题将迫使美国必须将移民美国这一过程规范化，美国将在 2015 年前后开始着手行动。一旦获得成功，美国将继续其经济发展的步伐，并将在 21 世纪 40 年代加速，而这一时期生育高峰期出生的人已死亡，人口结构开始再次回归于正常的金字塔式，而不是蘑菇式。21 世纪 40 年代将出现类似于20 世纪 50 年代或 20 世纪 90 年代的经济发展浪潮。这一时期将成为2080 年的经济危机的伏笔，那么在此期间，许多大事将会陆续上演。[1]

注 释

100

[1] 弗里德曼.未来10年 [M].深圳：海天出版社，2011：219 ～ 221.

当墨西哥人北上的时候，他们未必和墨西哥以及家乡的亲人割断联系。实际上，在美墨边境线南北几百英里范围内，几乎不存在文化差异，因此，这些墨西哥人在北上过程中无须克服文化差异。只有迁徙到很远的城市时，他们才需要像传统移民那样，为适应新的环境而同化自己。但是在同一文化疆界内，他们完全可以选择保持原有的语言和国籍，而对当地的合法身份不予理会。这种状况就可能导致法定边界与文化边界之间形成深刻的冲突。

这也是美国目前对墨西哥非法移民问题感到惴惴不安的根源。有批评家认为，美国人的这种顾虑是对所有墨西哥移民的嫌恶，而对他们不能一概而论，但这种分析显然还不足以真正理解这种担心的根源。边境地区以内甚至是以外的非墨西哥人担心移民人口的增加会让自己变成少数群体，让他们生活在墨西哥文化氛围之中。此外，他们还担心这些北上的移民会成为墨西哥人夺回以前领土的前锋。尽管这些担心有点杞人忧天，但也不是毫无根据；而且更是无法规避的忧虑。

当然，最具讽刺意义的还是美国经济确实需要这些移民，因为他们毕竟属于廉价劳动力。墨西哥人非法进入美国的唯一原因，就是他们肯定能在美国找到工作。如果美国不需要这些移民补充其劳动力资源，而且所有岗位均已填满，移民也就不会来到这里。

而另一种反面观点则认为，这些移民夺走了其他人的工作，或者他们对社会保障的需求已经超过国民经济的承受能力，虽然说这种辩说并非无稽之谈，但说服力不强。在美国，10%的失业率相当于1 500万人失去工作。根据皮尤西语裔研究中心（Pew Hispanic Center）的估计，美国非法移民的总数约为1 200万人。如果"置换理论"成立的话，彻底驱逐这些非法移民将留下1 200个空缺职位,失业人口就会减少至只有300万人,失业率仅为2%左右。按照这种貌似不合逻辑的置换说法,我们可以从直觉上得出结论,大多数外来的低成本、非技能型劳动力无力与现有劳动力竞争上岗。尽管美国经济需要外来劳动力,但却不希望大幅增加居民数量,而墨西哥则有大量需要出口的富裕劳动力,最终的结果可以想象。

目前,这个问题只会进一步加剧,因为非移民女性的生育率已经低于人口置换率,而且人口平均寿命明显增加。这就意味着,美国的老龄化程度明显提高,而劳动力则大幅萎缩。实际上,这已经成为发达工业国家的普遍状况。为了照顾老龄人口和补充劳动力资源,就需要国家输入更多的外来劳动力。因此,美国输入劳动力的压力不是正在缓解,而是正在不断激化,另一方面,尽管墨西哥国内经济始终处于增长态势,但它仍将拥有大量可输出的富裕劳动力。

第**8**章

偷猎时代的地缘政治谋局

　　进入 21 世纪 20 年代，俄罗斯的持续混乱，中国增长的进一步放缓，使得欧亚大陆重新陷入权力真空。土耳其将在向北挤压俄罗斯的同时，进一步阻止法德两国的崛起。日本将在东亚地区与中国进行角逐，并对美国形成挑战；波兰作为欧洲的支点，充当了美国对抗俄罗斯的马前卒；边缘地带的小国在美国的支持下，各自打起自己的小算盘。好戏即将上演。

21 世纪 20 年代初，俄罗斯的解体将致使整个亚欧大陆陷入混乱。当莫斯科紧绷的链条松断时，俄罗斯联邦自身也会四分五裂。各地区，甚至人烟稀少的远东太平洋地区也可能闹分裂，它们在太平洋盆地的利益远比俄罗斯本土或者与俄罗斯相关的利益更为重要。车臣和其他的穆斯林地区将会分离出去。与斯堪的纳维亚保持密切关系的卡累利阿也将正式独立。这种分崩离析的现象不仅仅局限于俄罗斯，苏联的其他成员国也同样存在，到那时，莫斯科根本就无法应对内忧外患的局面。如果说苏联的解体导致寡头掌控俄罗斯经济，那么 21 世纪 20 年代的俄罗斯二次解体将会导致地方性统治者的为所欲为。

　　当各国为经济优势你争我夺之时，喀尔巴阡山脉以东的亚欧大陆将乱成一团。实际上，从哈萨克斯坦到太平洋，中国边境两边的乱局将使得国家边界线变得毫无意义。

　　从美国的立场出发，这样的结果真是"棒"极了。美国的第五项地缘政治目标是：确保没有任何大国崛起并主宰整个亚欧大陆。实际上，美国压根没必要亲自出马来维持这个地区内部的势力均衡。在未来几十年，均衡的局面将自然而然地形成并维持下去。

亚欧大陆将会变成"偷猎者的天堂",该地区周边的国家将拥有非常难得的偷猎机会。这一地区幅员辽阔,资源丰富,劳动力资源充裕,而且技术先进。核心权威的瓦解给周边国家创造了利用这种形势的机会。恐惧、需求以及贪婪构成了边缘地带的蕞尔小国觊觎权力中心的绝佳机会。

在利用这一优势方面,有三个国家的位置最为得天独厚。

> 首先,日本将抢占俄罗斯沿海地带和中国东部地区;其次,土耳其可能向北挤压,推进至高加索山脉(可能更远);最后,由波兰领导的东欧国家联盟,包括波罗的海诸国、匈牙利和罗马尼亚,认为这不仅可以收复失地,同时也能保护自己免受未来俄罗斯的侵害。

对于这些国家来说,一次重大的额外收获就是:通过加强自卫能力,免受来自西部的宿敌德国的入侵。这些东欧国家将视此为一次重新确立该地区权力平衡格局的机会。而印度与这场游戏毫不相干。印度在地理上被喜马拉雅山脉隔绝在亚洲南部,因此它根本无法从这种大国斗争的形势中获利。

美国对 21 世纪 20 年代的这次行动将会持赞成态度。东欧、土耳其和日本会与美国结成联盟。届时,土耳其和日本作为美国的同盟国已经有 75 年,东欧则有 30 年。在与俄罗斯对峙期间,这些国家几乎都是出于自身利益跟美国合作。像对待其他同盟国一样,美国会把它们看做国家意志的延伸。

然而,21 世纪 20 年代的变革意义深远,绝不仅仅局限于俄罗斯和中国的范畴。第一个变革是亚洲在太平洋地区的地位将发生改变,这也将改变亚洲与美国的关系;第二个是美国与伊斯兰圣战者战争结束之后穆斯林世界的状态；第三个是法德衰退时期和东欧崛起时期欧洲的内部秩序。分裂北约是德法两国为了防御波罗的海国家采取的措施。北约组织完全是在集体防御基础上建立起来的。攻击一个成员国就是攻击了所有的成员国。这种想法的深层含义是北约已经准备好保卫任何一个处于危险的成员国。当波罗的海国家处于危险时，在波罗的海国家和波兰就需要有一支防御力量。如果一些成员国不愿意参加集体防御，那就意味着这次行动必须在北约之外展开。这样的话，北约就没有存在的意义了。

2010 年，当美国与俄罗斯开始对峙时，所有这些事都将摆到台面上来。冲突期间，这些事暂时被搁置了，或者说至少没有纳入全球议程。但是，这些问题最终将重新出现。一旦俄罗斯威胁解除，这些地区中每一个国家又都会打起自己的地缘政治小算盘。

中日亚洲大角逐

日本对中国的干预可以追溯到 19 世纪。在 19 世纪中期欧洲入侵中国和"二战"结束的混乱时期，为了寻求某些经济利益和特权，日本接连对中国施压。中国人对 20 世纪三四十年代日本人在中国的所作所为有着痛苦的记忆，但这没有阻止日本人在 70 年代末大规模地重返中国的投资市场。

20 世纪 30 年代，日本把目光投向中国寻找市场，退一步来说是寻求劳动力。到了 21 世纪 20 年代，如我们所指出的那样，日本的关注点会放在劳动力上。随着中国的区域化和一定程度上的分化，日本将在 2010 年后的 10 年及 2020 年后的 10 年里，再次面临过去中国曾对其产生的巨大诱惑。虽然建立某种形式来支配中国地区能够快速帮助日本解决人口结构问题，而无须强迫日本人支付移民的社会和文化代价,但日本必须同自己在中国支配的每个地区都建立深层次的关系。

中国各地将寻求北京的保护以及资本和技术投资的支持。因此,在19世纪末20世纪初形成的中日互利关系届时将会重现,这种关系是建立在中国沿海地区对投资和技术以及日本对劳动力的互相需求之上的。

历史上,除了劳动力,日本在华还有另外一种利益——原材料市场。如我所述,日本是世界第二大经济强国,但其几乎全部的原材料都需要进口,这对日本来说是最大的挑战,也是其在1941年和美国开战的主要原因。很多人忘记了在决定偷袭珍珠港之前日本内部已经分裂了。日本领导层曾断言,侵略西伯利亚能满足日本的原材料需要,并且比入侵美国更有把握。无论日本采用这两种方法中的哪一种,都会为各方带来极大的威胁。

太平洋沿岸的俄罗斯地区蕴含着各种极其丰富的矿产资源,包括碳氢化合物。到21世纪20年代,日本将面临能源问题,它将依赖波斯湾,这同时也意味着要受美国挟制。考虑到俄罗斯第二次解体后美国的傲慢,日本也像世界其他国家一样,对美国的下一步行动越来越担忧。因此,随着俄罗斯的分裂,日本认为在经济上控制俄罗斯太平洋地区会更有意义。在处理与世界第二大经济强国日本的关系时,我们要时刻牢记,该国原材料进口占世界之最,并且会对其地区内任何不稳定因素作出回应。

日本想从中国东北部和俄罗斯太平洋沿岸地区获得直接利益,在军事方面倒没有什么兴趣。除非日本能够在21世纪20年代采取一些具有决定性的行动,否则它将在21世纪中期面临经济灾难。到21世纪50年代,日本的人口会从现在的1.28亿减少至1.07亿,其中,65岁以上人口占400万,14岁以下人口占150万。因为有550万人没有工作,日本很难维持自身的经济水平。在劳动力和能源问题上,日本想要获利，就必须尝试着变成一个区域性大国。

让我们进一步了解日本及其历史。该国是当今世界上第二大经济强国，并将在 21 世纪继续保持这种走势。日本是唯一一个经历了工业革命，却没有通过社会革命从根本上改变社会秩序的国家。日本的传统社会结构在经历了工业化，"二战"以及 20 世纪 80 年代的经济奇迹之后，维持至今。

日本以其大刀阔斧的改革政策闻名于世，这些政策通常都能巩固日本的国内统治。继初次接触西方并认识到工业的强大能量后，日本开始了高速的工业化过程。第二次世界大战后，日本扭转了根深蒂固的军国主义传统，突然成为世界上最崇尚和平主义的民族之一。然后，该国以惊人的速度成长，直到 1990 年，其经济扩张由于宏观经济危机而停止，此时，日本人已经平静地接受了他们命运的大逆转。

文化的连续性与社会规则合二为一，使日本在改变行事方法的同时仍能维护自身的核心价值。其他的国家无法在突然改变路线之后依然井然有序地发展，但日本做到了。孤立的地理位置使它免受分裂的社会压力及文化侵袭。此外，日本拥有擅长统治的精英集团：择优招募新成员，以纪律严明的民众作为精英集团的储备力量。这是一种力量，它并非让日本人变得捉摸不透，而是使日本拥有一种别国所缺乏的转变政策的能力。

日本目前将会尽可能长时间地保持克制与和平政策现状，并不想与任何国家发生军事冲突，因为它对恐怖的"二战"有着长期的国民记忆。与此同时，目前的和平主义对日本人来说是一种可适应工具而不是永恒的原则。由于其工业和技术基础，日本转移到一个更为坚定的军事立场只是一个政策上的转变问题。考虑到今后几年将要经历的人口和经济压力，这种变化几乎是不可避免的。

日本将首先尝试通过经济手段获得所需，但日本不会单单寻求增加劳动力而没有移民，也不会是唯一寻求控制外国能源的国家。欧洲人对创造区域经济关系感兴趣，东亚的各种新自治区也会试图让不同国家相互争斗。

日本不能输掉这场比赛。对日本来说，基于其需要和地理位置，对东亚地区施加压力是其唯一的选择，但日本会遭到多方阻碍。首先，经历多年抗日战争的中国，会认为日本蓄意破坏中华民族的主权完整。中国会与其他国家联盟，争取掌控自己的势力范围，也有可能取代日本控制整个东亚地区。日本最后的手段将是诉诸高涨的军国主义，即便这要走很长的一段路。到 21 世纪 20 年代和 30 年代，随着中国不稳定因素的增加和外国力量的上升，日本和其他国家一样，必须维护自身的利益。[1]

2030 年的日本将如何自保？

大约到 2030 年，美国将不得不重新看待更加强大的日本。日本和美国一样，是天生的海洋强国。该国通过进口原材料、出口制成品而生存，海航线对其生存至关重要。为了确保自身利益，日本会在东亚地区开始从大规模地参与经济转为小规模地插手军事，所以它会特别保护自己区域的海航线。

日本南部距中国上海只有大约 500 英里。500 英里还可把你带到符拉迪沃斯托克、库页岛，以及上海以北的海岸。这个半径是日本军事利益的外围界限。但是，即使要保护这样一个小小的领域，日本都将需要一个完善的海军、空军和太空监视系统。事实是，日本已经拥有这些，但到 2030 年，日本将不再使用这些被明确指为不受欢迎的入侵武器来圈定自己的势力范围。

正是在这一点上，自信满满的日本将开始挑战美国的战略利益。

美国希望主导所有海洋。日本区域力量的重现不仅威胁了这种利益，而且为日本提高全球影响力提供了一个良好的舞台。因为日本在亚洲大陆的利益增加了，其空军和海军能力也会随之改进。这些能力提高后，就不能保证日本的行动范围不会扩大。这在美国看来非常危险。

这种情况可能导致下面的一幕上演：随着美国开始对日本增强的力量作出反应，日本会变得越来越不安全，这使得美日关系呈现螺旋式下降的趋势。日本要在亚洲追求根本的国家利益，就必须控制其海航线。相反，视控制全球海航线为国内安全绝对保障的美国人一定会向日本施压，设法对抗日本的挑衅。

处于日本日益增长的势力范围影响下的是韩国，一个我们期望能够在 2030 年之前完成统一的国家。统一后的韩国将会拥有 7 000 万左右人口，跟日本没有多大差别。韩国目前的经济水平在世界上位列第 12 名，2030 年统一后排名会更靠前。历史上，韩国就对日本的统治感到恐惧。由于日本增加了其在中国和俄罗斯的影响力，韩国受困其中，惶惶不可终日。韩国在捍卫自身权力时不会心慈手软，但真正的重点是，美国视韩国为其制衡日本权力的一支力量，以及维护自身在日本海势力的一个基地。在反对日本崛起的过程中，韩国希望得到美国的支持，一支抗日联军也就随之建成。

在此期间，中国内部也将发生变化。在最近几个世纪，中国一直按照 30 ～ 40 年的周期运行。1842 年，中国把香港割让给英国；在 1875 年左右，欧洲人开始控制中国的藩属国；1911 年，孙中山推翻了满清王朝；1949 年，中国共产党开始执政；1976 年，毛泽东去世，中国进入经济加速增长的时期；到 2010 年，中国将会集中主要力量解决经济发展问题。这意味着另一个逆转可能会在 21 世纪 40 年代的某个时候发生。

但显然，21 世纪 40 年代不会是这一进程的开端，而是高潮。这一进程将在 21 世纪 30 年代开始，并因外国（尤其是日本）的侵犯变得越来越激烈。这将是美国用来控制局势的另一个杠杆，它将支持北京控制日本势力，这也是美国"二战"前期政策模式的一次逆转。

到 21 世纪 40 年代，美国和日本将产生深刻的利益分歧。美国将与韩国和中国结盟，这三方都担心日本力量的增长。由于担心美国干涉自己的势力范围，日本必然会增加军事实力，但是，它将会被完全孤立。面对美国建立的区域联盟和其军事实力，日本没有办法独自应对这些压力，而且也不会有人伸出援助之手。然而，技术革新将改变地缘政治，日本将可能在亚洲的另一端形成自己的联盟。

乱世中崛起的"奥斯曼帝国"

2020 年之前，也就是美俄在欧洲对峙期间，高加索地区也将有一个附带的对峙。俄罗斯将向南推进，进入该地区，再次将格鲁吉亚纳为己有，并同亚美尼亚建立联盟。这等于俄罗斯军队重返土耳其边界，会对土耳其造成巨大的威胁。奥斯曼帝国覆灭以及现代土耳其崛起后的一个世纪，土耳其人将再次面临他们在冷战时遭遇的威胁。

当俄罗斯第二次解体时，毫无疑问，土耳其人将在 2020 年左右制定强有力的战略决策。依赖混沌不清的缓冲区来保护自己免受俄罗斯的侵犯是一个赌注，土耳其人不会再这样做。这一次，为了保证国内的安全，他们将尽可能向北推进到高加索地区。

还有一个更深层次的问题。到 2020 年，土耳其的经济水平将会跻身世界十强之列。2006 年其排名已经在第 18 位，并正在稳步上升中。土耳其不仅在经济上能够自行发展，还能够在战略上发挥关键作用。事实上，土耳其在亚欧大陆拥有最强势的地理位置。土耳其容易接近阿拉伯世界、伊朗、欧洲、苏联成员国，以及最重要的地中海。土耳其的经济增长在于，它不仅是一个区域贸易中心，也是一个凭借自身力量壮大的生产型经济大国。

到 2020 年，土耳其将在乱世中崛起，取得相当稳定的经济和军事实力。除了不稳定的北部之外，该国的其他各个方向也将面临挑战。位于东南方的伊朗，数百年来在经济和军事上都没有显著成绩，但其国内事务一向都难以捉摸。南面有持续动荡、缺乏经济发展动力的阿拉伯世界。而在西北面，则是长期混乱的巴尔干半岛，其中包括土耳其的宿敌——希腊。

这些地区没有一个会在 21 世纪 20 年代获得良好的发展，尤其是土耳其南面的阿拉伯半岛将面临生存危机。除了石油以外，阿拉伯半岛的资源很少，几乎没有工业，人口也是最少的。阿拉伯半岛目前的重要地位主要取决于石油，在历史上石油带来的财富对该地区的稳定有很大帮助。但到 2020 年，阿拉伯半岛将会衰落。虽然石油还没有枯竭但危险终将慢慢浮现。伴随着波斯湾地区其他酋长国的动荡，沙特众议院间帮派争斗将会大规模爆发。

不过，**影响更广泛的一个问题当属整个伊斯兰世界的极端分裂。从宏观历史角度来看，它的分裂会受美国与伊斯兰圣战者战争的影响。**大约在 2010 年美俄对峙时期，俄罗斯将进一步破坏中东稳定，企图用土耳其南部问题来牵制美国。大体上，伊斯兰世界尤其是阿拉伯世界将在 21 世纪 20 年代按预想被划分为几块势力范围。

土耳其西北面的巴尔干地区也将鸡犬不宁。不同于 20 世纪冷战时美苏封锁南斯拉夫，美俄第二轮对峙的重点将是破坏该地区稳定。俄罗斯不会像冷战时期那么强大，它将面对的对手是匈牙利、罗马尼亚和保加利亚。除了努力遏制土耳其（通过南面的阿拉伯国家），俄罗斯也将试图遏制匈牙利、罗马尼亚和保加利亚，并把它们变成塞尔维亚和克罗地亚的死对头。俄罗斯将撒下一张大网，以确保成功地转移土耳其的注意力。希腊、马其顿、波黑和黑山被卷入巴尔干冲突之中，这个地区将再次成为废墟。即便是土耳其的边缘地带都会持久地动荡不安。

土耳其：伊斯兰世界的守卫者还是美国的拥趸？

伊斯兰世界虽然不能团结一致，但却能够为穆斯林力量所支配。在整个历史上，从蒙古 13 世纪入侵以来，土耳其一直是最能将伊斯兰世界的一部分创造成为一个帝国的一支力量。1917 ～ 2020 年间的这个世纪算是例外，土耳其只统治小亚细亚。但是，土耳其在伊斯兰世界的权力不容小觑。从地图我们可以看出，土耳其一度统治过巴尔干、高加索、阿拉伯半岛和北非。

21 世纪 20 年代，土耳其将重新崛起，其实力甚至会超过日本。在与俄罗斯对峙期间，土耳其会在连接爱琴海和黑海的博斯普鲁斯海峡阻断俄罗斯接近地中海（土耳其历史上就控制博斯普鲁斯海峡），因此，俄罗斯历来就视土耳其为阻断其利益的力量。俄罗斯将需要进入博斯普鲁斯海峡，对付控制巴尔干地区的美国。土耳其人知道，如果俄罗斯一旦有这样的机会实现其地缘政治目标，土耳其的主权将受到威胁。因此，土耳其人将致力于同美国联盟对付俄罗斯。

土耳其人将会对美国反俄战略起到一定的作用。美国将鼓励土耳其向北部高加索推进，希望土耳其在巴尔干地区以及南面的阿拉伯国家的穆斯林地区的影响力增加，这将提高土耳其的海军、空军力量和太空探索能力，以挑战黑海地区的俄罗斯。美国将要求土耳其海军与其共同承担地中海的军事任务，阻止俄罗斯在非洲的冒险行动。美国也将尽一切所能，鼓励土耳其经济的发展，这将进一步刺激土耳其正在快速发展的经济。

俄罗斯的第二次解体将提供给土耳其人一个百年不遇的良机。土耳其将摆脱混沌和虚弱的状态，迎来经济实力和军事力量的双重发展。俄罗斯瓦解后，环土耳其各区域的地缘政治将会重组，土耳其不费吹灰之力就将会成为这个地区的主导力量，对各个方向施加压力。土耳其还不会成为一个正式的帝国，但毋庸置疑，它将处于伊斯兰世界的中心位置。

当然，阿拉伯世界对土耳其重新崛起会相当担忧，它们并没有遗忘土耳其人在旧奥斯曼帝国统治时期虐待阿拉伯人的岁月。但本地区唯一能与土耳其抗衡的只有以色列和伊朗了，而土耳其的优势在于它对阿拉伯人不那么排斥。随着阿拉伯半岛的衰退，阿拉伯国家的安全和经济发展都将密切依赖土耳其。美国将视这一发展为积极的步骤。

首先，它会奖励亲密盟友；

其次，它将使不稳定地区逐渐趋于稳定；

然后，它会将一直对波斯湾意义重大的碳氢化合物的供给纳入土耳其的势力范围；

最后，土耳其人会设法遏制伊朗在该地区的野心。

虽然短期内的反应是积极有益的，但其长期的地缘政治影响将违背美国的总体战略。正如我们所看到的，美国造就了区域大国来阻止亚欧大陆上更大的威胁。然而，美国也担心区域霸权，因为它不仅可以演变成区域挑战者，也有可能成为全球挑战者。这正取决于美国将对待土耳其的态度和方法。21世纪20年代末期，美国和土耳其的关系也将变得越来越紧张。

土耳其对美国的看法也将改变。21世纪30年代，美国将被视为是土耳其区域利益的威胁。此外，土耳其可能发生意识形态的转变。

自从奥斯曼帝国垮台，土耳其就一直是一个世俗大国。历史上，土耳其人采取灵活的方法，把宗教当做一种跟信仰系统差不多的工具。在美国不断加强对土耳其遏制的情况下，土耳其可能会转而发现这样做更有利于钳制伊斯兰势力，即不仅把自己装扮成穆斯林力量，还要装扮成伊斯兰力量（与基地组织决然不同），试图建立一个伊斯兰超级大国。这将使阿拉伯穆斯林在该地区的立场从不愿意结盟，转变为积极参与土耳其的扩张（不再计较历史旧账）。因此，美国将面对的是一个潜在的强大势力——伊斯兰国家，该国将统治整个阿拉伯世界和地中海东部。土耳其的政治力量和经济活力的结合，定会对美国构成威胁，其他方面的挑战也会继续出现。[2]

欧盟与俄罗斯的支点：躲在美国身后的波兰

在美国与俄罗斯的对抗中，最热情的参与者将是苏联卫星国，尤其是波兰。从某种意义上说，正如被美国领导一样，波兰人也将影响美国人。面对俄罗斯的重新崛起，波兰已经失去一切，也没什么需要保护的。当俄罗斯再次逼近波兰的边境线时，波兰将通过北约寻求欧洲其他国家的支持。德国和法国对任何对峙都没有兴趣，因此，面对俄罗斯和德国的威胁时，波兰将尽其所能，寻求外部力量的保护，但历史证明，这个方法收效甚微。法国和英国 1939 年声称会保护波兰免遭德国和俄罗斯的侵犯，可并没有起到作用。但美国的做法将有所不同。它是一个年轻、充满活力的、敢于冒险的国家，而且实力不断增强。令波兰惊喜的是，美国将有足够的实力阻止俄罗斯。

欧洲其他国家，尤其是法国和德国，会对美国超越俄罗斯怀有极其复杂的感情。它们不想再经历类似于 20 世纪的冷战了。当所有这些国家的人口减少时，德国和法国可能会欣慰地看到俄罗斯的第二次解体，虽然其人口也下降了，但总数依然庞大。然而，它们不愿意看到美国在北约框架之外依然拥有在欧洲的强势地位。北约实际上是欧洲人用来控制和遏制美国的组织。

德国、法国和其他西欧国家也不会习惯波兰、捷克共和国、斯洛伐克、匈牙利和罗马尼亚突然建立起来的自信。因为同美国强大的双边关系，跟俄罗斯对峙反而会使这些国家感到更加安全，它们通过这种双边关系设法压制俄罗斯的力量。摆脱了对俄罗斯原始的恐惧和对觉醒的德国的不安，这些国家几世纪以来第一次觉得自己是相对安全的。法德的衰退将波及所有欧洲边缘地区，这主要是由人口减少、经济萧条，以及地缘政治的决策失误而放弃同俄罗斯对峙（因此破坏了北约）引起的，最终结果将是一战以来渐渐摧毁法德的信任危机的进一步深化。

因此，对欧洲权力结构将有一个界定。俄罗斯的瓦解将给东欧提供在东部地区采取更积极的外交政策的机会和需求。东欧将成为欧洲最有活力的地区。随着俄罗斯的瓦解，东欧国家将向东扩大其影响力和权力。喀尔巴阡山脉形成的天然屏障，使斯洛伐克、匈牙利和罗马尼亚已成为最不容易受到俄罗斯侵略的国家。在欧洲北部平原的波兰将是最脆弱的，但同时也是东欧最大的、最具潜力的国家。

当俄罗斯四分五裂时，波兰将是第一个想要向东推进，试图在白俄罗斯和乌克兰建立一个缓冲地区的国家。当波兰人想一试身手的时候，喀尔巴阡山脉以东的国家则把势力往乌克兰延伸。500 年来，夹在大西洋沿岸欧洲国家、德国和俄罗斯的争夺之间，东欧一直处于落后地位。随着俄罗斯的瓦解，欧洲秩序将移向与美国有着密切关系的东欧。

波罗的海国家、波兰、斯洛伐克、匈牙利和罗马尼亚之间建立政治邦联是不可能的，因为它们彼此之间有太多的文化和历史差异，但是，这些国家并不是不可能建立一个联盟，尤其是当它们有"向东部挺进"的共同利益的时候。

这正是这些国家将在 21 世纪 30 年代所要做的。利用其日益增长的经济实力和同美国密切合作时所遗留下来的军事力量，它们将结成联盟，并且不反对任何挺进东部的行动。相反，鉴于这种混乱的局面，该地区许多人会将其当做一支稳定的力量。难点是协调行动，避免某些特殊领域的主要冲突。该地区一直以来都矛盾重重，然而，21 世纪 20 年代和 30 年代，东欧国家将尽释前嫌，共同对付俄罗斯。确保俄罗斯不再对自身构成威胁和增加劳动力数量，将成为东欧国家的头两号任务。

我们无法精确地预测东欧的发展进程，但并不难想象爱沙尼亚占领圣彼得堡，波兰占领明斯克，或匈牙利占领基辅的情景，这就好比俄罗斯占领华沙、布达佩斯和柏林。从另一个角度出发，**如果俄罗斯再次解体，东欧不可避免地会掀起一场东扩运动。在这种情况下，波兰将成为欧洲一支主要的活跃力量，但它不是独自行动，而是领导东欧国家联盟。**

由此看来，到 2040 年，欧洲内部的权力平衡会转移到东欧。整个欧洲将面临人口减少的危机，但东欧能通过与美国复杂的金融关系解决这一问题，这也是美国用来与盟国维持关系的传统手段。东欧在绝对经济规模上可能不会超过西欧，但东欧将比西欧更有活力。

这一切对法国和德国意味着什么呢？处于秩序混乱，但法德两国处于决定性地位的欧洲是一回事；处于自身重组，将法德两国抛在脑后的欧洲又是另一回事。英国已驶入美国的经济轨道，伊比利亚半岛也得到了美国的青睐，在这种情况下，法国和德国将面临生存困境。

衰落意味着不再进行大冒险，但它并不意味着丧失生存意志。到 2040 年，法国和德国的辉煌将一去不复返。在人口危机和欧洲地缘政治的重新界定之间，法国和德国将面临一个决定性的时刻。如果不能维护自身利益，由他国决定自己的未来，它们就会从衰落变得无力，而这种无力会成为一种地缘政治性的螺旋，它们将因此一蹶不振。

对法国和德国来说，美国是制约其发展的关键因素。本世纪中叶，东欧会迎来发展高潮，但这是在美国支持的背景下才会发生的。如果美国被迫放弃其在欧洲的权力，东欧就不会有能力和信心来推行其在东部地区的战略计划，欧洲旧秩序就可以继续维持下去，法国和德国的安全也能得到一定程度的保障。

显然，法德不会直接同美国对抗，迫使美国人放弃在东欧的影响力。但是，随着美俄冲突的落幕，美国在该区域的即时利益也将减少。因为美国的力量仍会是不断变化的，其注意力跨度小，所以美国很有可能减少在东欧的注意力。法国和德国可能还会有一次威慑东欧的机会，尤其是当美国把注意力转移到世界其他地方（如太平洋地区）时。

美国对欧洲的胃口可能会在俄罗斯瓦解后立即缩小，但这只是在短期内增强法德的力量。随着美国同日本和土耳其危机的出现和加剧，美国会重新重视自身在欧洲的利益。一旦土耳其人在21世纪20年代开始行动，美国在东欧将拥有非常现实的利益，这足以阻止法德两国东山再起。[3]

2030：不可一世的美国时代

21世纪头20年，俄罗斯的分崩离析将创造一个从太平洋到喀尔巴阡山脉的巨大权力真空。周边地区将对这个权利真空展开激烈的争夺。芬兰将收回卡累利阿，罗马尼亚将收回摩尔多瓦，同时欧洲人和美国人也将在中国建立地方势力范围。这真是一个偷猎时代。

有三个国家有能力也有必要做一些大举动。日本将进行权力扩张，将俄罗斯远东滨海区域和邻国部分地区收入囊中。土耳其也将进行权力扩张,不仅进入高加索地区而且将穿过该地区达到其西北部和南部。波兰领导东欧国家联盟,将向东推进,深入到白俄罗斯和乌克兰境内。

本世纪头 10 年,美国对这一切会静观其变、不动声色,一如它在 20 世纪 90 年代对待世界的态度。波兰、土耳其和日本将是美国的盟国,增加它们的力量也将提升美国的实力。从道义角度出发,可以说,这些国家实际上将有助于邻国的繁荣。

然而,到 21 世纪 30 年代中期,当这三个国家的实力不断积蓄之时,美国又会开始感到心神不宁。到 21 世纪 40 年代,这种不安将会变成彻头彻尾的敌意。美国的第五条地缘政治原则是反对任何大国控制整个亚欧大陆。一时间,会有三个区域霸权同时出现,其中两个(日本和土耳其)将是重要的海上大国——一个在太平洋西北部,一个在地中海东部。这两个国家也都会在太空开发上采取行动、大展拳脚。下一章我们会讨论它们如何在 21 世纪中叶交织在一起,共同影响世界进程。到 21 世纪 40 年代,美国会对一切破坏自身利益的行为作出反应。好戏即将上演。

注 释

[1] 弗里德曼.未来10年 [M].深圳：海天出版社，2011：186～188.

　　我们很难想象还有哪两个国家会像中国和日本这样差异迥然。它们之间的现代战争始于1895年，在那场战争中，日本人彻底摧毁了清政府的北洋水师。此后，经济摩擦把它们变成了不可调和的敌人。

　　日本是个海上工业大国，它的原材料几乎完全依赖进口。而人口众多、地域辽阔的中国则可以自给自足。从日本的工业化历程起步那一天起，就离不开中国的市场、原材料和劳动力，而且他们希望以最优惠的方式获得这些资源。中国需要的则是国外的资本和经验，但却不愿因此受到别人的控制。这两个经济体之间别有用心的相互依赖，导致20世纪三四十年代在它们之间爆发了一场残酷的战争，此间日本人占领了中国的大部分领土。两个国家始终未能摆脱那场战争留下的阴影，而它们之间的敌意和仇恨也只是暂时受到抑制。

　　冷战期间，美国与中日两国维持着千丝万缕、错综复杂的关系。美国不仅需要日本的工业力量辅佐自己，更需要它所形成的天然屏障来阻止苏联舰队进入太平洋。对此日本也心甘情愿。作为回报，美国则向日本的工业产品敞开自己的市场，并且不要求日本为他们的全球军事战略承担任何责任。

　　与此同时，美国与红色中国在怒目和仇视中度过了30年，直至陷入越南泥潭，为寻找共同抗衡苏联的盟友时，才发现了中国的价值。而始终对苏联心存戒备的中国，也接受了美国人的示好。无论中国还是日本，都对美国人与另一方的关系感到不舒服，但美国人在维护这个三角关系方面似乎已经驾轻就熟，因为每个国家都要考虑更重要的事情：中国人关心的是地缘政治，很大程度上是出于对苏联的怵惕；日本想的则是如何实现战后经济的复苏。两国都出于各自的理由而需要美国这样一个朋友。

冷战结束后，这种均势也发生了变化。在日本经济的快速增长期戛然而止时，中国则采用了日式经济建设为中心的成长模式，开始了长期的高速增长。日本依旧是该地区最大的经济体，中国则成为最具活力的经济体，这些非常符合美国的期望。事实上，美国对这两个国家的关注主要停留在经济层面，而不从真正的地缘政治角度去看待它们。总体而言，亚洲事务是财政部及贸易经理们考虑的重点，而不是国防部的当务之急。

西太平洋及东南亚自20世纪80年代以来的稳定局势尤需令人关注，因为在整个20世纪六七十年代，从印度支那到印度尼西亚，再到中国及其他地区，亚洲似乎是世界上最不稳定、最不被看好的地区之一，这里就像一个沸腾的大锅炉，充斥着战争、内乱和不稳定因素。

因此，美国总统必须牢记，亚洲永远是一个变幻莫测的地方，未来10年里，某些现在还被认为不变的东西将会有彻底改观。例如，日本经济走出衰退的同时，中国经济却将面临严峻考验。1970年，我们还一致认为，亚洲是个充满暴力和不安定因素的地方；但是到了今天，它却呈现出一派和平与稳定的景像。这些相互矛盾的结论表明，要正确判断亚洲在未来10年的状况、中日之间的博弈将如何发展以及美国将采取何种政策，都将充满未知的挑战。

[2] 弗里德曼.未来10年 [M].深圳：海天出版社，2011：140～141.

因此，在即将到来的10年中，美国必须确保土耳其不会有悖于自己的国家利益，同时还要防止伊朗和土耳其为了统治以及瓜分阿拉伯世界而相互勾结。土耳其与伊朗对美国的恐惧感越严重，上述事情发生的可能性就越大。从短期来看，美伊之间的和解会让伊朗暂时放松警惕，但他们十分清楚，这只是美国的权宜之计，而不是为了建立天长地久的友谊。相形之下，土耳其不仅更适合作为美国的长期盟友，而且还能够在其他方面，尤其是巴尔干和高加索地区作为阻止俄罗斯勃勃野心的障碍，从而为美国带来好处只要美国能够维持与伊朗达成协议的基本事项，伊朗对土耳其来说就意味着威胁。无论土耳其人有何想法，他们首先要自保，而为了达到这一目标，土耳其必须设法削弱伊朗在阿拉伯半岛的影响以及与半岛北部毗邻的阿拉伯国家伊拉克、叙利亚和黎巴嫩的实力。这种做法不仅能够牵制伊朗，而且还会拉近土耳其与波斯湾地区产油国家之间的距离，从而保证其石油供给并且从中牟利。

在未来10年中，土耳其和伊朗将会进行角逐，而以色列和巴基斯坦则更加关系地区均势问题。从长远角度来看，伊朗不可能对土耳其形成制约，因为后者不仅在经济上更具活力，在军事上也更加先进。更为重要的是，伊朗地势封闭，而土耳其却四通八达，连接着高加索、巴尔干、中亚以及地中海和北非地区，因此有更多机会拉拢盟国从而削弱伊朗实力。从古代起，伊朗的海军力量就相对弱小，而且由于其港口所在位置，伊朗将来也很难发展成为一个海上大国。与此相反，土耳其曾经数次成为地中海的主要强国，而且这一历史还会重演。在即将到来的10年中，我们可以看到，土耳其成为这一地区霸主的态势将会露出冰山一角。有趣的是，虽然我们可以想象土耳其在未来100年中将会扮演至关重要的角色，但是在未来10年中仍然是其蓄势待发的一个过程。土耳其必须设法平定国内政局，同时大力发展经济。该国将继续遵循近年来较为谨慎的外交政策。反之，如果土耳其让自己陷入各种冲突之中无法自拔，那么它就难以对这一地区产生决定性的影响。因此，美国必须懂得从长远的角度看待这个国家，并且避免对其施加巨大压力，影响其发展。

[3] 弗里德曼.未来10年 [M]. 深圳：海天出版社，2011：180~182.

不管美国对欧洲周边国家采取何种战略，但德国依旧是问题的重中之重，在未来一段时间，德国将继续主导很多国家的外交政策。美国不仅需要避免与德国形成直接对立，也不能对欧洲事务置若罔闻。尽管北约已名存实亡，但美国决不能放弃北约，而要以足够的尊重对待所有多边制度和所有欧洲国家，把所有多边机构和每个欧洲国家都看做是不可忽视的力量。换句话说，美国必须对欧洲建立一种常态机制，避免欧洲的周边国家被纳入法德阵营。一旦美国过早地让美欧关系陷入危机，只会加强德国对这一地区的控制力。德国（或者说德国与法国）与欧洲其他国家间固有的紧张关系注定会不断加深。因此，美国根本就没有必要主动去添油加醋，因为承担压力的是德国，而不是美国。与此同时，在这种相对缓和的局势下，美国必须采取必要步骤应对俄罗斯与德国成为盟友的可能性。为此，美国总统必须进一步推进与部分主要欧洲国家的双边关系，而且必须在多边关系框架之外达到这一目的。而最可取的典范就是英国，作为北约及欧盟的成员国，英国始终与美国保持着与众不同的坚实关系。在未来几年里，美国必须在绕开北约的前提下，加强与欧洲周边国家的双边关系，但口头上又不能疏远北约。

不管选择何种关系，其根本目的都是为了加强美国在欧洲国家心目中的盟友关系，美国至少要在表面上接受德国。但某些国家确实关系到美国的利益。譬如，丹麦控制着俄罗斯进入大西洋的出口和美国进入波罗的海的入口。意大利在地中海占有重要的经济和战略地位。与英国保持着比其他欧洲国家更亲密关系的挪威，可以为美国提供战略上的优势，不仅仅是为美国提供军事基地，也关系到美国与挪威石油行业的合作前景。当然，与土耳其的合作，则可以为美国在巴尔干、高加索、中亚、伊朗以及阿拉伯世界提供更大的活动空间。但美国不应把眼光仅仅局限于这些对自己有价值的国家，而是应该放开眼界，总揽全局，还要关注那些会给自己带来负担的国家。德国和法国始终瞧不起美国的战略，认为它不成熟。而美国则应在未来10年充分利用这一点，在不经意间采取有针对性的对策。美国的每一个举动都应让德国、还有法国感觉到，美国并不在意它们的活动。

但这些关系并不是完全独立的，它们或许要让美国在遏制俄罗斯的波兰及"海间联盟"（即斯洛文尼亚、匈牙利和罗马尼亚）等地区付出一定的代价。在这些地区，美国的战略同样需要刻意制造隐蔽和欺骗。

它必须诱使欧洲认为，美国只是在拉拢那些一直想被美国拉拢的国家，如波兰、"海间联盟"的其他国家及波罗的海国家。一旦美国暴露出直接寻求抑制德国或是与俄罗斯制造危机的迹象，都有可能引起欧洲的反弹，从而导致这些周边国家回归欧洲权力的中心。就总体而言，这些欧洲国家并不想被拉进对美国的对抗。另一方面，它们又想寻找一个能对抗巴黎 - 柏林 - 莫斯科这个轴心势力的力量，因此，只要不需要付出高昂代价，他们完全会投入美国或者是英国的怀抱，为自己找到一个保护伞。无论如何，美国都必须阻止俄罗斯与欧洲半岛联合起来，因为这将形成一股美国人无法遏制的力量。

在欧洲问题上，信任至关重要，尤其是对波兰。美国必须从两个方面帮助波兰克服历史阴影。首先必须说明的是，波兰人认为英国和法国在1939年会出兵帮助自己抵御德军进攻完全是自欺欺人，因为地理位置的关系这完全不可能实现；其次，美国还需要提醒波兰的是，波兰人并没有抵抗多久，以至于其他国家根本就来不及出手相助，德国人征服欧洲用了六个星期的时间，但波兰在第一周里就已经向德国人投降了。这样的提醒似乎有点尖刻。但对于波兰及其他欧盟成员国来说，如果不自救，也就不可能被他人所救。

这也是未来10年美国总统必须面对的一个挑战。因此，他必须学会以假乱真，只有这样，莫斯科或是柏林才不会在美国构建制约它们的框架之前，先发制人，加剧与美国的紧张关系。同时，美国还要向波兰及其他国家重申其履行维护相关国家利益的严肃态度。尽管这些事情并非不可为，但要想成功，还需要同时具备罗纳德·里根故作糊涂的本事和富兰克林·罗斯福超凡冷静的心态。总统在表面上绝对不能让人感到智慧超人，即便是撒谎也要让人信以为真。这种伪装的对象并不是未来的盟友，而是潜在的敌人。显然，美国还需要争取时间。在这个问题上，美国最理想的战略就是首先为盟国提供援助，培养和支持本土军事力量，延缓拖住进攻者，或者至少能让他们坚持足够的时间，等待援兵的到来。此外，美国的援助还应该为这些国家的经济增长创造适当环境，既要帮助他们发展和加强本国经济，还要向他们开放美国市场。冷战期间，美国正是通过这种方式说服西德、日本、韩国等国家承担起抗衡苏联的重担。

第 **9** 章

战争前夜
被逼上绝路的日土联盟

    21世纪40年代的美国将进入一段活力四射的时期。随着俄罗斯的持续混乱，土耳其将迅速崛起并成为区域性海洋强国，威慑伊朗和阿拉伯地区。日本将在日美联盟的框架下继续壮大的同时，希望摆脱束缚并将美国逐出西太平洋。作为合纵连横的一环，美国将继续确保一个繁荣稳定的中国来对抗日本，并适度的扶植俄罗斯来对抗土耳其。犹如惊弓之鸟的日本和土耳其逐渐开始走上结盟之路并挑战美国，战争一触即发。

与 20 世纪 90 年代、20 世纪 50 年代或是 19 世纪 90 年代相比，21 世纪 40 年代美国将进入一段活力四射的时期。在经历了 50 年周期性循环之后的 10 ~ 20 年间，美国采取的改革措施开始推动经济发展。21 世纪 30 年代在经济、科技和移民方面采取的大变革将会在这个年代末起作用。因推广机器人技术提高的生产力以及遗传科学增加的医疗机会，为美国经济注入活力。在 20 世纪 90 年代，美国的内部研发（尤其是第二次冷战期间激增的研发能力）将会结出硕果。

　　然而，正如我们曾在历史上无数次见到的那样，国内繁荣富强并不意味着国际的和平稳定。在 21 世纪 40 年代，一个将摆在人们眼前的问题就是：美国与世界上其他国家会有怎样的关系？一方面，美国将会十分强大，它所采取的任何举措实际上都将影响世界上其他国家；另一方面，鉴于俄罗斯的衰退，美国强大到可以不顾及其他国家感受的地步。即便在最缓和的情况下美国也极具进攻性，一旦它下定决心要解决问题时，就会采取无情的毁灭性打击措施。全世界都想要遏制美国，但说起来容易做起来难。几乎所有国家都会避免与美国发生正面冲突，因为对抗美国的风险太高了，而与美国合作的回报则非常可观。这些反对的呼声将会通过不同的方式，用不同的力量得到平息。

21世纪40年代左右，太平洋盆地的未来发展问题最为引人注目并将引起广泛争议。范围缩小点，就是太平洋西北部的问题，再具体点，也就是日本对中国和西伯利亚的政策问题。从表面上看，日本在亚洲大陆日渐呈现出其侵略性本质，因为它在追求自己的经济利益的同时，会干涉他国的事务，就连美国它也敢碰。此外，日本对中国主权的尊重问题和俄罗斯滨海区自决权问题也是21世纪40年代的主要问题。

从更深层次来说，日本的海上力量以及太空军事体系的迅速壮大给美国敲响了警钟。一直从波斯湾进口石油的日本将会增加在中国南海和马六甲海峡的军事力量。21世纪40年代的最初几年，日本将会极为关注海湾地区的稳定性，并开始对印度洋进行探查和巡逻，以保护自身利益。日本将会与太平洋列岛建立起牢固紧密的经济纽带，还会与其达成卫星追踪和控制站协议。美国情报机构将会怀疑这可能用作日本超音速反舰导弹基地。超音速导弹的速度比音速的5倍还要快，到了21世纪中期将会超过音速的10倍，达到每小时8 000英里甚至更快。超声学可以应用于导弹，直接摧毁目标；也可以用于无人航行器，向目标投放军需品然后返航。

日本将会与美国第七舰队分享海域，与美国太空司令部（到目前为止愈加独立的美国军事机构）分享太空。任何一方都不会在海上或是太空挑起争端，两国在形式上将继续保持友好关系。但是，日本会敏锐地觉察到美国人的忧虑，即美国人自视为内湖的太平洋那里横亘着一个难以完全掌控的强国日本。

日本将会十分注重保护本国的海上交通要道，免受南部的潜在威胁，尤其是位于太平洋与印度洋之间的印尼海域。印尼是个多民族多岛屿的群岛国家，本身就是相互分离开来的，现在和将来都会不断地发生分离主义运动。为了获得印尼海域的各个海峡，日本将玩一场复

杂的游戏，激起不同的分离主义运动力量之间的相互对抗。[1]

日本还希望有能力把美国海军驱逐出西太平洋。要想达到这个目标，日本需要做三件事。首先，要在本国岛屿建造并配置超音速反舰导弹，使自身具备对太平洋深海展开攻击的能力；其次，日本将会与美国达成协议，允许在经济上受日本控制的太平洋岛屿上建设传感器和导弹，像小笠原群岛（包括硫磺岛）、马歇尔群岛和瑙鲁岛，日本的策略是，制造障碍以便潜在地阻断美国的跨太平洋贸易和军用运输船；然后，日本将会加强对美国行动的预测能力，日本的人造卫星也会更易于监控美国船只的运行。然而，令美国最烦心的是日本将在太空领域大展拳脚。在太空，日本不仅要建立军备，还要建立商业基地和工业设施。

美国的政策会很复杂，并像往常一样，受到诸多因素的影响。一个强大的中国会对俄罗斯后方造成威胁，这一想法会在 21 世纪前 30 年给美国情报机构和军事部门带来困扰。21 世纪 30 年代，这种困扰变成了国务院的固有观念，美国会一路坚持自己的旧有政策。因此，美国将继续履行承诺，确保一个安全稳定的中国。然而，这将成为 21 世纪 40 年代以来美日关系的主要摩擦点。很明显，日本对华政策有悖于美国保持一个稳定中国的想法。到 21 世纪 40 年代末，华盛顿与北京日益密切的关系将会激怒日本。

2050 年的土耳其：走上神坛还是陷入泥潭？

随着俄罗斯的第二次解体，土耳其将果断地向北推进至高加索山脉。土耳其将以军事干预和政治结盟的形式展开此次行动。同样重要的是，土耳其的大部分影响力是经济上的，其他国家会因为需要新的经济力量而与土耳其结盟。土耳其的影响力会势不可挡地向北扩展，跨过高加索山脉进入俄罗斯和乌克兰，在政治上左右摇摆不定的顿河和伏尔加河谷一试身手，甚至继续向东扩展到俄罗斯的农业中心地带。穆斯林土耳其人将会对同为穆斯林的哈萨克斯坦产生影响，把土耳其的力量扩展到中亚。黑海将会变成土耳其的内湖，克里米亚半岛和敖德萨的贸易也将依赖土耳其。土耳其将在这个地区进行大规模投资。

俄罗斯会在解体之前与南土耳其建立联盟体系，就像冷战期间那样。俄罗斯的衰退将会引发一条从地中海东部的黎凡特到阿富汗的动荡地带。土耳其完全没兴趣插手伊朗事务，并对伊朗在国际上的孤立形势感到满意。但是，叙利亚和伊拉克的社会动荡则会直接影响土耳其的利益，尤其是库尔德人独立后会开始思考重新建立自己的国家。没有俄罗斯的支持，叙利亚和伊拉克变得势单力薄，并且会因由来已久的国内冲突而四分五裂。由于不稳定的危险向北扩展和其他大国填补空缺的威胁，土耳其将向南推移。当然，土耳其人不想让美国进入伊拉克：在 21 世纪初期，他们将对此感到极度厌烦。

巴尔干半岛在这个时期也会陷入混乱。随着俄罗斯势力的削弱，它在巴尔干半岛的同盟也会受到牵连，造成区域性的不平衡。匈牙利和罗马尼亚将会试图填补这些空白，除此之外，希腊（土耳其历史上的敌人）也跃跃欲试。作为新的区域大国，土耳其将会因该地区大规模的动荡插手巴尔干半岛事务。土耳其将会与巴尔干半岛的穆斯林国家波斯尼亚和阿尔巴尼亚建立起密切的关系，后两国将力图扩大自身的势力范围——不是出于侵略性的欲望，而是出于对其他国家扩张意图的恐惧。

从地理角度来说，这个区域的任何大国都只有一个实质目标，那就是控制地中海东部和黑海。重要的是：土耳其曾是在历史上既有陆军力量又有海军力量的国家。欧洲大国越靠近连接黑海和爱琴海的博斯普鲁斯海峡，对土耳其来说就越危险。土耳其对博斯普鲁斯海峡的控制意味着它能迫使欧洲大国退出巴尔干半岛，或者说至少可以坚决地阻止它们向巴尔干半岛扩张。因此，插手巴尔干半岛事务对土耳其成为主要地区大国来说是势在必行。

到 21 世纪 40 年代中期，土耳其会真正地成为主要地区大国。它将会建立深入俄罗斯的关系网，将其农业产品和能源运往土耳其境内。土耳其将控制伊拉克和叙利亚，随着石油和天然气（美国经济发展的动力）的减少，土耳其的势力范围将会延伸到沙特阿拉伯半岛。土耳其将向西北推进自己的势力范围，深入巴尔干半岛，在那里，它会与美国的主要盟国——匈牙利和罗马尼亚发生冲突。后两国也会把它们的势力向东推进至乌克兰地区，这样就会与土耳其延黑海北海岸的势力范围交叉重叠。从游击战到当地的常规战，所有冲突将会以土耳其为中心爆发。

土耳其将会根据本国需求继续增强本已非常强大的武装力量，包括强大的陆军、海军和空军力量。土耳其把武装力量开进黑海来保护博斯普鲁斯海峡，并突进亚得里亚海来应对巴尔干半岛突发事件，这些都需要海军力量。事实上，土耳其还需要在远达西西里的地中海东部取得统治地位。需要保护的不仅是博斯普鲁斯海峡，奥特朗陀海峡和亚得里亚海通道也需要受其控制。

土耳其将会使在东南欧的美国同盟国感到紧张，而且它的实力增长会使意大利陷入极度不安。当本来就不稳定的埃及面临国内危机时，转折点就会出现，土耳其将作为穆斯林的领导力量把军队开进埃及以稳定形势。一时间，土耳其的维和部队会出现在埃及，控制苏伊士运河，并像以往那样从北非向西推进。如果土耳其能抓住机会，它将会成为欧洲南部大陆上的决定性力量。当然，以色列仍将拥有强大的军队，但已被视为友好国家的土耳其作为一个穆斯林国家，将会利用其强大的实力封锁以色列并向其境内驻军，使其变成土耳其的驻军基地。

如果能控制苏伊士运河，土耳其的机会将会接踵而至。土耳其已经向南推进到了阿拉伯半岛，而且将对阿拉伯的反抗势力展开围剿。土耳其的陆路补给线会变得紧张，如果能控制苏伊士运河，土耳其就能通过红海输送军队。这将稳固土耳其对阿拉伯半岛的控制，保持对伊朗的威慑态势，封锁伊朗港口并从西部对伊朗进行攻击。土耳其并非真的要采取这两项行动，但仅仅是这些行动所构成的威胁就足以震慑伊朗，这正合土耳其的心意。

让美国感到不安的区域性海洋强国

土耳其干脆一不做二不休，跨过红海，进入印度洋盆地。土耳其会把注意力集中在波斯湾，巩固对阿拉伯半岛的控制，因为那里仍有重要的石油供给线。这样，土耳其将变成日本一个重要的安全隐患。两国都有突出的经济、军事实力。两国在维护霍尔木兹海峡与马六甲海峡的海上交通要道上有着共同的利益。因此，虽然有微小的摩擦，但两国将有重大的利益汇合点。

很明显，土耳其以海上强国的姿态在这一地区崛起，这给美国敲响了警钟，而同期日本的迅速崛起使得形势变得更为严峻。土耳其和日本在印度洋上低调的合作令美国极为不安。土耳其和日本在波斯湾和西北太平洋分别具有压倒性优势。美国在印度洋上仍然处于统治地位，但在太平洋区域，这种趋势不会再向前推进了。

同样令美国烦恼的是，土耳其将以何种方式召集上一代伊斯兰运动残余分子，如何为它在此地区日益强大的势力增加意识形态和道德伦理的砝码。随着土耳其影响和实力的不断增强，它所形成的不仅仅是强大的军事力量，这无疑会使美国和印度陷入不安。

美国将与印度保持长期的合作关系，这可以追溯到 21 世纪早期美国同伊斯兰圣战者的战争。然而国内分裂的印度不会成为全球性的经济力量，只会成为重要的地区性大国。对于信奉穆斯林的土耳其人进入阿拉伯海，印度会深感困扰，担心将来土耳其会把势力扩张到印度洋。印度的利益会与美国的利益密切相连，因此美国将在印度洋上建立起与在太平洋上同等水平的军事力量。美国会与印度这个幅员辽阔、人口众多的大陆国家建立联盟，遏制更有活力的海洋小国。

随着这个过程的逐步推进，日本与土耳其这两个地处亚洲两端的国家的势力会得到巩固。为在亚欧大陆扩大各自的经济利益，土耳其和日本会调动海上力量进行支援。另外，两国会加强太空合作，有计划地发射有人或无人驾驶的太空设施。日本在科技方面领先于土耳其，但是土耳其发射太空设备会使日本在对抗美国时增加自身的安全性。这种合作是造成美国不安的另一个来源。

到本世纪中叶，土耳其的影响力将会扩展，并深入到俄罗斯和巴尔干半岛。土耳其会与波兰和其他东欧国家发生冲突。土耳其将成为地中海地区的主要力量，控制苏伊士运河并将其力量扩张到波斯湾。土耳其将威胁到波兰、印度、以色列，尤其是美国。

波兰：尴尬的大国角力场

一直以来，波兰的噩梦就是同时遭到俄罗斯和德国的进攻。一旦遭袭，波兰就会像1939年那样，没有幸存的指望。21世纪20年代，俄罗斯的第二次解体会给波兰崛起创造动力和机会。俄罗斯没有其他选择，只能尽量向西延伸，所以波兰会想要把自己的边界向东推进。

从历史上看，波兰很少有这样的机会，它曾经受到三个帝国——俄国、日耳曼和奥匈帝国的挤压和统治，但在17世纪，面对当时尚未统一的日耳曼德国和在西部还不强大的俄国，波兰曾有机会向外扩张。

一直困扰着波兰的是其南部的动荡。21 世纪 40 年代，这个问题将不复存在，因为其他毗邻俄罗斯的东欧国家也都急切地想要向东扩展。1991 年的教训仍鲜活地存留在它们的脑海中。但是这个东欧联盟仍然要面对另一个问题，那就是经济问题。自从 1871 年统一后，德国就成为欧洲经济的发动机。即使"二战"后失去了政治意向和信心，但它仍然是欧洲大陆上最强势的经济力量。

2020 年以后的情况就不再相同了。德国经济会被人口老龄化所拖累。德国一直倾向于建立庞大的经济体系，这会使生产率长期处于低谷，延缓经济的发展。中欧和西欧的众多问题将殃及德国。但是，东欧可以挺过第二次冷战（与世界头号科技强国美国结盟）。冷战是最可怕的战争，它会让你的国家生不如死。第二次冷战期间发展的科技能力将使美国抢尽先机，而波兰将淹没在美国的高科技中。

如果只凭一己之力，德国既没有欲望也没有能力来抑制以波兰为首的东欧国家集团（这点将在下文讲到）。德国人会痛苦地意识到自己的未来。用不了多久，波兰的实力将会超过中欧和西欧，这正是德国以前的梦想。波兰将会同化和开发原俄罗斯帝国的西部地区，建立一个强大的经济体。

波兰国家集团的核心弱点是，它位于内陆。它会在波罗的海拥有自己的港口，但那些港口很容易被具备一定海上实力的国家封锁。斯卡格拉克海峡会是一个危险点，这是因为：如果斯卡格拉克海峡是波兰的唯一出口，波兰通向美国或是世界上其他地方的海上供给线将极易受到攻击和封锁。此外，唯一的选择就是在亚得里亚海寻找港口。历史上靠近匈牙利的克罗地亚将会控制里耶卡港口，虽然这港口十分狭窄，但自有它的用处。

使用里耶卡港口存在两个问题，它们都与土耳其有关。首先，土耳其的势力将深入巴尔干半岛，而匈牙利和罗马尼亚的力量也会深入那里。在巴尔干半岛历史上，国家的敌对情绪会使得宗教情结复杂难解，这次也是一样，局势会变得动荡不安。土耳其不想看着波兰国家集团向地中海扩张，它将会利用波斯尼亚与克罗地亚的紧张形势来制造不稳定。即使波兰向地中海扩张，对亚得里亚海和地中海的利用权也不会握在只拥有简单商船队的波兰国家集团手中，而是取决于对奥特朗托海峡的控制。对波兰国家集团来说，另一个选择是进攻德国和丹麦来夺取斯卡格拉克海峡，但波兰这样做的机会为零。

波兰集团会在两个地区与土耳其发生冲突。一个是在巴尔干半岛为地中海的使用权而引发冲突；另一个是在俄罗斯，通过乌克兰向西扩张的土耳其会与向东扩张的波兰交锋。这个地区的冲突不像巴尔干半岛的冲突那么激烈，尚且存在很大的回旋空间，但也属比较重要的问题。没有国家曾在乌克兰和俄罗斯南部确立过势力范围。假设乌克兰对波兰和土耳其有敌意(16、17 世纪乌克兰就与波兰呈敌对状态)，任何一方都可以用令对方难堪的方式来给彼此制造麻烦。

四面楚歌的"美国代理人"？

在这个节骨眼上，波兰急需美国的支持。只有美国有实力在地中海与土耳其对抗。美国也倾向于这样做，它希望看到新的亚欧力量自行建立起来。但土耳其离到达那个目标还有很长的路要走。美国在亚欧地区的战略指针是，在任何国家发展壮大之前使其分裂，并阻止任何海上力量的崛起，所以从理论上讲，美国会设法抑制土耳其的壮大。

同时，美国的政策显示与其直接采取行动，不如资助其他有意反对土耳其的地区大国。不同于土耳其，波兰国家集团不会立即对美国利益产生威胁。因此，美国的策略是避免自身陷入战争泥潭，对波兰提供科技支持，这样美国就能利用波兰达成自身的战略目标。

到 2045 年左右，波兰国家集团将攻下里耶卡港口，吞并斯洛文尼亚和克罗地亚。两国将寻求波兰国家集团的保护来对抗巴尔干半岛的敌对国，如塞尔维亚和波斯尼亚。在与两国的临界地，波兰会大规模加强力量。波兰国家集团拒绝接纳塞尔维亚，因为波兰和其他国家不想陷入塞尔维亚的政治泥沼。借助于美国的科技力量，波兰将迅速实现一体化并发展海上和太空科技，用来在亚得里亚海和地中海对抗土耳其。波兰国家集团的发展速度惊人，土耳其将意识到自己面对的挑战不仅来自波兰国家集团，还来自美国。

德国会在临近边界处焦急地注视着这场危机，很明显它会支持土耳其。德国不会采取行动，但如果土耳其被波兰国家集团打败，德国会充分意识到严重的后果。那样的话，如果波兰国家集团没有分裂，并利用自身大多数的欧洲资源（外加中东的资源），波兰就会发展成苏联那样的规模。德国很清楚当美国扶持波兰国家集团在东欧获得统治地位后就会对其展开打击，到时德国就会处于美波对抗的风口浪尖。一旦波兰有实力控制东欧，美国将不得不采取措施阻止波兰控制西欧，这意味着德国又一次变成了潜在的战场。波兰国家集团成功控制东欧将为德国带来威胁。

因此，德国出于自身利益考虑，会千方百计尽可能地帮助土耳其，但不会发动战争。但是土耳其需要的帮助是扼死波兰国家集团，关键是使波兰国家集团孤立于美国和全球贸易之外。如果土耳其能够在亚得里亚海孤立波兰，德国就会采取措施来遏制波罗的海诸国，那么波兰国家集团就会陷入极度的危险。但是德国要这样做必须先确定土耳其能够取得胜利，还要确定美国不会出全力插手当地事务。然而这两点德国都不能确定，所以只能伺机而动。

美国也会在全球范围内伺机行事，它将为波兰国家集团提供武装以鼓励它对抗土耳其。美国会帮助加强印度在印度洋上的实力，促进中国和韩国发展壮大，在太平洋和地中海建立美国势力范围。美国会尽可能地遏制日本和土耳其，但不会采取直接的对抗行动。土耳其和日本都清楚地知道，美国给同盟国提供装备来保护自己的实力，这在历史上早已有之。美国的这一政策将导致一个后果，那就是土耳其和日本在美国这位"代理人"不断插手当地事务的情况下，将面临巨大的灾难。这将会导致紧张局势大规模升级。

20 世纪 40 年代美国的合纵连横

一个世纪以前，美国在多重边境上面临危机：20 世纪 40 年代，德国和日本同时对美国的利益造成威胁。在那种情况下，美国采取一系列加强区域联盟的策略，协助英国和俄罗斯反对德国，协助中国反对日本。现在，一个世纪过去了，美国将再次采取这种长期行动。美国不会占领或摧毁土耳其和日本，更不用提德国了。美国将采取防御措施，阻止其他势力崛起。它不会采取进攻策略（在特殊情况下也有可能）。美国的策略是降低在任何时期发生的能够引起潜在敌对的威胁，这些威胁会使美国陷入无法结束却又不能轻易放弃的两难困境之中。在这种策略里，美国总会宣扬本国自由和民主的价值观，把日本和土耳其描绘成具有侵略性的、破坏国家主权的、侵犯人权的国家。

除了公共外交以外，还有一系列更加直接的挑战出现。

第一个挑战就是经济。美国市场广大，是日本巨大的销售市场，在较小程度上，也是土耳其产品的销售市场，而且美国依然是新科技的主要来源。因此退一步说，被美国市场和美国科技拒之门外是痛苦的。美国会停止一些科技产品的出口，尤其是那些潜在的军事设备，限制日本和土耳其的部分产品的进口。

同时，美国会在朝鲜和印度支持一系列民族主义运动。美国会通过波兰国家集团支持俄罗斯和乌克兰在土耳其势力范围内进行的民族主义运动。美国将把主要精力集中于巴尔干半岛和北非，尤其是埃及。在巴尔干半岛，波兰国家集团（严重地依靠克罗地亚）将清楚表明不会与克罗地亚的宿敌塞尔维亚结盟，由此与土耳其之间建立了某种类似缓冲区的地带。美国将开始新的侵略计划，支持塞尔维亚反对土耳其，促使其扩张到马其顿地区。希腊是土耳其宿敌，它将会变成美国的亲密盟友并支持美国的举动，但不会与波兰国家集团正式结盟。

从地缘政治学的观点出发，并不难预测这些联盟的动机和动向。就像我说的，它们遵循良好的模式，这种模式在几个世纪的历史中根深蒂固。我要做的就是看这种传统的模式如何在 21 世纪的大环境下发挥作用。在这个特殊的地区里，美国开始支持反对土耳其的行动后，巴尔干半岛将变得危机四伏。土耳其在这个地区放置了大量的资源，它的主要任务是自卫。土耳其尽力保护博斯普鲁斯海峡和其他小国。如果土耳其撤退了，它的权威性将遭到严重的质疑。

美国还将试图支持在埃及和阿拉伯半岛的阿拉伯民族独立运动。土耳其在彰显实力时会小心翼翼，不会过分好斗贪婪，然而反土耳其情绪仍会蔓延。这种民族主义感被美国激发出来，当然美国并不是真诚地希望它有何进展，而是为了削减土耳其的实力。土耳其将会关注美国对波兰国家集团和北非的援助。美国的目的是改造和限制土耳其的行为，但任何干涉行为都将被土耳其视作对其基本国家利益的挑战。

无懈可击的"战斗星"堡垒

在此期间，**美国将采取的最有威胁性的行动是在海上，然而真正实际的举动不会发生在海上而是在太空**。21 世纪 30 年代，美国将开始启动适度抑制太空商业化的程序，尤其在能量生产方面。到 21 世纪 40 年代中期，太空计划在某种程度上取得了重要进展，但是仍需巨额拨款补贴，尚处在研发阶段。在太空商业化期间，美国会提升在太空机器方面的能力，只有最困难、最复杂的工作才会动用人力。美国创建了坚实的基础设施，使其远远领先于其他国家。

因为希望通过发挥在太空中的制衡优势来改进对地球的统治，美国将继续建设太空基础设施。它将逐渐抛弃用汽车把大量军队送到千里之外的昂贵无效的策略来展示实力，取而代之的是，美国将在本土建立极超音速的无人航行器。受地球同步轨道的太空指挥中心控制，我将这种太空堡垒平台称为"战斗星"（Battle Stars）。到本世纪中期，极超音速航行器和导弹将具有超过音速 10 倍的速度，大约每小时8 000 英里。从夏威夷发射的导弹能在半小时内击中日本海面上的船只或是中国东北的坦克。

美国还会创造（十分保密地，因为上世纪的条约仍然有效）由太空发射的破坏性导弹，该导弹能以极快的速度攻击地面上的目标。如果这个平台被地面通讯拦截，平台能在准确的时间和精确地点发射大量炸弹的战斗系统（基于先进的太空智能），这将会自动导致太空战。

21 世纪的战争需要精准的通讯。最重要的是持续的太空战争将使主要的司令部和控制设备转移到太空。到那时，太空中获得的图像要通过一系列的人造卫星传到地球，然后将指令发送到极超音速武器系统，这大概需要几秒钟时间。重要的是，线路越多失败的可能越大，而且信号可能已被敌方截获。敌方可能会攻击地面的指挥中心、接收器和传送器。相较之下，位于太空的指挥中心更加安全持久，因为它拥有不易受武器和人员干扰的通讯系统。

这些系统中的大部分科技今天仍处于起步阶段，但到本世纪中期，它们会迅速发展起来。我将告诉你，科技世界实际上是怎样的。当然，我不是在写《星际大争霸》（*Battlestar Galactica*，70 年代星球大战电影热潮中制作的一套经典科幻电视剧。——译者注）。这些预测是基于现实科技的关于未来科技和战争计划实实在在的想法。太空平台（Space-based platforms）将有超一流的感测设备和指挥控制系统。各个"战斗星"太空堡垒将控制无人操作的附属平台，正是这些附属平台支持着战斗星太空堡垒系统。它们能看到高清晰的地球表面，根据需要操纵极超音速航行器，通常在几分钟内击中目标。它们能袭击路旁的爆炸装置或是靠岸的舰队。只要它们能看到目标，就能击中目标。

鉴于在21世纪30年代太空建设计划中的教训，我相信美国的未来计划将需要创建三个太空堡垒系统。主要的太空堡垒将位于地球同步轨道——秘鲁海岸的赤道上。第二个太空堡垒将位于巴布亚新几内亚上方，最后一个位于乌干达上方。这三个太空堡垒以几乎精确的间隔排列，把地球三等分。

大多数国家会对太空堡垒系统的建立感到不满，日本和土耳其将尤为惊慌。一个太空堡垒预定在土耳其南面，另一个在日本南面，运用自身携带的传感器和遥感器（它们绕地球转动），它们长时间来监控日本和土耳其，就像是指在这两个国家头上的枪。最重要的是，它们能够在一瞬间对两国实施不可阻挡的封锁。太空堡垒不会让美国直接占领土耳其和日本，但却能极大地遏制两国。

尽管新的太空系统将要计划好多年，但美国会以惊人的速度将其投入使用。由于2040年前后的快速发展，系统会在21世纪40年代的后5年内完全投入使用……由于还有争议的存在，不妨定在2047年吧。它的发展基于一个假设的前提——太空堡垒是无懈可击的，任何国家都没有能力击毁它。这是以前美国对战舰、航空母舰和隐形轰炸机所做的假设。美国认为没有任何国家能与其科技力量相媲美，所以美国的军事计划总有一种内在的自大感。尽管实际上依然存在很大风险，但整个太空计划看起来无懈可击，这将加快整个太空系统的研发进程。

美国肆意操纵的战争游戏

　　美国将通过太空堡垒的发展、太空控制新一代武器的引进、侵略性的政治行动和经济压力来遏制日本和土耳其。从日本和土耳其的观点来看，美国的要求偏激、蛮横无理。美国会要求两国的军队撤回本国边界，并保证美国在黑海、日本海和博斯普鲁斯海峡的通行权。

　　如果日本答应这些条件，它的整个经济结构就会被颠覆。至于土耳其，经济巨变在所难免，政治上的混乱也会将其重重包围。此外，美国会对波兰提出不平等的要求。事实上，美国将要求土耳其移交巴尔干半岛、乌克兰和俄罗斯南部给波兰，这将使高加索再次陷入混乱。

　　美国实际上不期望土耳其和日本认输，这些要求只是美国向这些国家施加压力的平台，限制其发展，增加其不安全感。实际上，美国不期望任何国家回到 2020 年的位置，只是想阻碍它们未来的扩张。

　　然而，日本和土耳其却不这样看待这个问题。从它们的角度来看，假定的最好情况是美国想通过制造棘手的国际问题这种老套路，来把它们的注意力从紧迫的议题上移开。最坏的情况是美国计划封锁它们的国际舞台。无论如何，土耳其和日本都毫无选择的余地，只能做最坏的打算——准备反击。

　　在太空领域，土耳其和日本没有美国经验丰富。它们能够建立载人航天系统，并在此基础上建起自己的侦查系统。美国的军事能力是遥不可及的，所以理所当然地，在一段时期内美国会重新考虑自己的政策方针。然而，日本和土耳其却都不具备重新调整战略的能力。

　　美国并不打算与日本或土耳其开战。它的意图只是打击两国，抑制两国的活力，使其更容易接受美国的要求。结果想要遏制美国力量的土耳其和日本，就会自然联合起来。到 21 世纪 40 年代，战争的科技手段能轻易形成国家间的紧密联盟。太空打破了地缘政治学的平衡。

从更为传统的角度来看，土耳其和日本也会彼此支持。美国的力量集中在北美，而日本和土耳其在亚欧大陆具有坚实的力量。

这样，有着确定目标的自然联盟就形成了。日本沿着太平洋海岸，到2045年将势力扩展到亚洲群岛和大陆。土耳其的影响范围将会扩展到中亚，甚至到中国西部的穆斯林区域。因此，土耳其和日本合作的可能性是存在的，它们会建立横跨亚欧的力量，与美国抗争。

美中不足的是，波兰和土耳其的影响不会渗透过巴尔干半岛，但这并不会影响土耳其和日本的联盟。即使只有一个欧洲国家加入联盟，波兰就会有大麻烦了。波兰的资源和注意力将被转移，使土耳其在乌克兰和俄罗斯毫无约束，这给土耳其和日本的联盟锦上添花。日本和土耳其最顾忌的欧洲国家是德国。它们认为，如果德国能被说服，就会对美国支持的波兰造成极大的威胁，这三重压力足以使美国的行动更加谨慎，那么亚欧大陆的安全和联合资源的开拓便成为可能。

德国短时间内不会相信美国会被阻止。实际上，德国是害怕这三重压力会立即促使美国扣动战争的扳机。德国还考虑到如果波兰集团被消灭，不久后就要在多瑙河盆地与土耳其碰面。所以尽管我认为德国是最有可能加入土耳其和日本联盟的国家，但这种可能性很小。如果美国加入了与土耳其和日本的战争，与波兰结成联盟，波兰可能会在那场战争中受到严重的创伤。那样的话，德国晚一点介入，风险会比较低，获利会比较可观。如果美国直接获胜，德国的情况不会比原本更差。如果美国与波兰双双战败（至少有可能是这种结果），那么德国可以加快进攻的脚步，击退对方。静观其变才是德国的明智之举，这就是将会发生在21世纪中叶的一场战争游戏。

另一个可能结盟的对象是墨西哥（虽然可能性非常低）。回想一下，墨西哥曾在一战期间受德国邀请加入了联盟。尽管还活在美国的阴影下，但新世纪的前50年里墨西哥会迅猛发展，到21世纪40年代末它已经成为主要的经济国家。2030 年美国新的移民政策出台后，墨西哥人将会大量的向西南边界流动。这给美国带来了诸多麻烦，但就 21 世纪 40 年代末墨西哥所处的状态来说，它几乎不可能加入反美联盟。

土耳其和日本被美国逼上了绝路

当然，美国的情报机构将会掌握东京和伊斯坦布尔（届时，土耳其首都会从安卡拉迁移到伊斯坦布尔）间的外交密电，同时密切关注德国和墨西哥的动向。届时，美国会意识到形势的严峻性，如果战争爆发，日本和土耳其会联合作战。虽然两国不会签署形式上的合作协议，但美国所面对的不再是两个独立的、易管理的区域性国家，而是一个支配亚欧大陆的联盟，这正是美国最初所恐惧的。这就回到了我在这本书前几章中讨论过的主要策略问题上。如果控制亚欧大陆，日本和土耳其的联盟就不怕受到攻击，两国可以集中力量面对来自美国在太空和海上的挑战。

美国会以在历史上实施过多次的策略作为回应，在经济上向两国施压。两国的经济很大程度上依赖出口，全球性人口增长放缓使两国举步维艰。美国将来将组织一个新的经济团体，在这个经济团体内的任何国家只要停止向土耳其或日本采购产品，转向第三地（不一定是美国），美国就会给这些国家最惠国待遇。换句话说，美国会微妙地对日本和土耳其产品进行抵制。

另外，美国将开始限制对两国的科技出口。例如，美国在机器人技术和遗传学上的成果会对土耳其和日本的高科技能力造成极大打击。最重要的是，美国会大力对中国、印度、波兰和其他在俄罗斯境内大力抵制土耳其和日本的力量进行军事支援。美国的策略是尽可能多地给两国制造问题，以便阻止两国的联合。

　　然而，美国在太空的频繁活动是日本和土耳其最大的麻烦。太空堡垒平台的建立，会使两国确信美国对发动必要的侵略性战争是早有准备的。到21世纪40年代末期，根据美国所有的行动，日本和土耳其终于摸清了它的意图，结论就是美国将要攻打它们。两国还得出结论，只有建立一种具有威慑力的联盟才能彼此保护，或者更加确定美国无论如何都打算开战的决心。一个正式的联盟因此建立起来，它的建立将激发贯穿亚洲的穆斯林的活力，使他们重返权力舞台。

　　伊斯兰狂热势力的复兴因美国与土耳其的对抗而聚积起来，并蔓延到东南亚。这使在联盟条约下的日本有使用印尼海的权力——日本还会长期出现在太平洋群岛。这意味着美国对太平洋的控制和对印度洋的使用权不再稳定。但有一件事是肯定的，那就是即使美国将面临来自日本和土耳其的挑战，但这两国永远不可能挑战美国的太空战略力量。

　　美国人将把日本人和土耳其人逼上绝路，尽管美国现在对此结果感到惶恐不安，但仍对自身处理问题的决断能力感到得意洋洋。美国不会将这个结果视为一场热战，而是另一场冷战，如同与苏联进行过的冷战一样。这个超级大国相信，没有一个国家胆敢发动真正的战争，向它发起挑战。

注　释

　　[1] 对日本的崛起感到最不安的就是太平洋沿岸的另一个大国：美国。早在第二次世界大战之前，日本主要从东南亚和东印度群岛进口原材料。为了确保这些资源供给，日本需要建立大规模军队，尤其是海军力量。在19世纪末才成为海上军事强国的美国则认为，随着日本海上力量的强大，他们迟早有一天会把美国赶出太平洋。实际上，作为一个工业强国和海上军事大国，日本人似乎已经威胁到了美国的安全。而美国在发展海军实力防御日本的同时，也给日本的安全带来了威胁。然而，依赖进口所致的与生俱来的不安全感，再加上美国人的不可预测性，注定会驱使日本不断减少对外依赖性和外交风险。

第 **10** 章

美国VS日土联盟
一场胜券在握的战争？

随着美国与日本、土耳其矛盾的不断激化，21世纪中叶的某一天，战争终于打响。此次战争也是一场技术革命，特别是以高超音速无人飞船为代表的精准打击彻底终结了全面战争。同步轨道及低轨道太空战略的运用，使得此次战争成为了名副其实的太空战。纵然日本在月球建立了基地，面对美国无懈可击的太空堡垒，日土联盟的一切攻击都显得徒劳。战争的结局似乎早已注定。

最初的战争开始于 21 世纪中叶，届时美国将对日本和土耳其的联盟施加巨大的压力，但是美国并不打算开战或摧毁日本和土耳其，它只希望搅乱这两个国家的联盟计划。然而，日本和土耳其却不这么认为。两国的人民认为美国正在试图毁灭他们。他们也不希望爆发战争，但是对美国的恐惧感迫使它们联合起来。两国表示会努力就此事和美国交涉，但美国人坚称让两国解除联盟关系的要求合情合理，日本和土耳其人民却把美国的要求视为生死攸关的重大威胁。

我们可想而知这之间的三个重大战略冲突。其一，美国人试图阻止亚欧大陆增强地域性实力，因为他们担心亚欧地域性实力的强大会成为一种新的霸权，而日本需要在亚洲占有一席之地，这样才能更好地处理其人口结构和原材料问题，这就形成了一大冲突；其二，由于日本的强大，它将控制太平洋西北部，而土耳其也将会成为目前处于极度混乱状态的三大洲的枢纽，这是美国不希望看到的第二个冲突；其三，一旦混乱加剧，美国就不得不努力维持该地区的稳定。所以日本和土耳其的这些行为将引起美国的担心和焦虑，但日本和土耳其认为，只有这样做它们才能生存。

彼此之间是不会达成和解的，因为美国的每一次让步都将招致它们新的要求，而日本、土耳其每一次的拒绝都令美国更加恐惧。所以，只能选择臣服或开战，而开战似乎是更谨慎的选择。日本和土耳其也不期望摧毁或占领美国，相反，它们只想和美国就利益方面达成共识，希望它能保证日本和土耳其原本的势力范围。在它们看来，这一范围绝不会影响美国的根本利益。

由于日土联盟无法击败美国，所以它们的目的是在冲突爆发初期给予美国一次严重的挫败，这样才能使美国处于暂时的劣势。因此，在美国很可能引起这样一种意识，即战争将会比和解消耗更多，风险更大。土耳其和日本希望美国在经历了繁荣和对墨西哥崛起的不安后，能停止扩大战争，接受一个合理的协商协议。尽管它们知道如果美国不同意达成这样的协议将会有很大的风险，但它们已别无选择。

从这一角度来说，第二次世界大战将会重演。一些弱小国家试图使世界的权力达到新的平衡状态，只好求助于发动一场快速的先发制人的战争。战争将会以突袭和出人意料的方式发生。21 世纪中期和20 世纪中期的战争在很多方面都很相似。战争主旨一样，但战争实际却截然不同——美国和日本、土耳其的冲突将会标志着新时期战争的到来。

核武器和载人航天引发的战争变革

第二次世界大战标志着欧洲统治时期的结束。在那段时间存在着两种战争模式，它们有时同时发生。一种是全球战争(global war)，即全世界到处都是战场。另一种是全面战争(total war)，即所有社会成员都被动员起来，以各种形式参战。在"二战"中，一个国家的社会全员都被调动起来，要么踊跃参军，要么为部队提供保障。在20

世纪这样的全球战争中，士兵和平民百姓已经没有什么差别。不管是全球战争还是全面战争，都演变成了前所未见的大屠杀。

用于发射子弹、炮弹、炸弹的弹道武器出现以后，全面战争的本源也随之被发掘。弹道武器是一种一旦发射就不能改变路线的简单型武器，这就决定了它们的不准确性。士兵投射一枚子弹或发射一颗炸弹时，一面要注意眼手之间的协调，同时还得躲避敌人的袭击。所以，在"二战"中发射体击中目标的几率低得令人吃惊。

既然投射的准确率极低，唯一的解决办法就是增加投射次数，所以战场上到处都充斥着子弹、炮弹和炸弹。这就意味着需要大量的武器和士兵。随着士兵的增加，军火和粮食的供给也必须增加，而这也需要很多人生产和运输供给品。在"二战"期间，汽油几乎对于所有的武器系统都是至关重要的，而开采、精炼、运输石油这个任务所消耗的精力远远超过它在战场上发挥的作用。

20 世纪的战争是这样的：只有全社会都被动员以直接或间接的方式投入到战争中，战争才会取得胜利。战争消耗了社会的一切，因为当时只有彻底地摧毁敌人的社会体制，增加敌方的人口伤亡数量，破坏对方的基础设施，使它们再也无力生产武器和补给军队，才能够获得胜利。

但是用一千架轰炸机轰炸一座城市是一项巨大且耗资不菲的任务。试想一下，如果只用一架飞机和一枚简单的原子弹来达到相同效果的话，那么只需花一小部分钱来对付敌人，就可以夺取整个战争的胜利。这就是原子弹的原理，正因为它能快速且高效地摧毁敌国，所以敌人才会不战而降。从科技方面来说，原子弹是一种全新武器。从军事上来说，它是欧洲几个世纪战争的延续。

核武器虽然本质上是残忍的，但不可否认的是它确实为战争带来了一次技术革命。美国和苏联要想进行核武器战争，必须考虑全局，因为使用核武器唯一安全有效的办法是飞到敌人的领空，在空中投射。载人航天计划则是太空计划中公开的一面，但它最初就是用来探测核导弹的。间谍宇宙飞船发展成即时系统，它可以在几米内准确地锁定敌军发射台，先发制人，击中目标。正是由于这种需要，才创造了这些武器。

全面战争的终结：美国精确打击时代的到来

这种即时发现目标的能力为许多精确制导武器(Precision-guided munitions)提供了帮助。精确制导武器是20世纪70年代首次研发的，它可以在发射后直击目标。这看似是一次小的技术革命，但影响却十分深远：它使战争形式彻底发生转变。20世纪的一场战争需要千百万台轰炸机和步枪，但在21世纪的战争中，轰炸机和步枪只占战争武器的一小部分，这也是全面战争时代结束的标志。

在以前的战争中，美国的参战人口数目总是处于劣势，而战斗武器数值的改变将给美国带来巨大的优势。20世纪的战场是在欧洲和亚洲这些人口密度高的地区，美国总是远隔战场几千里。人口数目较少的美国人不仅要进行战斗，同时还得为战争进行生产和运输，这样就耗费了大量的人力，限制了直接战斗的军事力量。

因此，美国的战争总是在思考怎样提高每位士兵的作战效率。历史上，它们曾通过运用科技和大量武器来实现过这个目标；"二战"后，重点集中在了技术水平而非武器数量上。如果美国想成为一个全球强国，那它们就需要配给每位士兵先进的武器来最大限度地提升战斗力，因为只有这样才能以少胜多。随着科技的发展，部队的人数就需要精减到最少，留下的就全是训练有素且经验丰富的士兵。探究美国的武器和人口的平行变化规律有着重大的意义。随着老龄化现象和人口紧缩问题的加剧，想要维持军队的大量人数即使可行，也相当困难。

21世纪战争的制胜关键就是精确性。武器的精确度越高，相对发射的数目越少，也就意味着需要的士兵和防卫人员越少，但同时对科学家和技术人员的需求就相对要增加。在未来的10年里，我们会需要这样一种武器：即使它坐落在美国，也能在1小时内以不可思议的机敏性避过地对空导弹的扫射，绝对精准地到达世界的另一端，而且能立即返回执行下一次任务。如果美国真的能拥有这样的一套系统，它将再也无须派遣坦克到8 000英里以外参加战斗。

这样的武器叫极超音速无人飞船。美国正致力于研究这种速度能超过5倍音速的极超音速系统。与火箭等其他发动机不同的是，这种飞船以超音速冲压喷气发动机为原动力。虽然这种超音速冲压喷气发动机的应用范围很窄，但在21世纪，随着新的耐高温材料的出现，与空气摩擦产生的超高温问题也一定会得以解决，这样超音速冲压喷气发动机的航程和速度都将得到大幅度提升。

试想以每小时8 000英里或10马赫的速度飞行的话，一颗美国东海岸的导弹击中一个欧洲目标的时间将不到1个小时。如果把它的速度提高到20马赫，那么同样的路程将花费不到15分钟。美国地缘政治学也应立即加入到战争中，这样两者结合起来才有足够的力量摧毁敌军。若用足够的极超音速导弹去摧毁潜在的敌人无疑会花费巨资，但考虑现在部队的消费结构，建立这样的导弹体系也是有可能的，因为建立这样的体系就可以节省用于供给坦克、飞机和舰队燃料的投入，降低石油的需求量。

开展极超音速系统将打破自拿破仑以来的战争模式。与之前相比，21世纪的军队规模将更小、士兵的专业性更强和战争科技含量更高。精确率的提高也将再次使士兵和平民区分开来，人们也不必为了摧毁一座大楼而毁灭整座城市。和"二战"时期的美国步兵相比，21世纪的士兵更像是训练有素的中世纪骑士。当然勇气仍必不可少,但需要的将是管理具有制胜作用的复杂武器系统的勇气。对大部分军队来说,速度、范围、精确度和许多无人飞船将取代20世纪战场上投射的炸药。然而,这些高技术的应用并不能解决战争的核心问题——侵占敌方的领土。虽然战争的目的是消灭敌人,精确的武器会助一臂之力,但攻占领土仍需要大量的人力,这是一个劳动密集型的活动。在很多方面,这更像是警察的工作而非士兵。因为士兵的任务是杀敌,而警察的任务才是识别违法者并拘捕它。前者需要勇气、武器和有素的训练,后者除了这三个条件外还需要对文化的理解,只有这样才能从守法公民中将违法者辨别出来。这样的工作会很艰难,同时也是任何政权的薄弱环节。正如罗马和英国为了占领巴勒斯坦进行的战争,虽然它们击败了对手,但也和美国一样深受战后余波的困扰。

太空战:未来全球战场制高点

无论战争怎样变化,有一件事是始终不变的:战场上的指挥官必须对战场的情况了如指掌。尽管全球战场和传统战场有着本质的区别,但指挥官对战场的了解却应该恰如其分。在全球战场上,它所下达的命令必须和敌军正在干什么、我军怎样部署这些问题紧密相关。在实战中,要对战场有充分的了解的唯一途径就是从空中观察,而且理论上也证明空中有很好的视角。这一理论在全球战争中也同样有效。高地的能见度会更高,这里指的高地就是太空——在太空这个侦查平台上可以看见连续的全球战场。

全球战争也因此变成了太空战,但这并非是军事上的彻底转变。太空中本已存在许多用于为全球各国提供信息的侦察卫星,尤其在美国,一些太空探测器已经形成了一个全球战场,确立了战术目标,并召集了空袭和巡航导弹。虽然武器系统并未取得进展，但侦察平台已经存在并走向成熟。

太空不仅提供了广阔的视野和安全通信工具，它也能对敌对物体进行追踪，所以电脑化的战斗指挥也将从陆地上应用到太空中。在距离地球表面不同的高度建立太空站，即指挥平台，目的在于指挥陆地和海洋的机器人和载人系统怎样躲避敌人的袭击，并执行命令袭击对方平台。

要摧毁敌人的卫星意味着破坏敌人选择攻击目标的太空系统。一旦敌人发动战争的能力被削弱了，那它的导航系统、通信系统和其他太空系统也将一并被摧毁。所以，摧毁敌人的卫星将成为 21 世纪战争的首要目标。

自然而然，防御自己的卫星就变得至关重要了。其中最简单的防御方法就是使它摆脱危险的处境，但如何摆脱这种危险处境并非听起来那么简单。首先，得有充足的燃料发射一颗卫星，而卫星往往都很重且把它送入预定轨道的花费相当巨大。其次，改变卫星轨道也不能彻底地起到防御作用，因为反卫星系统也能改变其轨道并发出激光束攻击卫星。最后，太空中都是轨道平台，它们将卫星置于确定的轨道上是为了覆盖必要的地带，为了躲避袭击而改变轨道会大大降低卫星的实用性。

卫星必须被妥当保护，否则会因其他卫星的袭击而偏离原轨道或被袭击者摧毁。在 21 世纪中期，这一观点将和其他武器系统一起被纳入历史，从而形成卫星战斗群。正如在航空母舰战斗群中，航母被其他舰艇保护着一样，侦察卫星也会被拥有各种能力和责任的辅助卫星保护着，免受激光束的威胁进而袭击其他卫星。太空系统防御战的问题会迅速扩大，因为随着威胁的增加，防御措施也随之增强。

武器最终会发展成为从太空向地面发射的趋势，而实际的发射问题也将更加复杂。因为位于太空中的武器以每小时数千公里的速度移动，同时地球也在自转，从太空向地球表面射击目标是一种能力，而这种能力和太空监视相比，发展速度就会慢得多，但无疑最终还是会实现的。

一颗卫星会花费几十亿美元，卫星战斗群花费的将更多。除非损坏的或发射失败的卫星能再次被利用，否则这些投入的资金就白白浪费了。在太空中利用的太空越广阔，创造出的平台就越有价值，相对的损失也越少。尤其是当太空变成战场后，修复太空平台的任务就显得愈加紧迫了。正是为了维修这种复杂的、被破坏了的系统，人类才必须亲自进入太空。

每次发射卫星到太空去只是为了进行维修，这本身就是一种浪费，而每次从地球发射一颗宇宙飞船进入太空要比转变已有的飞船轨道花费还要高。在太空中安置一个永久的宇宙飞船负责维修的话，将会更加经济合算。当然，这些负责维修的飞船也会成为被攻击的目标，所以一定要有自保能力，同时它们能管理并监视太空系统。

如何在太空中有效管理战场?

在太空有效地管理战场并不仅仅局限于修复价值几十亿美元的卫星，地面和太空的通讯连接也是十分复杂且容易受干扰的。所以，敌人首先会采用最合理的、最经济的方法来切断地球和太空之间的通讯信号。只要用点小伎俩就能干扰太空和地面的通讯，这并非难事。例如，最简单的方法是使用汽车炸药，它可以破坏地面的传送系统，以此来达到目的。当然，发射设备也可能被袭击。假设美国的肯尼迪航天中心和范登堡空军基地这两大主要的发射设施被敌人的导弹袭击并遭受严重破坏，它们就会几个月都停止运作。美国也无法安装更多的装备，而且遇袭时太空中的所有系统都会被对方获取。拥有了这样的系统就意味着掌握了胜负的关键。所以说，在太空中拥有维修团队是至关重要的。

在这么严肃的一本书中探讨太空战这样的主题有点棘手。我们探索得越深入，越觉得太空战像科幻小说，但毫无疑问的是，人们在接下来的世纪中将亲身经历这一切。21 世纪，人类势必走上太空战这一条路，这就是科技。

和 16 世纪的海战一样，太空战也会向外延伸。同步轨道是一个战争策略，所以对于同步轨道的争夺战即将拉开帷幕。轨道之间的争夺战仅仅是战争策略冲突中的一个方面，另一方面即是对月球表面的争夺。由于月球没有大气层，所以在它上面建立一个稳定的平台对于观察地球表面和太空中出现的任何一个冲突都是非常有利的。或许武器从月球向地球袭击需要长达几天的时间，但它却能在几秒钟内检测到正在入侵维修系统的猎潜艇信息。实际上，维持和保护月球上的基地比保护轨道系统更加容易。

因此低轨道太空战、对地同步太空、天平动点（指地球和月球之间的稳定点）和月球表面太空的争夺战即将展开，和之前在地球上进行的战争性质一样，战争的目的是阻止敌人利用太空中的这些空间，从而保证本国军队顺利进驻。无论是否有条约的限制，哪里有人类哪就有战争。由于人类即将进入太空，所以太空战也会随之爆发。

在太空中控制地球上的海洋有着极其重要的意义。甚至在今天，美国海军就已经开始依靠太空监视系统确保舰队充分发挥作用，所以，组建一支能与美国海军相抗衡的舰队是一项相当艰巨的任务，并且会花费大量资金和时间。一旦掌握了宇宙飞船的技术和工作原理就能掌握一切，但大多数国家已经放弃了这种想法，即使在未来也几乎不可能有人掌握这些技术。因为太空系统能够观察到敌人的舰队并攻击它们，所以在 21 世纪对海洋巡逻舰队的依靠将远小于太空系统。因此，可以说谁掌握了太空，谁就掌握了海洋。

我们再来看看机器人和太空的关系。当我还在期待着人类在太空操作并指挥太空作战系统时，这个想法遭到了机器人系统的反对。因为人在太空中生存是一项非常复杂且需巨资的项目，并且这项研究已长达一个世纪之久。但对于机器人系统来说却完全不同，像远程控制系统这样的自控系统已经非常普遍，无人宇宙飞船也司空见惯，而太空中机器人做的许多创举也将继续下去。美国国防部在这一领域已经取得了相当卓越的成就，我们将看到，或者说已经见识到了，机器人飞行器维修卫星航天舱和水雷的例子。到 21 世纪末，机器人步兵很可能会完成加强防御、避免人员伤亡这种简单的任务。

以上提到的这些，都将彻底改变战争的性质，简直就是一次大逆转。这些高精密度技术的产生，意味着我们根本没有全面摧毁对方的必要。

抹平日土联盟的战争计划

21 世纪中期，美国的力量将集中于极超音速无人宇宙飞船和太空导弹的研究上。拥有了这些系统，美国若想对土耳其和日本进行海上封锁的话就不再是难事。它也可以对任何陆地设施进行袭击，还可以对陆军进行攻击。

美国的战争计划会分为三步。第一步，对敌国进行一次宇宙飞船和防空系统（包括太空系统）的突袭；第二步，针对敌军剩余军事力量和经济设施进行系统进攻；最后，安排包括步兵在内的陆地武装，这些步兵拥有惊人的火力、顽强的生命力和灵敏的机动性，同时还会出动一整队机器人。

美国在作战中不仅要依靠卫星系统，更要依靠我所提及的太空堡垒管理平台。太空堡垒将会成为美国用来观察战况的眼睛、听取消息的耳朵和出奇制胜的拳头。这些太空堡垒指挥着大量的卫星及其机载系统，同时也操纵着能在陆地或其他卫星上放射导弹的轨道舱。它们会向陆地上的极超音速无人宇宙飞船发射目标信息，甚至可以在太空中控制这些飞行器。一旦太空堡垒被破坏或隔离，美国整个作战系统的能力就会大大受挫，这样它就只能袭击那些知道确切位置的固定设施。对于移动的装置，再也无法识别。

到 21 世纪中期，人类在太空执行作战任务的经验将累积数十年。像前 20 年一样发射几十亿美元的卫星并希望它们能发挥应有的作用，已经没有任何意义了。到时导致失败的关键系统也将被修复。今天的航天飞机虽有能力进行这种修复，但当太空变得愈加重要时，就需要永久的太空维修员来进行这些操作。正如我前面谈过的，整个太空计划中最昂贵的就是卫星发射，为了送维修员进入太空而不断地发射卫星显然是资源浪费。这些在太空中的维修员负责拦截轨道上的功能不良的系统，并负责修缮它们。到 21 世纪中期，在不同高度建立太空轨道维修站已经近 20 年了。在这段时间，维修站也应该具有侦察和摧毁敌方卫星的能力了。

太空堡垒应该被设计成永久性的。它将成为容纳几十甚至几百个人同时执行任务和进行维修的一个大平台。它由高级材料建成，伴有各种船体，所以无论是激光还是高能束都无法毁掉它。该平台还伴有敏感元件系统，这样，任何一个从远处向它靠近的具有威胁的物体都会被它的发射体或能量射束击毁。

关于太空堡垒的安全问题更无须担心，想要摧毁太空堡垒是不可能的。因为没有任何卫星强大到可以在太空堡垒攻击后还能存活下来。太空堡垒本身是有承载成千上万个使命的元件组成的。另外，如果其他国家再建造稍大一些的系统的话，美国陆地上或太空中的探测器都会迅速察觉。太空堡垒能预见任何危险并处理掉可能存在的问题。所以说，美国会率先建立太空作战系统，如果其他国家企图制造相同的系统，就必然会遭到美国的打击。

从美国拥有绝对优势的防御系统来看，日本和土耳其联盟就必须制定出一套能大大降低美国作战能力的战斗计划。在这期间，日土联盟必须在不引起美国有效反击的基础上，全面打击美国的各项利益，并准备制定出一套美国可以接受的协商条约。无论是从海底还是海面侵略，这些方法都不切实际。日本和土耳其即将拥有的核武器也不能达到进攻的目的，因为到那时，核武器这一技术已存在100年之久，无论是制造还是发射方面都不再带有任何神秘色彩了。正如我们现在所见，之前使用的核武器比之后的更具威慑力。所以日本和土耳其还是会考虑自己国家的利益，而不会自杀似地袭击美国。如果它们真的采用核武器袭击美国，那最多只是破坏一座城市，但美国的反攻却可能让土耳其和日本毁于一旦。权衡利弊，对土耳其和日本来说，它们面临的危险远比美国面临的更大。

抵制美国的关键就变成了掌控太空。为了达到这个目标，两个盟国必须要摧毁那些太空堡垒，而这在美国人眼中是不可能实现的。如果它们真的做到了，土日两国就有了重绘太平洋、东亚和土耳其周边地区地图的机会，但这所有的一切都不可能实现。

发射一颗强大到能够摧毁太空堡垒（而不被它击下来）的射弹是个极大的挑战。它不能从地球发射，因为美国会发现并立即摧毁它。对于日土联盟来说也有一个优势，即太空堡垒不能移动。太空堡垒位于同步轨道上，它负载有足够的推进剂保持自身在其轨道的运行，却没有足够的燃料，因此也就不能实现轨道的转移。一旦它发生移动便会失去它的同步轨道，进而影响它执行任务时所需的稳定性。这也是

策划者不愿提及的一点。到 21 世纪 40 年代，美国的太空堡垒将成为一个应急措施。创建一个太空轨道站可以为数以百计的宇航员提供帮助，但如果要这个轨道站具备变换位置、移动轨道的能力，则会拖延整个太空作战计划的完成时间。但若实现转移将花费比计划更多的时间。因此策划者们不得不受限于技术的现实性和合理性。即使不需要移动，它们也会把太空堡垒设计得坚不可摧，就像泰坦尼克号一样，被宣传为永不沉落之船。

走上绝路的日本将会如何反击？

日本会在 21 世纪 30 年代思考怎样摧毁一个太空堡垒。2020 年后，日本会先于土耳其实施强大的太空计划，因为土耳其此时正在处理其周边事务。两国都会发展环地轨道侦察同步卫星和同步通信系统，所不同的是日本会更看重太空的商业价值，并致力于下一代太空能源的开发。日本非常渴望开发新能源，会投资包括太空系统在内的所有形式的替代能源建设。

另一个研究和发展空间就是月球的表面了。20 世纪 50 年代，好几个国家都在南极洲建立了科研基地，其中以美国和日本的科研站最多。到 2040 年为止，日本将在月球上进行大量的实验，并会创建大量的地下研究室。届时，往返于月球将成为平常之事，在月球上工作的不同国家也会彼此合作并不断交流。和地球轨道相比，军队在月球上的工作效率将大大降低，因此这个问题需要进一步思考。

当然，日本会针对潜在的战争找出解决办法，这也得到其他军队的支持。而讨论的问题仅仅是如何摧毁美国的战役中心系统——太空堡垒。正如上文所提及的，从地面发射一枚导弹去袭击太空堡垒，失败的可能性很大。一旦失败，日本将在最糟糕的情况下和美国开战。

　　日本也会提出新的局势策略。回想一下1941年，当时日本通过偷袭美国在珍珠港的舰队，削弱了美国在太平洋军事中心的力量。在美国一切准备就绪的时候进行袭击太过危险，而且美国的战船一向被称为不败之船。因此日本军队用了一个意想不到的方式袭击了美国。由于水位太浅，采用水雷战术并不合适，转而采用飞机在航空母舰上起飞这一方法。它们袭击的方向也是大大出乎意料，因为西北方这个位置离日本本国领土太远又不安全，一般人都认为不可行，但这并不是日本在战争中唯一一次使用这样的策略，它贯穿于整个日本的战争策略中。

　　到21世纪中期，日本将在不同的环境背景下再次面临同样的问题，这次它们需要摧毁的是太空堡垒。它们必须从意料之外的方向，用意料不到的方式袭击美国的太空堡垒。就像当年从太平洋西北方突袭（珍珠港）一样，这次它们很有可能从后面进攻，即太空中的月球。它们需要用早已秘密创建在月球上的武器进行袭击，若在需要时再运输到月球那一定会被发现。总之，若说这次战争和之前的战争有何相同之处，那就是无论在进攻方向还是进攻方式上都和之前一样会令人大吃一惊。实际的情况很有可能和我预设的不太一样，但这确实是太空战中最有可能发生的情况。

　　我总是想到潜在的地缘政治学原则。在"二战"期间，德国和日本这两个新兴大国想要重新制定全球秩序。21世纪中期的时候，这个地缘政治周期再次面临着这个问题。"二战"中，日本必须用出其不意的方式击溃美国在太平洋的军事力量，希望以此达到它预期的协议方式。但相对于美国来说，日本长期处于不利的地理方位，它们若想改变这个状况就必须通过袭击美国军事心脏制造一次扭转的机会。而21世纪中期的日本，还是处于相同的位置，唯一不同的是这次结盟的对象是土耳其而非德国。所以，无论日本的军事细节部分怎样变更，我们还是可以推测出，这两个世纪冲突的动力根源本质是不变的。战争的大体策略亦不会改变。

在本书的前几章，我已经提过：历史和棋类游戏一样，真正可行的棋步远比表面看起来的少得多。你越是好的选手，越能洞察出每一步行动所潜藏的劣势，但这样你可移动的棋步就会越来越少。我们可以把这个原则应用到未来的战争中。我已经推测了日本和土耳其是如何变成大国，又是怎样和美国产生摩擦的。参照历史情况，同时权衡其他的可能性，我已尽力想象日本将如何看待这个问题、它会担忧什么以及它对于事态的回应。虽然具体细节还不能确定，但我已在此从地缘政治学、科技及军事方面分析了整个事情的结果。我当然不可能知道战争的细节和战争爆发的具体时间，但我能列出一些原理并阐述战争到底是怎样进行的。

届时日本将拥有多个月球基地，其中一个设计成平民化样式的基地会作军事之用。在那些偷偷挖空的大洞中，日本会研发出许多用月岩制造而成的射弹。相对于一般射弹的体积，月岩射弹要重得多。一些大小类似于小型汽车的射弹会重达几吨。若这些射弹以极速发射的话，其产生的动能将远远超出设想，它能够把碰到的物体击个粉碎。月球没有空气，也就没有摩擦和动力，射弹的形状也很不规则，所以岩石和燃料箱能很容易依附岩石进行发射。

这些用月岩制成的射弹具有两大特点：第一，因为它们足够重，所以其产生的动能能够摧毁任何一个太空堡垒；第二，运用月球相对较低的旋转速度，那些小体积的射弹可以利用火箭带入指定的轨道。若能达到需要的速度，只要几吨导弹就可以撞击太空堡垒，但它还需要较小的动能来对付防卫性飞弹。

日本还会在月球较远的一侧建立一个秘密基地。这个基地是为了测试从地球上开火但不被敌人发现这个系统而建立的。该系统的特点就是不会引起过分的关注。地下的导弹也会准备充分并做好掩饰。一旦美国的太空堡垒启动运行，日本的抵抗措施也随之奏效。日本人清楚地认识到任何一颗袭击太空堡垒的导弹都可能会被拦截，所以它们为每个太空堡垒都准备了大量导弹，希望至少有一颗能击中目标，并且它们会在相当宽泛的范围内袭击目标，不会集中于一个方向，这样可以降低被发现的可能性。然而无论科技发展到怎样的高度，还是无法预测出这种战争会耗费多少资金和人员。

导弹从月球发射到太空堡垒大概需要三天，这段时间是极其重要的，而首要的任务就是不被发现。对日本来说这段时间也是最为危险的，因为一旦这些袭击导弹被发现，即使太空堡垒不能自保，它也会用极超音速系统发出命令摧毁来袭导弹，并对日本进行毁灭性的打击。所以对日本来说，制胜的关键是在毫无预示且不被美国发现的情况下毁灭太空堡垒。

于事无补的"B计划"

即使如此，也不能保证日本一定能取得成功。日本还得准备B计划，一旦朝美国开火的火箭成功了，那么也就能保证摧毁太空堡垒。但在发现和摧毁期间，也许会发生许多灾难，但日本始终有一个优势，因为太空堡垒一旦开战会把注意力集中到地球和地球同步轨道上，它的主要任务就变成了进攻而非防守。更重要的是，在那么高的位置不可能进行常规的观察，即使知道有人袭击，也会认为是从下面袭来而非背后。

美国人会建立一个虽不是很有效但却能执行简单命令的人造太空平台。太空虽然广阔，但也许和你想象的不尽相同。今天我们还不知道太空到底有多大，甚至到了2050年，我们可能还是不知道它的范围。

在科技的发展和应用中始终存在着鸿沟。日本掌握了这一点就不会以单一的密集导弹束方式进攻，相反则是从四面八方铺天盖地发射。雷达只能扫描到其中一颗或者两颗导弹，因此绝不能把它看成是大规模的导弹袭击。事实上，日本会选择不被太空堡垒发现的轨道来发射导弹，而且这些导弹会被装配在火箭的燃料箱或发动机的尾端，这样直到导弹运行的最后几个小时才会爆炸，而这个形状很小很重的岩石所产生的杀伤力远远大于真正的导弹。任何一个电脑侦查系统都会把这样的导弹解读成一个距离很近但毫无杀伤力的陨石。电脑系统甚至不会将它们所侦察到的情况汇报给在太空堡垒上工作的人员，因为电脑毕竟是机器，没有人的敏感性。

对于日本来说存在着三种危险：其一，美国会用日本不知道的高科技侦察出月球表面的发射地；其二，导弹从发射后到最终调整好轨道需要几天的时间，很有可能在这段时间被美国发现；其三，即使是在撞击太空堡垒前的那几个小时，还是有被美国摧毁的可能。总之，美国发现的时间越晚，它用来反应的时间就越短，突袭爆发的力度就会越大。

万一日本的偷袭计划被发现了，那它的 B 计划会注重加速两方面的袭击：第一，如果它们成功摧毁了太空堡垒，那么就会立即对分布各地的美国的军队基地和导弹基地进行极超音速导弹袭击，届时美国的潜水艇也将受到日军太空系统追踪，并切断它和陆地的一切通信联系；第二，假使日本在摧毁太空堡垒前被发现，它紧接着就会不顾一切地鲁莽行事，希望以此来阻止美国的反击。日本也会通过美国是否突然增加太空堡垒、陆地指挥和其他平台之间的联系这些特点来判断美国是否发现了它们。日本不会破解密码，但会观察情形。出于航海和气象观测的目的，这些年来它已放置了多颗卫星，但还隐藏着一个不为人知的目的，那就是窃听和截取美国太空系统的海量通讯信息。

建在月球上的基地代表了日本军事的顶尖技术，但日本不会和土耳其分享它的进攻计划及科技。土耳其是盟国而非"亲人"，所以它们只会告诉土耳其它们会在哪天发动战争。日本要发动的是一场无需直接协助的战争，它需要的只是间接帮助。

为了争取一点优势，日本会故意放一点线索给美国情报和侦查部门——为了分散美国的注意力。日本会选择在美国感恩节期间袭击美国，因为那时美国各大政治领袖都纷纷返乡与家人团聚。这既符合军事上出奇制胜的原则，也和日本在较早战争中的实践应用相符合。当年珍珠港事件就发生在一个周日的黎明，当时，舰队都在，但全体工作人员都于周六晚上去参加聚会了。这并不是说战争必须发动于感恩节期间，但一定要在美国的领导力相对薄弱的、出乎人们意料的时间。日本和土耳其会尽力在发动战争的前几天确保局势稳定，同时保证美国的领导力分散，然后在美国陆军防卫能力最薄弱的时候发起进攻。

日本明白攻击美国的最好方式就是先上演一次危机然后迅速解决。日本会利用土耳其和波斯尼亚、匈牙利以及波兰在克罗地亚地区的军事力量制造一次危机。这次危机会于10月中旬展开，借口就是克罗地亚在土耳其进行了恐怖袭击，然后土耳其再暗示这次恐怖袭击获得了美国的暗中支持，从而就有了足够的理由对美国进行袭击。当然，我们不可能确定这次危机就发生在这个地区，但重点是，兵不厌诈，诈术在整个战争中起着至关重要的作用。1941年，日本直到攻击珍珠港的最后一刻都还在和美国谈判协商。越南春季攻势始于春节假期，于1968年停火，这些例子不胜枚举。所以说，在引发战争的整个计划中，制造骗局才是关键。

当局势变得紧张后，波兰集团和土耳其都会进入全面警戒的状态。随着美国在塞尔维亚及本土的军事力量和波兰集团的结盟，巴尔干半岛的局势会直接对美国产生影响，而土耳其将部署它的空军导弹系统以保持高度警戒。但情况只有在开始时才这么紧张，随后就会因为各国的撤军而有所缓和。日土联盟是为了故意引诱波兰发动攻击，因为它们知道波兰和美国的网络是互联的，以此来暗示美国战争即将爆发。根据这些年美国对土耳其的了解及防备，土耳其会在 11 月的第一周故意把该区的紧张情势拉到顶点，而波兰人则由于接收到的资料，预测到即将爆发战争，因而立即对土耳其基地发起一场小规模的空袭。土耳其就成功地以波兰人擅自发动空袭为由来成全它们的整个计划。美国总统一旦意识到巴尔干半岛即将爆发战争，它会立即召集土耳其和波兰总理并警告它们结束战争。土耳其这个好战的国家由于损失了空军基地，造成了人员伤亡，而不得不退出这场一触即发的战争。

随后一场和平会议会在日内瓦举行。虽说是和平会议，但不会达成任何协议。无论如何大家还是会同意退出战争，避免挑衅行为。而美国会以一个监视者的身份出席——它得保证兑现自己的承诺，不让波兰人或匈牙利人卷入巴尔干战争，而国家安全顾问也会要求美国太空系统注意监视土耳其和波兰集团的军事动态。到 11 月中旬，情况会稳定下来，一切看起来都重回正轨，但乌干达上空的太空堡垒仍将密切关注巴尔干的情况，日本躲在幕后主导紧张局势，制造冲突；土耳其依然会在后方调动军事力量，波兰亦是如此。大家也都因此忙碌起来。

日本在接下来的几年内，每个季度都会进行一次军事演习以提升它的极超音速系统和太空作战能力。即使日本真的在感恩节的前几天发起一些类似战争的演习，美国也可能只是常规似地观看罢了，不会给予特别的警告，并且对于日本进入全面备战状态一点都不会感到好奇。事实上，这次的演习，日本表面上会装作人手不足，其实背后躲了一群部队没有参与，避免打草惊蛇。

第**11**章

第三次世界大战
一场没有悬念的战争

第三次世界大战在感恩节那天正式爆发。狡猾的日本人企图重新上演珍珠港事件,并对美国的太空堡垒发动先发制人的攻击,美国的同盟国之一波兰遭到了德国和土耳其的围攻。但美国有着超强的工业实力作支撑,雄厚的军事实力及高效的作战指挥,加之占据太空的制空权,瞬间击垮了来自联盟的攻击。幸运的美国人再次赢得世界大战的胜利,并成为战争受益者。

迄今为止，我一直致力于预测地缘政治的发展。为此我一直在探讨有关 21 世纪发展的主线问题，并思考它会对未来国际关系产生怎样的影响。在本章中，我将略微改变一下自己的陈述方式，我将会描述一场本人认为将于 21 世纪中叶爆发的战争。当然，我不确定它发生的具体时间，也不能确切描述战争的细枝末节，我所能做的仅仅是描述这场将发生于 21 世纪中叶的战争的大致情况。如果你不了解两次世界大战的话可能就无法理解 20 世纪，同样地，如果缺乏对这场战争的认识，你也很难真正理解 21 世纪。

正如我所说的，战争是细节问题，它与我之前谈及的内容大不相同。缺少了那些残酷的细节，你就不可能真正了解战争的本质。**但要真正了解一场战争，也不能满足于仅仅知道战争发生的原因，还需要考虑技术、文化以及其他一些因素，而且要从细节上考虑它们。**以"二战"为例，一谈到它，就一定会提及珍珠港事件。由于珍珠港的特殊地理位置，所以偷袭珍珠港对于日本来说实际上是一种争取时间的战略，因为当时日本意在占领东南亚和荷属东印度群岛。想要了解珍珠港事件的真相，你就必须从细节入手——航母的调度使用、浅水鱼雷的发明，以及日本选择在周日早上发动攻击的原因。

在前面的章节中我已经解释过，美国、波兰、土耳其和日本之间如何形成盘根错节的利益关系，日本人和土耳其人为什么会深感受到威胁，以至于觉得自己别无选择只能率先发动战争来拯救自己。本书讲述了我对未来100年的预想，在此我将要谈一谈这场战争本身。然而，为了做到这一点，我必须假设自己博学多识，假设知道战争的具体时间及其具体过程。我确信自己能够准确预测这次战争中将会应用的军事设备，也能够粗略估计出这场战争的爆发时间，并就这场战争战事的推进做出一定的预测。在我继续深入，并对这场战争进一步剖析（我可能没有这个权利）之后，你或许就能明白这场发生于21世纪中叶的战争的本质。如果我能够获得许可，赋予战争一些特定的色彩，虽然我的水平不是很高，但我相信我还是可以带给你一种21世纪战争的感受，尤其是这场特别的战争。虽然不能叙述具体的细节，但是战争进程都大同小异，所以就让我们从某些特定的场景开始吧。

日本人击中了太空堡垒！

摧毁三座"战斗星"太空堡垒的计划，将于2050年11月24日下午5时执行。此时正值感恩节，大部分美国人都在观看足球比赛，或是在大餐之后小憩，又或者正在开车回家的途中。在华盛顿，没有人会预料到会发生什么事情，因此此时成了日本人发动攻击的最佳时机。瞄准太空堡垒的导弹正在进行最后一次轨道校正，这些导弹将于正午左右发射。理论上来讲，即使这些导弹在下午3点或4点被探测到，美军也来不及进行回击，因为华盛顿安全小组在1～2个小时后才能用完餐。为了成功实施这项计划，日本在月球的基地将会在11月21日24小时待命，以便随时能够发射导弹，发射时间根据轨道情况而定。

因此，在 11 月 20 日日本将会启用 B 计划——就如前文所述，这只是个猜测而已。

这些从月球发射的导弹无人察觉。而实际上，许多导弹将会被太空堡垒上的自动防御系统拦截。但是这些拦截不会影响基地，或是对地球造成严重威胁。它们在不同时段发射到离心轨道上，数据并不会传送到地面监控人员的手中。技术员第二天翻阅每日记录，会注意到该地区出现了大量流星，有些甚至就在他们基地附近，但是因为这些不是什么特别的现象，所以他可能就不太在意。

11 月 24 日中午时分，这些火箭将会按计划再次点火，并改变轨道。在太空堡垒—乌干达基地上，用以监测控制轨道的雷达会在午后 2 点左右发出一通警告，并且电脑会被设置重新测定轨迹。不到 1 小时，这三个军事基地都将探测到空中正有多枚导弹正一起对它们发动攻击。地面军事基地的总指挥部，即太空堡垒—秘鲁基地，将会在三点一刻左右确认它所在的军事基地正遭受有组织地攻击。而后，它将通知位于科罗拉多斯普林斯市的太空指挥司令部。随后，司令部将会把情况上报到参谋长联席会议和国家安全委员会。

与此同时，太空堡垒—秘鲁基地的指挥官会以个人名义发布命令：用激光击毁那些导弹，希望能够通过此种方法实现拦截，但由于系统不能对付同时来袭的 15 枚导弹，随之不断来袭的导弹数量大大超出它的防御能力，于是指挥官很快就意识到自己的防御系统存在的漏洞，更致命的是，一些导弹将会击中基地。

总统也将获悉此事，但由于当天是感恩节，所以他不可能立即召集到大多数顾问进行磋商。总统将对以下两个问题表示强烈关注：谁发动了这场攻击？导弹是从哪里发射的？但是没有人能够立刻给出答案，有人会假设这是土耳其干的，因为土耳其人已经卷入了近期的几次恐怖袭击事件之中。但是美国情报机构将会立即否定这一假设，因为他们确定土耳其没有发动这种进攻规模的能力。日本将会沉默，没有人会预料到它们有发动这种攻击的能力。尽管更多的顾问被召集到白宫，但这两个问题仍没有答案。

日本人将会于4点30分左右将事件告知其盟友土耳其，可是在最后一刻到来之前，日本人不会把全部细节一一告知，因为它们不想被土耳其人出卖。但是，土耳其人还是会感知到一些事情正在发生——日本"拙劣"的伪装终将会在这场11月进行的攻击中被识破。但在日本就此事给予指示之前，土耳其人将会袖手旁观。

距导弹击中基地不到30分钟的时候，总统授权批准太空堡垒的转移计划。但是由于时间有限，所以转移工作不可能全面执行，成百上千的人会被留下来。更荒谬的是，尽管没有人知道是谁发动了这场战争，但总统顾问将会说服总统下达一个疏散基地中所有极超音速飞机到各个分散基地的命令。该命令将会与人员疏散的命令同时发布。此时，系统也将出现许多小故障，基地控管人员将会不停地要求信息确认。一部分飞机会在接下来的一个小时内得到疏散，但是大部分的飞机都来不及撤离。

下午5时，三个太空堡垒基地将会发生爆炸，导致数百名工作人员伤亡，也切断了美国太空的连接，因为传感器和人造卫星均与太空堡垒—秘鲁基地指挥中心相连接。它们将会如往常一样在太空中继续绕轨道旋转，但是却无任何实质性作用。而那时日本早在几年前就发射了一枚用来监测太空堡垒的人造卫星，这些卫星能够监测从军事基地传输来的信息，并且最终记录太空堡垒被摧毁的全过程。

一旦确认基地被毁，日本人将会实施第二步计划。他们将发射大量的无人驾驶的极超音速飞机，它们小巧、敏捷、灵活，可以轻松躲避来自美国本土或是太平洋船只与军事基地的拦截。它们袭击的目标是美国的极超音速飞机、地对空反飞行器导弹以及指挥和控制中心。

日本人不会袭击人口稠密的中心区，因为那么做他们得不到任何好处。而且，日本还期望同美国达成协议，所以会尽量避免平民伤亡，日本也不会伤害美国总统和政府官员，它还需要同他们进行谈判。

与此同时，土耳其人也将主动对目标发动攻击，届时他们早已在这场与日本人联合策划的战争中有了自己的任务。随着联合计划的实施，两个国家已经对那些有可能出现的附带情况进行了预测。前文提到，土耳其人已经意识到一些事情正在发生，并且他们已经处在备战状态中了，不过不需要为了执行计划而做大量的准备。日本人将会告知他们自己已经做了什么，土耳其会为日本保密，同时日本也将会快速行动以抢占先机。虽然在美国密西西比河以东有许多目标，但是土耳其将会对波兰集团和印度发动一场大规模的战争，但它不是单独行动，而是要和其他国家联手。该联盟的目的是让美国及其盟国在军事上孤立无援。

几分钟内，从无人驾驶的飞机中抛出的导弹就将开始攻击美国在欧洲和亚洲的武装力量，但是这些飞机要1个小时才能抵达它们的目的地。这短短的1个小时对美国来说意义重大。此时，美国大部分的太空基地传感器都失去了作用，除了一个由于太过陈旧而不能连接上太空堡垒系统的传感器。这台传感器过去被用来探测洲际导弹的发射情况，现在唯有它能下载科罗拉多斯普林斯系统，获悉日本和土耳其的大批武装编制，但除此之外就再也没有其他信息了。它绝对查不出来这些飞机与导弹会飞往何处。但是在太空堡垒被毁之后，总统先生会看到这两国立即采取的发射行动的实况转播，所以现在，它至少知道这些攻击来自何处了。

美国将会列出一些在日本和土耳其的军事目标，但日本和土耳其的飞机已经被派遣外出执行任务了，所以攻击那些目标没有什么实际意义。但在这两个国家，有些目标是一定要进攻的，比如总控制中心、飞机场、燃料库以及一些主干道。美国将会实施调整后的作战计划。然而，等到命令下达，指挥官就位时，距离日本和土耳其发动攻击的时间已经不到 15 分钟了。虽然许多战斗机将会按计划起飞并且袭击这两个国家，但是更多的空军力量将会在地面遭到破坏。

波兰集团将会损失惨重。华沙的议会控制中心对太空堡垒已被毁一无所知，所以还不知道美国正面临导弹袭击基地的危险。事实上，极超音速飞机将会对毫无准备的议会机构空投附加遥控导航装置的炸弹。一刻钟之前一切一如往常，而一刻钟之后波兰议会将变得毫无反击之力。

到下午 7 点，美国的基地和极超音速空军力量将会被彻底摧毁，美国将会失去对基地的控制和仅有的数百架飞机。它在欧洲的盟友将会动用自己的军事力量来对付美国在世界各海域的军舰。与此同时，印度也将丧失攻击力，此刻，美国及其伙伴将会在军事上遭受沉重的打击。

末日回击：美军击毁日土联盟

然而，**此时的美国社会将不会受到影响，它的许多盟国也是如此。但这些非军事目标将成为联盟的一个致命弱点。**和美国一样，日本、土耳其、波兰和印度也都是核武器大国，因此对军事目标的进攻不会引起核战争。然而，如果这几个联盟企图超出军事目标，试图攻击美国人口稠密的地区来要挟美国投降的话，那么将会激怒美国及其盟友，令它们跨过禁忌使用核武器。联盟并不想看到两败俱伤的结果，只是想要与美国签署一些于己有利的协议而已。但美国的行动经常深不可测，或许日土联盟会使用极超音速机队来给敌人一点教训，如果这样的话，美国民众的伤亡人数将会是难以估计的。但因为核武器的存在，战事的发展会限定在特定的范围内，武力冲突不至于毫无节制地扩散蔓延。

然而，美国在军事上会受到重创，对于敌方联盟还会走多远、采取什么行动它无从知晓。日土联盟本指望，美国会认清自己的损失程度及其影响，加上日土联盟神出鬼没，美国就会选择政治解决，接受日土两国实力增强的事实，明确限制自己的权限，并制定一个切实可行且可被证实的准则来限制太空冲突的再次发生。换言之，日土联盟笃定，美国会认识到自己现在只不过是几大列强之一，而非唯一的超级大国，同时接受一个巨大且安全的势力范围。除此之外，联盟期望这次迅速有效的空袭能够让美国高估联盟的军事实力。

事实上，美国的确高估了联盟的军事实力，但这却使它作出了与联盟期待相反地决定。美国不会认为自己正被卷入一场仅有几个敌人的小规模战争中。相反地，美国人会认为联盟的力量将会比表面上大得多。美国正面临选择，要么被歼灭，要么大量消耗武装力量，这就使它有可能在下次联盟或其他组织发动的进攻中毫无反击之力。

美国会疯狂地进行反击。如果它接受 11 月 24 日晚递交给它的协议，那么国家的长远未来将会生死未卜。不太可能发生内斗的土耳其和日本将会联合起来统治亚欧大陆。世界将会出现两大霸权，而不仅仅是一个。但如果它们合作，亚欧大陆将会被有计划、有步骤地控制，美国大战略的梦魇最终将会变成现实，并且随着时间的推进，这对伙伴由于不能够在战争中相互牵制，将会发动战争来争夺太空和海洋的控制权。接受联盟的条件意味着马上就能够结束这场战争，但将会造成美国经济长期衰退的局面。但是在那样一个夜晚，美国人是不会考虑到这些的。在缅因州沦陷、珍珠港被袭、"9·11"的举国悲痛之后，美国人将会勃然大怒，进而拒绝签署协议并很快进入战争状态。

美国不会采取进一步的行动，同时联盟的侦查航天器也将就位。

联盟没有任何能够与美军已被毁掉的精密太空堡垒相媲美的东西，它只有一个最旧款的卫星来提供美方的最新消息。由于此类卫星是专业的军事配置，所以联盟军能够观测到美军的行动，以便及时采取回击。美军的侦查系统将会被迅速修复，所以美国多个幸存卫星可以重新向地面传输资料，当然，已被摧毁的太空堡垒除外。一旦卫星重新启用，美军就可以探测到敌人的行动，并予以反击。美国一旦成功，它首先将摧毁联盟军可能拥有的太空发射设备，以防止联盟再次启用新的太空系统。

日本掌握的关于美军财力状况的信息虽然不完整，但却十分有用。美军将会仔细考虑每一个能够建造火箭发射基地的秘密地点，并且严密地对基地进行伪装。这将是 21 世纪 30 年代主要的黑色计划之一。当日本开始监视美国的时候，基地早已被建好，并已被隐藏好一段时间了。和平时期的秘密发射装置是不载人的，但现在是战争时期。将人员秘密送至基地将会花费几天的时间，在这期间，美国将会通过暂时中立的德国来递交一份外交协议与联盟军进行谈判以尽量拖延时间。这次谈判仅仅是逐步实施最终的反击计划的一种掩护罢了。

美国甚至会利用它所拥有的为数不多的小型基地。为了完成计划，美国瞒过联盟的眼睛，秘密建设自己的太空基地系统。美国到那时已经储备了成百上千个反卫星导弹和高能激光作为秘密武器。工作人员们也将小心翼翼地进出基地以避免被侦察卫星探测到。与此同时，联盟将会专注于与美国的谈判之中，而此时美军的基地也早已完成。大约 72 小时以后，美军将在不到 2 小时的时间里摧毁联盟军的大量监测力量。这将极大地削弱联盟军的战斗力。

卫星一旦被毁，美军的那些幸存的极超音速飞机将会开始攻击日本和土耳其的发射设备，企图使敌人丧失发射新卫星或攻击美军幸存卫星的能力。与日本人不同，第二次冷战结束之后，美国拥有大量的监测力量，因而会对那些伪装的较好的发射基地了如指掌。美军的战斗机将会击毁全部基地。此后不久，美军的卫星控制器将会搜寻美军那些幸存的卫星的信号。此刻敌军将会被彻底摧毁。日本缺乏对于美国的黑色计划中的反卫星能力的了解，这也是美军成功反击的保证。

革新的战备，不变的战术

联盟意识到自己的既定计划失败了，但还不确定美国到底了解多少。其实，美国根本什么都不知道。计划被严重扰乱时，它们才会意识到原来认为美军航空机队均被歼灭的想法是错误的，并且马上会知道美军仍有回击自己的实力，但它们不知道这些残余的军事力量其实就是在监测对太空堡垒的攻击和联盟进行空袭期间疏散的那些力量，它们更不知道美军的反击力量有多大，也无从得知。21世纪战争的迷雾一如既往的厚重。

美军将会采取下一步行动。工程师们正在通过分析数据来寻找发射攻击太空堡垒的导弹的具体位置，然后美军将会在基地对其发射一枚装有核弹头的导弹。无论日本是否把这定义为一场核攻击，日本的基地都将会被摧毁。美国会命令军队在月球上建立自己的实验基地，做好准备并最终摧毁日本在月球的基地。美国不想再受意外奇袭了。

就如战争中经常出现的情况，一旦某个蓄谋多年的计划被执行并挑起了战事，那么每个国家都想随后加入其中，尽管它们也不能确定这样一定会得到好处。然而大部分的战争计划都预计战争不会持续太久。情况的确如此，这场战争将会分三个阶段进行。

第一阶段：恢复部分的太空控制权。美国将会在太空进行一项破坏计划来增强自身的太空掌控权并且让联盟失去该项能力。在接下来的一年中，美国将逐渐增强自己的监控能力直到它恢复到战前准备阶段的要求。战争时期的研究速度比和平时期要快得多。在第二年感恩节之前，美国将会拥有比已被摧毁的太空基地系统更先进的技术。

第二阶段：美国将继续恢复极超音速机队的战斗力。尽管那些已暴露的飞机生产设备会被联盟军的飞机轰炸，但它们还没有足够的力量来对美军进行监测。所以尽管有些困难，但工厂还是能够很快恢复生产，生产出新型的极超音速飞机。

第三阶段：联盟在美军还没有完全恢复实力之前将采取行动来改变现状。日本企图占领中国和亚洲的其他一些区域，但这却远不及土耳其的嚣张跋扈。土耳其利用美军反击之前的这段时间以这一区域的主导力量自居，高姿态处理与波兰的战事情况。

战争初期对波兰集团的攻击还只是一个骗局，但现在土耳其已经把这变成了现实，土耳其在地面向波兰集团发动全面进攻，同时空中力量给予支持。铲除波兰集团会使土耳其腾出兵力在其他地方组织行动。然而，比起在北非和俄罗斯损耗力量，土耳其更热衷于将赌注放在进攻北部——由波斯尼亚外围到巴尔干半岛。

土耳其的目的是将波兰集团引入到一场歼灭战中。不像与美国的战斗，这次的战斗将会有组织地运用多种武装力量，其中包括装甲步兵、机器人物流和武器平台，并且给目前大量存在的极超音速飞机配置精密炮弹。

毁灭性的战争开始之后，波兰人不会将地面的武装力量聚集到一处，这是为了防止土耳其军队的空袭，而土耳其将想方设法迫使对方集中军力。当波兰人拒绝用这种错误的方法来防御时，土耳其军队就会采用特殊的进攻方式来迫使波兰军队集中兵力进攻主要目标或选择性地将分散军队。

土耳其将会从波斯尼亚的背面发动攻击，而后直驱克罗地亚平原，进入地势平坦且没有任何自然屏障的匈牙利，随后它将会进军布达佩斯。尽管土耳其的最终军事目标是在斯洛伐克、乌克兰和罗马尼亚的喀尔巴阡山脉，但如果它掌控了喀尔巴阡山脉，罗马尼亚和保加利亚将会被孤立并且轻而易举地被攻破，而黑海最终就会变成土耳其的一个湖。一旦匈牙利被占领，孤立无援的波兰就将面对来自南部的威胁。然而，如果波兰人决定集中武力攻击匈牙利平原以此来保卫布达佩斯，那么土耳其的空中战队将会彻底击毁集团的武装力量。波兰人需要美国的空中支持对抗正在克罗地亚嚣张跋扈的土耳其军队，但美军已经没有多余的空中力量来支持波兰了。不出意外，土耳其人仅用几周就占领了匈牙利，此后不久又占领了喀尔巴阡山脉。被孤立的罗马尼亚将会主动请求休战。欧洲东南部、波兰的边境和乌克兰都将被土耳其控制，而这些又是波兰对抗土耳其的天然屏障。

随着空军逐步击溃波兰军队，土耳其军队将会向克拉科夫地方后退。美国不会帮助波兰，它要让波兰毫无反击之力主动请求和平谈判，因为这样它就能够争取一些时间来重整旗鼓继而对土耳其和日本发动一场突袭。因此美国不想分散力量来支持它在波兰南部的伙伴。与此同时，美国也不想冒险失去波兰这个伙伴，因为这会过早结束这场对土耳其的报复之战。为了让波兰再坚持一段时间，美国将不得不正式对土耳其发动多次进攻。

2051年2月，美国将会动用它现有的包括具有超凡攻击能力的新型飞机空军机队的大部分力量，来攻击土耳其各处的军事力量，以及其在波兰南部到波斯尼亚，甚至更南端的地方指挥中心。由于土耳其空军的反击，美国将会遭受惨重的损失，但土耳其的损失更惨烈，它将牺牲成百上千名装甲步兵，遭受机器人系统被毁以及补给大量缺失的损失。土耳其虽然不会因此瘫痪，但也会元气大伤。

土耳其人很快意识到自己没有赢得战争的机会，而且也无法重新掌控局面。并且，美国此时已有了快速制造飞机的能力，最终土耳其将被击败。与此同时，它也意识到日本不会伸出援手，因为此时日本正在为自己在中国的局面发愁。土耳其输了这盘赌局，而且败得一塌糊涂。美国将会把土耳其列为位于日本之前的攻击目标，所以土耳其军队必须迅速占领波兰。但是当时，土耳其的地面军事力量已经分散到各地，而集中对付波兰意味着要从其他地方抽调兵力，从长远来看这不是一个切实可行的计划。土耳其人将遭到埃及和中亚的反击。

德国会再次进攻波兰？

战争开始之前，联盟会期望德国加入到攻击波兰的战斗中来，但德国人当时并不想参与其中。当土耳其人与其他同盟探讨时，联盟将开出一个相当诱人的条件作为帮助土耳其人攻击波兰的回报，那就是战后土耳其军撤至巴尔干半岛，只保留罗马尼亚和乌克兰。土耳其将会围绕黑海、亚得里亚海和地中海来建立它的力量，德国可以在匈牙利及其北部，包括波兰、波罗的海诸国以及白俄罗斯采取自由行动。

从德国方面来看，这在 2050 年前还仅仅只是土耳其的一个幻想，但现在已经变成十分现实的建议了。**土耳其将会成为地中海和黑海附近的最大霸主，但它需要巴尔干半岛诸国来确保它已经占领的土地，尤其是前南斯拉夫国家、罗马尼亚和保加利亚。**土耳其对这些地方没有兴趣，因为占领这些地方还需要花费大量的人力物力。就如波兰和俄罗斯一样，德国人将会参与这次在北欧平原发生的战争之中，并且这个决定将会保证他们本国的边境安全。最主要的是，这个安排将会扭转自俄罗斯第二次解体之后对德国和西欧构成的不利形势。如果成功了，东欧国家将不得不退回本土。

德国人知道美国人最终会再次盯住这块地方，但现在离美国卷土重来还有一段时间，所以自己还有占领的机会。但生来就缺乏冒险精神的德国人不会像土耳其人那样大胆冒进。不过另一种可能是，土耳其会向德国东部施压，或者更糟糕的是，如果土耳其溃败，德国将不得不面对波兰和美国这两股更加强大的力量。按常理来说，德国人不愿意冒这种风险，但此刻他们别无选择。他们不得不动员所有军队，甚至那些虽仍有战斗力但平均年龄偏大的军队，在 2051 年春天从西面进攻波兰。同时，土耳其人将会从南面再次发动攻击。德国将会向法国和其他许多国家请求援助，但这些国家更多地在政治方面而不是军事方面帮助它。

与这些国家不同，英国将会对世界上正在发生的变故震惊不已。尽管世界权力格局正在发生翻天覆地的变化，但英国人只是密切关注欧洲本土的权利平衡问题。此时，他们将再次面对德国成为欧洲霸主的局面。虽然德国担当霸主有些勉强，但由于有土耳其在背后撑腰，所以霸主地位也将牢不可破。英国人意识到如果放任这样的状况，或者一再退却，那么将会导致自己孤立无缘，而这对于整个欧洲和美国而言，将意味着惨败。虽然英国没有参战的想法，但从这点来考虑，它也别无选择。英国将会派出一些精悍的战斗机。当这些战斗机与美军联合时就能严重破坏德国和土耳其的军事力量。另外，它先进的防御系统将会确保英国本土免遭土耳其和德国的空袭，这也是它安全操作的基础。表面上看，英国人似乎是按兵不动，但事实上英国正在秘密将空中力量输送到防御能力高、报警设施更好的美国机队，重新部署军事力量。

最终，波兰将会受到来自西面和南面的双重攻击，并且这股攻击力量会像以前的侵略者一样慢慢推移，但在技术方面却与之前的战争大相径庭。它不是拿破仑麾下不计其数的步兵，也不是希特勒的装甲编队，事实上，将要发动的攻击将会以小股军事力量的形式来进行。这些力量包括装甲步兵，他们通常被分散成小股兵力，但有清晰并且相互叠加的交火地带——这些地方现在已经扩至几十公里。他们通过网络相互联结，不仅能够控制装备，而且可以遵从自己的意愿控制机器人系统和几千米以外的极超音速飞机。

自动系统基于数据和电力运作，两者缺一不可。它需要持续不断的信息流和指令，同样，它也需要一个稳定的电源来保证正常的工作。自从土耳其的太空基地系统被毁，土耳其将会在战场及其周围使用无人航空飞行器来代替先前使用的飞行器来收集情报。当然，这些信息也不够全面，因为这些无人驾驶的飞行器会不断地被美军击落。美军虽然有完善的信息，但是也无法大规模地剿灭进攻者。

怎样为步兵的装甲服和机器人提供足够的电力将会成为一个难题。这些装甲服是由电力驱动的，所以需要充电或者每天更换巨大的电池。储藏电力资源可以暂时解决问题，但电池总会被耗尽。因此，与发电厂相连的蓄电池将会成为另一种重要的能源。一旦摧毁发电厂，这些侵略者就必须从任何一个战场附近的有电的地方为这些电池充电，之后再靠这些巨大的电池来行驶。军队行进得越远，军需线将会拉得越长。如果这些防守者准备让敌方的电网瘫痪，必要的时候也会摧毁对方的发电厂，那么进攻将会由于缺乏电力而被迫放慢脚步。所有东西都依赖于电力的传输。

美国、英国、中国以及波兰的领导人将会举行一次秘密会谈，会议上，他们将制定一个战略：波兰人继续抵抗，但迫于联盟的压力又不得不慢慢接受退让。两大地缘进攻势力分别从西面和南面夹击，在华沙汇合。最终将达成协议，波兰抵抗，退让，重组，然后陷入无休止的讨论之中，这样就为它的伙伴争取了尽可能多的时间来重建空中力量。这时几千名美军将从北极到圣彼得堡突降支援波兰人，并在这次慢半拍的行动中调动部署波兰军队。

到 2051 年年底，国际形势将变得更加严峻，英国剩下的可用空军力量将被派遣去阻止土耳其的进攻。强大的美国将会不断地推出新的工业成果，生产出更多更加先进的极超音速飞机，其飞行速度将是之前飞机的两倍，但其相对体积也随之翻了一倍。到 2052 年中期，美国将有能力发动一场大规模毁灭性的进攻，一旦与进步飞速的太空基地系统相互配合，美军就可以消灭联盟在世界范围内的所有军事力量。到那时，美军就掌握了主控权。

联盟如何摧毁美国的电力系统？

联盟大大低估了美国的工业实力。它们认为仅需要几年时间就能攻下波兰。一方面，由于需要电力来维持战斗，并且不想战后重修电力系统，因此联盟不会选择首先攻击波兰的电力系统；另一方面，波兰人在撤退时将会破坏它们的蓄电池电极板，想以此来阻挠联盟军的进攻，并迫使德国和土耳其向战场运送储备电力资源。在 2052 年的夏天美国反击开始的时候，这条供给线将是最容易被袭击的。

当美国的装甲步兵带着先进的太空基地系统抵达战场时，联盟才会意识到波兰不会这么快被打败。联盟明白发电厂是美军的基础，除非电厂被毁，以增加美军从自己国家运输储备电力到战场的数量，否则美国注定是赢家。因此，2051 年夏天，联盟将会开始破坏波兰的电力系统和发电厂，并向北延伸直至白俄罗斯，而波兰将自此走向黑暗。

联盟将花费两周时间来迫使美国及其伙伴卷入一系列的战斗来耗尽它们的储备电力，同时在前线发动攻击，以此来耗尽美国的电力和好运。然而事与愿违，它们遭遇美军的激烈反击，并且美军还动用空中力量来彻底摧毁联盟军的防线。美军及其伙伴将会派遣机队加入战斗，并运用与太空基地防御系统相媲美的超尖端的、更精锐的太空堡垒控制系统，瞄准并击毁德国和土耳其的装甲步兵。

差点于1941年丧失全部海军的美国将不会把兵力集中于一处，尤其是太空基地系统。在战争开始之前，美国将会建立另一个太空堡垒基地（最新一代的系统），但是由于资金问题，这个基地还不能正常运转。国会对此并不知情，因为尽管建于地面，但基地仍是个秘密。就在出其不意地攻击并毁坏日本在月球的基地之后的几个月里，它将会被发射到太空。在战争开始之后，那些临时装备结构将会被乌干达附近的一个新一代的太空堡垒中心取代，它能够按照需求，快速调遣到赤道附近的新地方，也可以进行战略性的调遣来避免先前三个基地所遭遇的毁灭性攻击。美国将会重建它的太空基地。从某种程度来说，该基地将会超越几年前的太空基地系统。

土耳其人和德国人将会被一件事情震慑住，在毁坏波兰人的电力系统和电力补给之后，他们期望波兰的反击会急剧减弱，因为他们自己的军队也已经精疲力竭了，然而波兰和美国的装甲步兵也好不了多少。美国似乎不可能运载足够的电池来供应军队。问题随之而来，怎样才能得到电力？

日本不是唯一一个考虑利用太空商业价值的国家。在20世纪前50年，美国财团也投入大量资金用以研发在未来使用的低成本、多样化的发射器，同时着手在太空建设发电厂，以微波形式向地面输送能源，并将其转化成为可用电能。当美国从对抗波兰的漫长的战争中摆脱出来时，它会明白电力将是问题的关键。当土耳其人仅仅花费几周的时间就横行于欧洲东南部时，美国人意识到，要击败对方就必须保证自己及联军有足够的电力供给。同时，还要破坏对方的电力供应。

制胜的关键在于确保波兰有足够的电力供应。

这种核心技术将会得到发展和改进。太空发射器能够被迅速制造，太阳能电池板和微波光束系统也一样。真正的挑战将会是热能接收器的建造和投入使用，于是，美国无限制的预算和无约束的野心再次创造了奇迹。避开联盟的视线，新的太空堡垒基地将专注于两个目标：一是设计作战计划，另一个是管理建设和操作庞大的太阳电池板的配置和微波辐射系统。届时，可移动的热接收器会被带到战场上。

当开关被按下时，在波兰战场前线的成千上万的热接收器将会开始接收来自太空的微波辐射，并将其转换成电力。从某种程度来说，这就好像手机替代陆地通信线路一样。整个电力结构将会被改变。这在将来将非常重要，因为它意味着从今以后面对土耳其的反击，波兰将摆脱劣势。对土耳其人来说，敌人莫名其妙的就拥有了比自己预期的更多的电力资源。

联盟无法破坏发电系统，也不能定位微波接收站的位置。因为太阳能电池板分布广泛，数量也很多，并且它们还在不断地四处移动。即使它们被毁，还会有其他的系统以比摧毁前（假使联盟有这个能力）更快的速度来取而代之。

联盟也没办法按常规方式来摧毁波兰和美国的军队。因为它们先前失去了卫星，监测系统存在很多漏洞，因此这些防御者可以侥幸存活下来。联盟的空中力量日渐衰微，相比之下，美军及其伙伴的空中力量虽然规模较小，但拥有强大、完善的信息，因而也就更加高效。

幸运的美国人，永远的战争受益者

地面战争将会陷入僵局，美国将于 2052 年 10 月最终动用大规模的新型空中力量。与太空堡垒的情报和武器联手，美军的空军力量也将用同样的办法对付正在侵略中国的日本军队。另外，它们还将瞄准日本的水上舰艇。

美国的反击将会重创日本和土耳其，届时德国也将举步维艰。联盟的地面武装力量将会如蒸发般消失殆尽。然而，美国也面临着核问题的威胁。如果联盟的军事力量被逼到认为自己国家的主权和生存问题面临挑战时，它们有可能会考虑使用核武器。

美国不需要无条件的投降，但它却会接受对方的无条件投降。美国不会威胁这些国家的生存问题，它也没打算这么做。美国从过去50年的历史中吸取到这样的教训：无论怎样，彻底地毁灭敌人都不是最好的战略。美国的目的是维持各种力量间的平衡，使这些力量专注于彼此，而让美国置身事外。

美国不会毁掉日本。相反地，它将会保持中日韩三国的对峙状态，通过相互制约来达到权力的平衡。美国也不会毁灭土耳其，而会在伊斯兰世界制造混乱，用这种方法来保证波兰集团和土耳其的权力平衡。波兰集团将会痛斥土耳其，并要求其对牺牲的波兰人民负责；中国和韩国也将对日本提出同样的要求。美国对法国的战略稍有不同，美国将会在凡尔赛安置一位伍德罗·威尔逊(Woodrow Wilson)式的人物。美国虽然以人道主义为名做这些事情，但最终的目的却是让亚欧大陆处于混乱状态。

在快速组织的和平大会上，土耳其将会被迫从巴尔干半岛向南撤军，退到克罗地亚和塞尔维亚这块缓冲之地，但不会进入高加索山脉。在中亚，土耳其将不得不接受中国有关边境的提议。日本也不得不从中国境内撤军。美国将会把防御技术转让给中国，但是这些技术中那些原本精确的术语将会被美国用含糊不清的词语代替。这就是美国的目的。与此同时，许多新国家也将应时而生。许多领土的边境界限也将变得不明确。战胜方不会得到很多好处，战败方也不会损失很多。

243

这是美国迈向全球文明的第一步。

在此期间，美国将会完全掌控太空，并以获得经济上的繁荣来平衡用在防御系统上的花销，一个崭新的、先进的发电系统将会改变人类接收电力的方式。

20世纪中期，第二次世界大战夺走了5 000万人的性命。100年后的今天，第一次太空大战将会夺去50万人的性命，其中大部分是在土耳其对德国的地面战中丧生的，另一些则牺牲在与中国交战的战场上。美国失去了几千人，一些是在太空中，一些是在刚刚开始的对美空袭中，还有一些是在支援波兰的战斗中。从字义上来看，这是一场"世界大战"，但是从技术的准确度和速度方面的先进来说，这又不是一场全面的战争，只是一种社会体系想要吞并另一种社会体系。事实上，到最后真正丧失主权的只有欧洲东南部的那些小国家。

然而，这次战争与"二战"有着相似之处，那就是，到最后只有美国损失最少，而获益最多。**就如在"二战"中，美国的科学技术迅猛发展，经济复苏，同时在世界上获得了更高的地位。因此，美国将迎来自己的黄金时代，在处理权力问题时更加游刃有余。**

第 **12** 章

鼎盛时期的美国
21世纪60年代的黄金十年

世界大战后相继缔结了一系列条约，这些条约不仅确保了美国在太空的主导权，同时更进一步打压了土耳其和日本的实力。在美国的支持下，波兰重创了德国和法国。欧亚大陆重新回到势力均衡的状态。大权在握的美国开展了能源革命，并在文化上再次引领世界潮流，世界再次以美国为中心。

战争的结果将会巩固美国作为国际主导大国的地位，强化北美作为国际体系核心的重要性。这有利于美国加强对空控制，进而掌控国际海岸线，同时它也将开创一种新的关系模式——一种美国在未来几十年都要依赖的关系模式。

战争最重要的结果是缔结条约，正式授予美国独享太空军事使用权的特权。其他大国可以在美国的督导下，不含军事意图地利用太空资源。这不过是以条约形式认可军事行动。为了不让大权旁落，美国就需要在太空领域打败日本和土耳其。因此条约将会限制这两国拥有的极超音速飞机的数量和种类。由于这一限制是一个不光彩的胜利者强加给另一方的，它不能强制执行，但是只要美国大权在握，条约就要继续生效，保障美国利益。

战后的波兰：逃脱束缚还是继续做棋子？

尽管波兰的损失是所有参战国中最为惨重的，但是它也将成为大赢家，大规模地扩展自己的势力范围。中国和韩国因为摆脱了日本的影响，也将会皆大欢喜。日本的人员伤亡虽少，但它失去了帝国地位，分崩离析，可是它会继续存在。同时它也将为战争付出代价，仍将面临人口问题。土耳其继续保持伊斯兰世界的领导地位，统治一个战败后动荡不安的帝国。

波兰虽为战胜国，但是却饱受煎熬：领土直接遭受德国和土耳其的骚扰，后被美国同盟所占领。陆战负伤的民众不计其数——在巷战中步兵要比民众安全一些。波兰的基础设施遭到破坏，经济也随之受到影响。尽管波兰能够发掘战利品，使区域经济指标朝有利的方向发展，进而迅速恢复经济，但它的胜利依然只是表面的光鲜。

至于西部，波兰的宿敌德国的势力会日渐衰微。土耳其虽受到一时的打击，但是其对几百英里以南的巴尔干半岛和俄罗斯南部的影响力依旧不容小觑。波兰会占领里耶卡港口，并保留其在希腊西部的基地以阻止土耳其觊觎亚得里亚地区。但是根据欧洲人以往的记忆，土耳其人还会继续盘踞在那里。最痛心疾首的莫过于波兰，它也是被禁止太空军事化的国家之一。在这一点上美国对谁都不破例。实际上，战后美国最担心的就是波兰。波兰将重建其在17世纪的帝国，甚至更加强大。

波兰将为其前联盟创建一个联邦体系，直接统治白俄罗斯。它的经济在战后虽然深受重创，但它有足够的地域和时间来进行恢复。

成为波兰手下败将的法国和德国将会把其权力重心从欧洲转移到东方。从某种意义上讲，从1945年开始黯然失色的大西洋沿岸欧洲城市将会在21世纪50年代实现统一。美国不会喜欢活跃自信的波兰长期统治欧洲。因此，美国会怂恿其最亲近的盟友——英国，卷入到这场无烟战争中，提高美国在欧洲大陆的经济和政治影响力。由于西欧人口减少、经济滑坡，同时担忧波兰力量的壮大，因此英国很愿意组建一个政治集团，正像20世纪的北约，着眼于恢复西欧的影响力，阻止波兰向德国、奥地利和意大利西扩。美国不会加入该集团，但是它鼓励这种集团的形成。

有趣的是，美国人将会试图改善自己同土耳其的关系。正如一句英国古代谚语所说：国家之间没有永远的朋友，也没有永远的敌人，只有永久的利益。而美国的兴趣就是扶植弱小、对抗强大，从而保持力量上的平衡。土耳其已经意识到波兰长期潜伏的力量，出于日后生存的考虑，也乐于接受华盛顿这棵大树的庇护，与其保持亲密关系。

毫无疑问，波兰人也一定意识到了美国出卖了自己，但美国人也逐渐认识到，发动战争只能解决一时的燃眉之急，但设法避免战争，或对战争敬而远之、置身事外可能会是更好的解决方法。通过扶植英国，支持土耳其，美国试图建立一个欧洲权力制衡体制，与亚洲权利平衡的情况相同。并且，只要美国掌控太空，就没有哪个国家会对它造成长久的威胁，它就可以轻而易举地处理任何值得关注的问题和事件，以维护美国的国际地位。[1]

经济强盛的美国将独霸太空

地缘政治学存在一个有趣的现象，那就是：对于地缘政治问题没有一劳永逸的解决方法。正如 20 世纪 20 年代和 20 世纪 90 年代，到 21 世纪 60 年代美国也不会受到什么严峻的挑战，至少不会受到直接的威胁。虽然美国对于即时的安全状况比较放心，但是它也要清楚安全问题已经暗潮涌动，并非表面上那般平静。

21 世纪 40 年代，美国的经济扩张依然不会受到战争的影响。而且它还会不受约束地持续发展。正如我们在过去几个世纪中所见证的一样，美国再次成为战争的受益者。它的国土没有受到战火波及，而政府增加的支出能够刺激经济发展。由于美国应用高科技作战，因此任何战争都会增加政府的研发费用。战后，这一系列新的技术也将应用到商业开发中，因此，到21世纪70年代前后，随着社会的转变，美国将获得一个在战后世界经济大幅度增长的机遇期。

这场战争正好发生在美国50年循环周期的中期，将持续20年左右。这意味着这场战争发生的时间正是美国最强盛的时期。人口问题在美国不像在世界其他地方那样严峻，它因移民和婴儿潮时期人口的减少而得到较好的调节，减轻了灰领阶层的压力。可用资本和产品需求之间的平衡未受到任何波及，物质财富还将呈现增长态势。美国将会进入经济高速发展的时期，社会也随之转型。然而正如第二次世界大战，当一场大型战役从爆发之初进入到周期循环中的中间阶段之后，经济因为要立即去适应战后余波，就会使周期循环的速度加快，这也就意味着21世纪50年代中后期将会是类似于20世纪50年代的一个高回报时期。从任何角度来讲，战后15年对美国而言都将是一个经济和技术发展的黄金阶段。

21世纪30年代，俄罗斯垮台后，美国将会减少国防开支，但随着21世纪40年代全球冷战的加剧，其国防开支又会大幅增加。世纪中的战争，美国将会全身心投入到研发事业中，并将其研究结果立即投入应用。对于在和平时期需要花费几年时间完成的研发项目会由于战争的迫切需求（尤其是在美国的太空部队遭歼灭之后），在几个月，甚至几周内完成。

美国对于太空的开发将会达到痴迷的程度。1941年的珍珠港事件在美国，尤其是在军队中建立了一个信条，即毁灭性的袭击会在任何时刻，尤其是最意想不到的时候突然降临。这种思想倾向将在未来50年一直影响着美国。对于意外袭击的恐慌渗透到部队官兵的思想中，并提上了军事日程。这种草木皆兵的敏感在苏联解体后有所缓和，但在21世纪50年代，袭击令珍珠港事件引发的恐惧感死灰复燃，整个国家再度陷入恐惧意外袭击的困扰之中，并且这次的恐惧来自太空。

这种担忧不久将会变成现实。控制太空意味着要和控制海洋一样应用战略。1941 年的珍珠港事件几乎使美国丧失了对海洋的控制权，而 21 世纪 50 年代的战争则可能会使美国丧失对太空的控制权。美国一直以来的对意外袭击的恐惧，以及对太空的关注将会使其把巨大的军事和商业资金投入到太空中。

美国因此要在太空建立大量的基础设施，从近地球轨道到同步人造地球卫星轨道站，再到卫星设备和绕月轨道卫星。许多系统将由机器人操控或是执行。前半个世纪以来，机器人所拥有的无法比拟的先进性汇集一体，集中应用于太空事业。

拥有一支稳步发展的太空部队是开拓太空事业的关键。他们的工作就是监督各个系统，因为不管机器人再怎么先进，它们还不是全能的。到 21 世纪五六十年代，这种努力将关乎国家的生死存亡。美国太空部队——一支从美国空军分离出来的新部门，虽然规模不大，但却成为预算最多的部门。来自企业家升级化商业版本的一系列低成本的发射工具，将会依托太空平台，不断穿梭于地球和宇宙之间。这些活动有三个目标：

首先，美国期望确保其国防力量强大，保障充分，防卫全面，以此保证美国在太空事业上的领先地位。

其次，美国期望占据有利条件，以此打消其他国家在太空事业上寻找立足之地的任何尝试。

最后，美国期望独揽各方资源，包括太空武器——从导弹到高杀伤力的激光束，以此控制地面的各种事件。但是，美国最终会明白，它不可能监控到来自太空的所有威胁（如恐怖袭击或其他大国结盟），但它可以确保其他国家不会对其造成有效的打击。

培养这种能力的代价是相当昂贵的。但美国国内政坛上几乎听不到反对的声音，国家将会产生庞大的财政赤字，美国经济也会受到极大的刺激。正如"二战"之后，恐惧胜过谨慎。有些批评家（大多是非主流的、不具影响力的）会证明这项军事开支是毫无裨益的，甚至会把美国拖垮，引发经济萧条。但事实上，美国经济实力会因此迅速提升，因为在美国历史上，尤其是其50年的循环周期中，财政赤字经常出现，而经济依然稳健发展。

巩固霸权的能源革命

美国对太空的痴迷是与能源问题交织在一起的。战争期间，美国会投入巨资来解决从太空向战场运送能源的问题，这种方式虽然不符合效益，原始又很浪费，但确实可行，这样就可以增强北约在波兰的各种能源补给力量，以防止土耳其和德国的联合入侵。美国军方将太空资源作为解决战场诸多复杂问题的途径之一，特别是十分关键且亟待解决的激光等新型武器的能量供给问题。因此，军方需确保外太空能源研发成为军事领域不可或缺的课题，美国国会当然要为此买单。这是美国从战争中汲取的经验，而且这一项目势在必行。

美国历史上发生的另外两起事件也有力地支持了这一项目。1956年，美国着手建设州际公路系统。出于军事考虑，德怀特·艾森豪威尔也非常认同这个项目。作为一名高级指挥官，他试图领导一个护航队穿越美国。当然，这需要几个月的时间。第二次世界大战中，他亲历德国把整个军队从东方前线转移到西方战场，又利用德国高速公路发动坦克大决战。对此，他深感震惊。

建立州际公路系统，军事用途自然不言自明，但这一项目对市民的影响却大大出乎意料。随着时间的缩短和运输成本的降低，城市周边的土地资源得到了有效的开发利用，大规模的城市郊区化悄然兴起，居民和工厂都向郊区分流。州际公路系统重构了美国。如果没有军事理由，美国也许就不会抽调专门资金来完成这项工程。

另外一个例子要从 20 世纪 70 年代谈起，当时美国军方非常重视研究工作。美国需要一种方法将各个研究中心的信息以快于信使或邮件的速度传送出去，当时还没有联邦快递。国防高级研究规划局（简称 DARPA）设立专项资金支持了一项实验。这个实验希望通过计算机实现远程数据交流和文件传输。这一项目被称为 ARPANET。它花费了大量的人力物力，最终，ARPANET 逐渐发展演变成为 Internet，但是它最初的基本架构和初衷主要是为国防部门服务的，被国防部门和承包商所垄断，直到 20 世纪 90 年代才逐渐普及。

正如高速公路一样，信息高速公路似乎也是自行演变出来的，但事实并非如此。信息高速公路创建的初衷是为了解决军方面临的问题，因此建设信息高速公路的费用将由军方自行承担。以此类推，能量高速公路也是源于类似的需求。它也是为军方所建，因此能量高速公路的经济保障会让它比其他的能源开发更具竞争力。军方会筹措启动资金，并将其部署到各个系统当中，因此这种能源的商业成本将会比其他途径的开发成本更为廉价。对社会大众来讲，享有低廉的能源，是一件非常重要的事，特别是随着机器人在经济体系里扮演越来越重要的角色，能源也将变得越发重要。

整体而言，军方实施太空计划确实减少了商业化开发研究的成本。之前商业化的太空推进计划虽然降低了成本，但是却无法运作像太阳能开发这样的大型工程。因此 21 世纪五六十年代的大规模军事工程将会从以下两方面着手来解决这个问题。

首先，计划重点是降低太空运输的单位重量成本。美国需要向太空运送大量的原材料，这就需要大幅削减发射成本。要满足这种需求，一方面要靠新科技，另一方面要增加发射的负载量，这样的话，成本会得到大幅削减，甚至低于之前开发的商业工具。

其次，在军方的大规模计划中，会安排备用容量。这次战争的一个教训就是美国没有留出足够的剩余空间输送能力，导致它仓促应对主动进攻。美国不允许这样的事情再次发生。它会预留出充裕的、可重复使用的空运能力，并且以巨额的预算赤字来保障不再重蹈覆辙。同时，由商业组织来使用这些设备，会是降低成本的重要一环。

州际高速公路建设和因特网的到来，促使经济进入一个迅猛增长的时期。通过雇佣军队建设人员和国内工程师参与州际高速公路网建设刺激经济，但企业的推动效应才是繁荣经济的真正原因。麦当劳和市郊购物商场就都是州际高速公路网的产物。因特网的建设包括了大量的 Cisco 服务器和私人电脑的销售，但真正的繁荣来自 Amazon（美国最大的在线零售商。——译者注）和 iTunes（美国苹果公司的音乐播放软件。——译者注）。它们都拥有巨大的企业影响力。

自 20 世纪 70 年代起，美国国家航空航天局 (NASA) 就以 SSP（空间太阳能）的形式参与了空间能量研究。美国会在 21 世纪 50 年代的战争中首先使用这套新的系统。这一体系将在 21 世纪 60 年代的空间能量项目中得到完善。为了将太阳能转化成电能，大量的光合作用电池将会放置于地球同步轨道或是月球的表面。电能将被转换成微波的形式传送到地球，微波再次被转换成电能的形式分布于现有的展开电网。通过使用镜面聚集阳光能够减少所需的电池数量，因此降低了投产设置光电列板的基本成本。显然，接收器需要安装于地球上的隔离区，因为定位微波辐射将会非常强烈，但风险却远低于核反应器或是来自于烃类储集的环境效应。众所周知，太空的空间能源无限广阔。有些在地球上根本就无法开展的工程（比如说用太阳能电池板覆盖整个新墨西哥州），却不会影响无限的太空。太空中没有云层，收集器可以持续接收阳光。

这些进展将会降低地球的能源成本，从而让更多的能源密集型活动成为可能，随之而来的商机也非常诱人。谁也不能在 ARPANET 和 iPod（苹果公司推出的一种数码播放器。——译者注）之间划出一道界限。现在能说的是，与 20 世纪 60 年代州际高速公路和 2000 年因特网所带来的繁荣相比，这次创新浪潮所带来的改变将在 21 世纪 60 年代给人们带来更多的繁荣，至少不会逊色多少。

美国还将为其地缘政治权力建立另一个基地，保护其能源领域免受攻击，它也将成为世界上最大的能源生产国。而日本、中国和大多数其他国家都将是能源进口国。随着能源经济的转型，其他能源（包括碳氢化合物）将失去原有的吸引力。其他国家将无法实施自己的太空计划。一方面，它们没有强大的军事力量保障太空计划的顺利实施；另一方面，也没有哪个国家愿意挑战美国的权威。任何对美国的袭击都将给现存的权力不均衡现象造成难以预想的冲击。美国提供的廉价太阳能成为其巩固超级大国的又一个附加筹码，大大提升了它的国际主导地位。

我们将在地缘政治现实中看到一个基本模式的转变。工业革命开始之后，工业对能源的需求剧增，能源源源不断地输送到世界各地。无足轻重的阿拉伯半岛因其丰富的石油资源一下子变得炙手可热。随着工业开始向以太空为基础的体系转型，工业在消费能源的同时开始生产能源。太空旅行将成为工业化的结果。工业化国家生产能源，同时也加速了其工业的发展。太空将变得比沙特阿拉伯更为重要，并且会受到美国的控制。

世界再次以美国为中心？

美国式文化的新浪潮将会横扫全球。要知道我们不能把文化单纯地定义为艺术。从广义上讲，文化是指人们如何生活。而计算机的引入对美国文化的影响就要远胜于电影或电视机。机器人将成为计算机逻辑性的代言人。整个世界经济的增长有条不紊，但人口增长不会过盛。机器人将会成为生产力的驱动力，以太空为基础的太阳能系统会提供给机器人充足的原动力。机器人的开发仍然处于初始阶段但发展迅猛，并将风靡全球，尤其会受到人口稀少的发达工业国家和人口接近或是超过人口高峰期的国家的欢迎。

遗传学将继续延长人们的预期寿命，并将根除或控制一系列遗传疾病的发展。但这将引发更多的社会动乱。妇女角色和家庭结构的彻底转变已经给欧洲和美国造成了困扰，它将会继续蔓延，成为一种普遍的国际现象。传统价值观念的支持者和新的社会现实主义者之间剑拔弩张的对峙将会加剧整个国家的紧张局势。整个社会，所有的主要宗教都将面临重大冲击。天主教、儒教和伊斯兰教将一如既往地宣扬对于家庭，性以及世代关系的传统观念。但是，传统的价值观念在欧洲和美国土崩瓦解之后，将继续影响世界上的大多数其他国家和地区。

从政治上讲，这将意味着更加激烈的内部关系。21世纪末期，保守派将会试图控制医学、科技等领域的巨大变化。自从美国成为引起争议技术的始作俑者之后，其内部的社会混乱模型已逐渐成为准则，而这也会成为传统主义者的大敌。至于世界的其他国家，它们都会认为美国危险、野蛮且善变，所以人们会小心谨慎地对待美国，同时又充满嫉妒的情绪。届时的国际状况将会是整体稳定，而各国内部则处于不安的状态。

除了美国，还有两个国家对太空虎视眈眈。一个是忙于巩固其内陆帝国，同时仍能巧妙兼顾 21 世纪 50 年代和平条约的波兰。它正从战争和美国联盟的包围中恢复过来，但它还没准备好接受挑战；另一个是在 21 世纪 60 年代崛起成为世界经济强国的墨西哥。它将美国视作对手，逐步登上美洲和世界舞台，但它还没有形成一套完整的国家政策（也不会过分挑战美国权威）。

届时将会崛起新的国家，它们的人口增长压力有所缓和，经济飞速发展。尤其是巴西，它将紧跟墨西哥的步伐，人口稳步发展，成为一个崛起的新兴大国。巴西很可能同阿根廷、智利和乌拉圭一起建立区域经济联盟，促使国家经济获得长足发展。出于自身和平结盟的考虑，巴西极有可能会在恰当的时机提出一些建设性的战略规划。在 21 世纪 60 年代，巴西一定会实施太空计划，但这项计划并不全面，无法满足其自身的地缘政治需求。

以色列、印度、韩国和伊朗等国家也会实施部分太空项目，但它们拥有的资源和参与的积极性都很有限，更别说抗衡美国的霸权垄断了。因此，**正如在全球大战后所发生的那样，美国将在太空领域大展拳脚。美国会迎来一个黄金时代，而且这一鼎盛时期将会持续到 21 世纪 70 年代左右。**

注　释

[1] 弗里德曼. 未来 10 年 [M]. 深圳：海天出版社，2011：155 ~ 157.

此外，欧洲国家还把这些苏联的卫星国视作与莫斯科保持安全距离的缓冲区，这就进一步保证了他们在与俄罗斯合作的同时，保持自身的国家安全。他们理解东欧国家的顾虑，但也相信，经济合作的益处以及东欧地区对欧洲其他地区经济依赖，足以让俄罗斯安分守己。欧洲人完全可以降格对美关系，在与俄罗斯建立新型互惠关系的同时，依旧可以把战略缓冲作为一种安全政策。这将对美国构成长远威胁。因此，美国总统必然采取措施遏制俄罗斯，让这个国家为其长期的内在缺陷付出代价。他决不能等到反恐战争结束再去做这件事，而是要当机立断。

如果德国与俄罗斯继续走向合作，那么，位于波罗的海与黑海之间的国家，也就是常被称作"海间联盟"（*Intermarium*）的国家将成为美国及其政策不可或缺的一部分。在这些国家中，波兰无疑是最大、最具战略地位的国家，同时不仅是损失最大、也是对潜在损失最敏感的国家。对波兰人来说，成为欧盟成员国是一回事，而沦为俄德合作的附庸品则完全是另外一回事。只要想到即将回归历史夙敌的势力范围，就会让他们和其他东欧国家感到心惊胆战。

实际上，在一战彻底摧毁奥匈帝国、沙皇俄国、奥斯曼土耳其帝国和日耳曼帝国之前，这些国家大多还没有独立。通常情况下，他们一直在被瓜分，被压迫和被剥削。像匈牙利这样的国家，遭受的压迫还算可以接受，但其他国家则灾难深重。但他们对法西斯和随后苏联的占领肯定记忆犹新，这些占领简直骇人听闻。诚然，当今的德国与俄罗斯政体不同，但对于东欧国家而言，那段被占领的历史并不遥远，陷入苏德战场的梦魇决定了这些国家的民族特性。在未来 10 年，俄德之间的博弈将继续决定他们的行为。这一点尤其适用于波兰，他们曾先后被德国、俄国和奥地利吞并。瓜分波兰是历史妥协的产物，它将继续成为波兰人的噩梦。这个国家在一战后刚刚实现独立，就不得不为抵抗俄国入侵而战。20年之后，德国人和苏联人根据一项秘密协定同时入侵波兰。在随后半个世纪的冷战中，波兰人的梦魇没有丝毫的减轻。

波兰人的灾难源于他们在地理位置上的重要性——与德国和俄罗斯接壤，占据着北欧平原，并构成一条从法国大西洋海岸到圣彼得堡间的通道。尽管其他东欧国家也和波兰有着相同看法但他们躲在喀尔巴阡山脉背后，他们在地理上显得更安全。

而腹背受敌的波兰似乎别无选择，只能听任德国人与俄国人的裁决，这对美国而言无异于灾难。因此，确保波兰独立于俄罗斯和德国完全符合美国的利益，这不仅是形式上的独立，更重要的是通过打造健康而充满活力的波兰经济与军事，使之成为其他东欧国家的典范和推动者。从历史上看，波兰始终是俄国与德国两国的咽喉要道，因此，确保在波兰的影响力是美国的重要战略。一个依附于德国的波兰，是对俄罗斯的威胁，反之亦然。必须令波兰对这两个国家保持一定的威胁，因为这样的话，美国就可以让两个国家永无宁日。在未来的10年里，美国与波兰的关系将发挥两种功能：它或许可以阻止或限制俄德联盟；一旦失败，则会制造平衡。美国迫切需要波兰，因为他们找不到任何其他可以对抗俄德联盟的策略。从波兰的角度看，尽管与美国的联谊可以帮助他们免受邻国威胁，但也会带来一个特殊问题。在波兰人的心中，英法在"二战"初期没有兑现阻击德军的承诺，造就了他们挥之不去的悲愤情结。波兰人对这种背叛行为痛心疾首，这使他们宁可选择与仇敌为伍，也不愿接受不靠谱的盟友。

第 13 章

美国VS墨西哥
2080年谁将成为北美统治者？

美墨边境的不断融合使得墨西哥移民不断涌入，移民们不仅解决了美国劳动力缺失等问题，同时也为墨西哥带来丰厚的外汇。加之石油美元及毒品经济的丰厚利润，墨西哥力量的成倍增长逐步呈现出打破北美势力平衡的态势。墨美跨界民族问题不仅影响到北美的地缘政治角力，更对美国和墨西哥的国内政治产生了深远影响。未来的北美必将成为国际体系和大国较量的中心，而作为两个最具竞争力的对手，美国和墨西哥谁将称王？

从本书开篇，我就一直在谈论北美将成为国际体系重心这一问题。一直到现在为止，我基本上都把北美和美国画上等号。这仅仅是因为在北美，美国力量具有压倒性优势，其他任何一个国家都无法企及。21 世纪的世界大战将会清楚地证明，在相当长的一段时间内，不会出现任何一个能够挑战美国的亚欧大陆国家。此外，一个重要的地缘政治原则得到了检验和修正：谁控制了太平洋和大西洋，谁就控制了全球贸易；谁控制了太空，谁就控制了全球的海洋。美国对太空的控制无人可敌，因而牢牢掌控着全世界的海洋。

　　然而，实际情况要比表面现象更加复杂。21 世纪后半叶，美国将会产生一个潜在的、200 年来都未曾遇到过的弱点。美国的第一个地缘政治驱动力（其他驱动力以此为基础）就是美国一定要主导北美。自从美墨战争之后两国于 1848 年签订了《瓜达卢佩·伊达尔戈条约》(*Treaty of Guadalupe Hidalgo*，1848 年 2 月 2 日在签订了该条约之后，墨西哥战争的停战协议才真正达成。——译者注)以来，美国实际上已经控制了北美大陆。这一点似乎早已成为定局。

　　到 21 世纪末期，形势将不再如此。有关墨西哥与美国力量消长的问题将会以人们所能想象到的最复杂、最棘手的方式被再次提起。
200 年后的墨西哥将有能力挑战美国领土完整以及北美政治力量的总
体平衡状态。如果觉得这个听起来有些牵强附会,那么请回头看看我
的序言章节,并思考一下在仅仅 20 年中世界所发生的变化。要记住:
我们现在谈论的是将近一个世纪之后的事。

墨西哥移民与美国社会的交融

墨西哥的挑战将会起源于 21 世纪 20 年代的经济危机。这一经济
危机将会随着 21 世纪 30 年代早期移民法的通过得以解决。移民法将
会极大地鼓励人们移居美国以解决美国劳动力紧缺的问题。来自各个
国家的移民将会大量涌入美国,而这些国家之中显然包括墨西哥。不
同于其他的移民群体,墨西哥人将会有同以往迥然不同的表现,这不
是因为文化或性格,而是因为一个因素——地理。作为一个国家,墨
西哥力量的成倍增长将会打破北美政治力量的平衡状态。

从历史上看,美国的其他移民群体一直处于一种多块分布的状态。
居住在族裔聚居区的人们,虽然可能已经在那些邻近地区处于主导地
位并影响周围的政治,但 19 世纪以来,还没有任何群体可以征服一
个区域或州。作为已步入成年的第二代移民,他们在文化上已被同化,
在追求经济机会的同时,他们的足迹遍布美国各地。族裔聚居区的生
活远不及机遇多多的广阔社会那般吸引人。在美国,少数民族的社会
融入性一直都不差,除了两大群体:一个是被迫来到美国的非裔美国
人,另一个是在欧洲人到来时就居住在美国的美洲印第安人。其他的
种族均在到达美国以后先聚集在一起,再分散开来,然后为整个美国
社会注入新的文化。

这一点一直是美国的优势和力量所在。比如:在欧洲的大部分地

区，伊斯兰教徒已经保留了区别于其他人口的宗教信仰和民族特征，而且他们也从未被鼓励去融入大众文化。因此，他们自身的文化力量很强大。在美国，伊斯兰教移民和其他移民群体一样，经过世代的繁衍，已演变成一个大量"买入"美国社会基本原则的族群，其目前的宗教信仰几乎只是因为要传承过去的文化才得以保留。这不仅使这些移民快速融入美国社会，而且在第一代和后几代人之间（也在美国伊斯兰教徒和其他地方的伊斯兰教徒之间）造成了隔阂。这对美国外来移民来说已经是轻车熟路了，也是他们必须迈过的门槛。[1]

从21世纪30年代开始，来自墨西哥的移民将有卓尔不凡的表现。他们将会像以前那样分布在美国各地，而且其中很多人将会进入美国的主流社会。但是，与其他移民群体不同的是，墨西哥人不会因为汪洋大海和万水千山的阻隔而与祖国分开。他们可以穿越边界几英里后进入美国，而且仍然可以在社会和经济上与他们的祖国保持联系。与自己的祖国邻近会产生一种十分不一样的动力。墨西哥人移民到美国，与其说是一种散居，倒不如说只是向两国边界区域移动，至少他们中一部分人的迁徙是这样的。这就像法国和德国之间的阿尔萨斯—洛林地区一样（一个不仅使边界稳定，也会融合交织两种文化的区域）。

看一下这张根据美国人口普查局的数据绘制的2000年的美国墨西哥裔人口集中图。

通过观察2000年墨西哥裔居民在美国各郡的比例，我们已经可以看出其集中程度。沿着太平洋到墨西哥湾边线，有一个明显的墨西哥裔人口集中地。这些郡的1/5到2/3以上的人口是墨西哥人（在这里我们用这个词来表示种族而非国籍）。与加利福尼亚州情况一样，在得克萨斯州，这种集中程度进一步扩展到州的范围。但是，与料想中的一样，边界周围的郡很容易成为墨西哥人的聚集地。

我把19世纪美国从墨西哥取得的土地（图中黑线下方的部分）放

在这张墨西哥裔人口图里，将这个历史界限和2000年的墨西哥裔人口分布图加以比较，就可发现，2000年时，墨西哥裔人口高度集中于旧日的墨西哥领土上。当然，除了这个区域还有许多墨西哥人聚集的小片区域，但仅是小区域而已，那里的墨西哥人的生活方式和其他的种族群体差不多。在边境地带，墨西哥人没有与他们的祖国隔离。从很多方面来说，这些墨西哥移民认为移民行为将祖国的领土延伸进了美国。美国在19世纪占领了墨西哥，而这个区域依然保持着被占领地的一些特征。随着人口的迁移，边界逐渐被看成是不稳定的或者非法的地区。这样就出现了从贫困地区向富裕地区的移民运动。虽然墨西哥的政治边界保持稳定，但是其文化界线却向北发生了推移。

这就是2000年的总体情况。经过了30年的鼓励移民政策，到2060年时，我们现在看到的2000年的地图将会急剧演变，以至于那些过去墨西哥人口占50%的地区将会完全成为墨西哥人的集聚地，而在那些过去墨西哥人口占25%的地区，其墨西哥人口的占有量也会翻倍。整张地图的色调将加深一倍。在大量移向美国边界地带的人口中，绝大多数将会是墨西哥人。墨西哥将会在美国的鼓励下，通过扩展墨西哥割让地至非政治边界，来解决自身人口增长的最终阶段的问题。

矛与盾：技术移民抑制移民需求？

向美国蜂拥而至的移民大军以及战争的后期影响将会开启一段从2040年到2060年的经济繁荣期。在美国，可利用的土地和资金与发达工业世界中最具活力的劳动力储备大军一起点燃了经济之火。这就像20世纪80年代发起的增加资本投资所引发的20世纪90年代大繁荣一样。美国一贯采用比较宽松的政策来吸引移民，这给它带来了相较于其他工业化国家更多的优势。但是，我们必须考虑到这个繁荣的另一面，那就是工业技术。让我们先谈一下这个问题，然后再继续我们关于墨西哥问题的讨论。

在 2030 年的危机中，美国将会寻求弥补人力资源短缺的方法，着重于开发可以替代人类的科学技术。这并不是联邦政府第一次致力于通过大规模的工程项目去保持经济的稳定发展。像伊利湖和巴拿马运河工程，出让政府土地建设铁路，建设州际高速公路，制造原子弹就是很好的例子。这些项目有时会带来一些出人意料的成果，如硅微晶片的应用。美国政府探测月球，进行航天飞行计划，需要携载一台小型的计算机。于是美国政府选择了已经发明的硅微晶片，投入巨资研发，最终发明了轻型计算机。私企应用了这一研究成果，个人电脑随之产生，历史在此翻开了新的一页。政府研发，特别是军事及其相关产业的研发，总是历史性地推动经济的发展。

美国主要的科技发展模式如下：

第一，大学或是发明者个人提出的基础科学或是设计理念，往往能够带来革新的观念和一些商业性的开发。

第二，出于军事需要，美国向相关项目注入大量的资金，加快其特定的军事化目的研发进程。

第三，私人企业充分利用先进的科学技术，将其商业化，应用到整个产业中来。

同样的情况也发生在机器人技术领域。早在 19 世纪末，机器人技术的基础研发就已经开始进行了。虽然核心理论有了重大的进展，并且已经部分应用到商业领域中，但机器人并没有成为美国经济的必需品。机器人技术仍然是供麻省理工学院学生消遣的一种游戏，并不完全是经济的一个主要组成部分。

但是，军队数年来一直在不断投资学习基本机器人理论及其应用。美国军方通过DARPA和其他来源，一直积极地为机器人的开发提供资金。诸如开发一个机器骡来运输步兵设备，或制造一个无人驾驶的机器人飞机，这些项目仅是机器人技术研究的几个例子而已。在太空中部署无需在地面上加以控制的智能机器人系统，是进行机器人研究的另一目标。归根结底，这是人口问题。年轻人越来越少意味着士兵也越来越少。然而，美国的战略参与只会增加不会减少。美国将比其他任何国家更需要机器士兵来维护国家利益。

等到2030年社会和政治危机发生时，机器人的应用技术将得到实地验证并得到军事论证，从而为商业所用。显然到2030年，机器人将不会被大规模部署。而且，机器人绝不会排斥移民。这种情形对我们中的许多人来说都很熟悉，因为我们之前有过类似的体验。1975年就出现了计算机操作；军队在硅晶片的发展上付出了很多努力，还可能研发出军事应用软件。商业化过程才刚开始，这可能会花上几十年来转变国民经济。所以直到2040年，机器人科学技术将大规模发展，而人们要真正感觉到机器人技术的全面改革力度估计要到2060年。

颇具讽刺意味的是，虽然移民科学家在发展机器人的工作上扮演重要角色，但进步的机器人科技却会降低未来对大量移民的需求。这个技术将会削减大规模移民入境的需求。实际上，当机器人技术成为社会发展的主流时，那些处于金字塔底层的从事无技术含量的劳动移民将会逐步失去他们的经济地位。

一个观点再次得到了论证：一个问题的解决办法将会是下一个问题的催化剂。这种情形将会直接导致2080年的经济危机。鼓励移民入境的体制将被逐渐纳入美国的文化和政治领域。招募者会继续鼓励那些移民来到美国。问题是到了2060年左右，由于移民，或是像机器人那样的新技术，经济危机将会过去。最后一批在新兴地区安家的移民也已经离开或是长眠地下。美国的人口结构看起来也更像金字塔了——它本来也应该这样发展。机器人的先进性减少了对移民的需求。

科技的发展自然预示着工作负荷的减轻，但其负面影响也总是随之发生。为了发展这种技术，人们就会提供更多的就业机会。所发生的变化就是从无技术含量的技术工作转变成技术工作。这当然是机器人技术发展的一个成果。因此就需要有人来设计和维护这些体系。但是机器人技术在本质上不同于先前的所有技术。先前的技术只是作为一种副产品来取代劳动力，而机器人技术则是出于要取代劳动力的明确目的被设计出来的。这种技术的整体要点是用廉价的技术取代稀缺的劳动力。第一个目标是取代劳动力缺口，第二个目标是用可用的劳动力支持机器人技术，第三个目标（这也是问题的根源）将是直接取代工人。换句话说，研发机器人技术就是为了解决工人缺口问题的，但那些缺乏技术、无法操控机器的工人将会被直接取代，这就会产生失业问题。

因此，大约从2060年开始，失业率在未来二十几年将急速攀升。届时，将会出现短暂的人口过剩。2030年，人口紧缺的问题将会出现。21世纪60年代到21世纪80年代，将演化成由于过度的移民入境和结构性失业而造成的人口过剩问题。这些问题的产生，也不排除遗传学改善的影响。人类寿命也许不会大幅度地延长，但美国人能够从事劳动生产的年限却会拉长。当然，我们不排除人类寿命大幅延长的可能性。

机器人技术，外加遗传学和随之产生的相关技术，会在取代劳动力的同时，提高劳动力储备质量，进而提高效率。这将会是一个混乱持续升温的时期，在能源利用方面也是如此。相对于汽车来说，处理信息的移动机器人会消耗更多的能源。这将会结束源自欧洲时代的碳氢化合物工业时代。美国人将寄望于太空，希望在那里寻求能源。

太空能源开发体系在 2080 年之前会进展得非常顺利。事实上，美国国防部已经考虑建立一个这样的体系了。2007 年 10 月，美国国家太空安全办公室发布了一项题为《太空太阳能作为战略性安全防御的新机遇》的研究报告。报告中指出：

> 能源和环境问题越来越严峻，我们不得不考虑各种可能的解决方法，包括重新探究近 40 年前美国研发的"太空太阳能"。这一概念非常简单：放置一系列的太阳能电池板到日光环球轨道上，源源不断地搜集大功率的电能源，然后通过电磁波光束传送到地球上。地面将搜集到的太阳能或者直接连接到现存的输电网路中，转化成大量的综合性碳氢化合燃料，或者通过低强度的传送方法将能源直接传送给消费者。一个一公里宽的同步地球轨道波段一年内获得的太阳能量可以媲美于地面上我们迄今所知的石油能源之和。

到 2050 年初，这种新的太阳能技术的部署将会步入正轨，而 2080 年的经济危机也将推动其发展。能源成本的大幅下降对于机器人策略的推广影响重大，对于此后长期的人口瓶颈期维持经济生产力来说也意义非凡。当人口不再增长时，技术方面必须平衡，而且这项技术行之有效，因此能源成本必须降低。

2080 年后，美国人将致力于开发太空能源体系。很明显，这项计划早在几十年前就该启动。2070 年经济危机的加剧会戏剧化地推动该工程的实施。由于政府任何的努力都要花费巨额的代价，到了 21 世纪末，当私营企业在太空的巨额公众投资开始占主导地位时，能源成本会显著降低，机器人技术也会迅速奇迹般地开展起来。回想一下 1995—2005 年家用计算机的发展：1995 年时大多数家庭和办公室里甚至还没有使用电子邮件,而到了 2005 年,每天则有数十亿的电子邮件在全球间发送。

美国会是经历短暂的人口过剩期之后的少数发达工业国家之一。前 50 年,它为了满足经济需求,通过各种方式鼓励移民,而现在它的解决途径变成了阻碍。所以解决经济危机的第一步将是限制移民。这是一个不可思议的大逆转,可能会导致危机,情况有如 50 年前增加移民的翻版。

一旦移民停止,美国就得处理由于人口缩减而引发的经济发展不平衡的问题。临时下岗和失业会严重地打击那些贫穷劳工,尤其是那些处于边缘地带的墨西哥人。之后,紧张的外交政策问题也会随之衍生。除此之外,还伴有能源价格的飞涨,届时,导致 21 世纪 80 年代经济危机的所有导火索都已蠢蠢欲动。

2050 年墨西哥将成世界领先经济体?

2006 年,墨西哥的经济在位居世界第 15 位。自 1994 年墨西哥的经济雪崩以来,已经戏剧般地得到了恢复。依据购买力来进行衡量,墨西哥的国内人均生产总值,已略超过每年 1.2 万美元。这使得墨西哥在拉丁美洲成为最富有的大国,就算称不上领先的经济强国,至少也居于发达国家的行列。别忘了,墨西哥不是一个小国。它拥有大约 1.1 亿人口,比欧洲大多数国家的人口规模都要庞大。

在未来的六七十年里,墨西哥的经济实力会得到大幅度的提升吗?如果是这样的话,再加上它的起步水平,墨西哥可能会成为世界领先的经济体之一。但是由于墨西哥的国内政治不稳定,人口外流,外加一些历史遗留的经济问题,很难想象墨西哥能够入围顶级国家的行列,而且对大多数人而言,同样很难理解它的经济为何会提升得如此之快。

在经济方面，墨西哥拥有如下几个方面的优势：

第一，石油，墨西哥在上个世纪就是主要的石油生产国和出口国。但对于一些国家而言，墨西哥成为主要大国尚且存在争议。石油出口常常削弱一个国家发展其他工业的能力。因此，了解墨西哥的实际情况就显得尤为重要了：尽管自 2003 年以来，全球石油价格高涨，但实际上，墨西哥的能源部门在其所有经济领域中已成下降趋势。石油在 1980 年占墨西哥出口总量的 60%，但是到了 2000 年，却仅占 7%。墨西哥拥有石油储量，但是它却并不依靠石油出口来增长经济。

第二，墨西哥与美国为邻并亲密合作。而这随后也有可能会引发一次地缘政治的挑战。不管有没有《北美自由贸易协定》(NAFTA)，墨西哥都能将石油有效地出口到世界最大、最有活力的市场上。然而，斜体却能减少出口成本，从制度层面上增加效率，其基本现状是尽管地缘政治学的不利因素伴随墨西哥经济的发展，但是毗邻美国的地理位置已经给它带来了经济上的优势。

第三，有大量的现金从美国以合法或不合法的移民汇款的形式流回墨西哥。源源不断地涌入的汇款资金现在是墨西哥外汇收入的第二大来源。在大多数国家中，来自国外的投资是发展经济的主要方式。目前，外国人在墨西哥境内的投资金额，已经被海外墨西哥人汇回墨西哥的款项数额迎头赶上。这个汇款体系有两大影响：当其他投资来源蜂拥而至时，汇款体系起到杠杆的作用；而且它还作为一种社会安全网为下层社会服务，对他们来说大多数汇款已经流动起来。

有资金流入墨西哥就意味着基于工业和服务业的技术将会增长。

目前服务业占墨西哥国民生产总值的 70%，农业仅占 4%，其余部分是由工业、石油和矿业组成。集中在旅游服务业的比例相当高，但是将其混合为一个整体，那就不是发展中国家的典型特征了。

联合国研发出一套很有意思的衡量标准，称为人类发展指数(HDI，Human Development Index)，并绘制出人类发展指数图表。该图表包含诸如生活期望值和文化等级等方面的因素。如下页地图，黑色代表发达国家，中灰色代表中等发达国家，浅灰色表示发展中国家。

正如这个地图显示的，墨西哥在人类发展等级中名列前茅，但这并不意味着它能与美国匹敌，而是意味着墨西哥不能简单地被视为一个发展中国家。当我们进一步探索人类发展指数时，我们会看到有关墨西哥的其他一些值得关注的方面。墨西哥的整体指数是 0.70，与欧美同级。但是在墨西哥内部却存在着相当大的区域不平等现象。黑色区域的发展水平与部分欧美国家同级，而最浅的区域则相当于贫困的北非国家的水平。

这种极大的不平衡，正是一个国家快速发展过程中常见的一种现象。想想查尔斯·狄更斯(Charles Dickens)或维克托·雨果(Victor Hugo)对欧洲的描述吧。他们掌握了 19 世纪欧洲的精髓：经济的极速增长会加剧不平等。在墨西哥，人们可以找到墨西哥城或瓜达拉哈拉市（墨西哥第二大城市。——译者注）的对比数据，但人们也能够从地域性的角度，看到墨西哥北部的富足与南部的贫穷的鲜明差异。这种不平衡并不意味着发展不足，相反，这是发展所必然产生的副产品。

当然，值得注意的一点是，邻近美国边界的地区与南部的观光地带（还有墨西哥城）都处于发展的最高水平。距离美国边境越远，人类发展指数就越低。这就表明了美国在墨西哥发展中的重要性。这也显示出了墨西哥正面临着的真正的危险：区域发展不平衡引发了墨西哥南部的社会动乱。随着墨西哥的发展，这种不平衡会逐渐加剧。

毒品和犯罪推动经济发展的逻辑

推动墨西哥经济增长的另一个重要因素就是有组织的犯罪活动和毒品贸易。一般说来，有两种犯罪类型。一种是简单的分配与消费，如某人偷了你的电视机并卖了它；另一种是创造资金大联盟。控制走私漏税的美国黑手党进行大规模的洗钱活动。这类事件发生在一国内部时，会刺激经济增长，当交易发生在两个国家之间时，就会产生更加显著的经济增长。问题的关键是产品的成本由于其不合法性被人为地抬升。竞争、维持高价、促进资金转移，这一系列活动鼓励大型联合企业的出现。

在当时的毒品贸易案例中，出售人为抬高价格的毒品给美国的毒品消费者，这给墨西哥创造了巨大的投资空间。复杂的洗钱运作被设计成合法的资金分配。下一代继承人将其变成一个相当合法的资金储备池，而到了第三代就成了经济贵族。

这种说法实际上过分简化了整个过程，而且还忽略了这样一个事实：在一些案例中，墨西哥的毒枭没有将黑钱送回墨西哥，而是把钱投资到美国或其他地方。但是，如果墨西哥变得日益多产，如果政府腐败到愿意包庇洗钱活动，那么毒枭当然愿意把资金重新投回墨西哥。请注意，未来墨西哥会出现巨大的吸金现象——毒品犯罪组织把钱从美国转向墨西哥。

这个过程会从政治上破坏政府的稳定。因为在此过程中，毒枭会与政府当局串通一气，法院和警署对此无能为力。这会导致这种不稳定从市井一直延伸至政府最高层。理论上，一旦流通这些钱，社会就会四分五裂。然而，社会是如此强大复杂，而且在这个社会中，那笔资金仅代表可用资金中相当小的一部分，因此最终整个社会会立即自行稳定下来。美国自20世纪20年代以来，有组织的犯罪活动组织就起到关键性的作用，虽然破坏了整个地区政府的稳定，但最终他们将非法所得导入合法的经济行为中。依我看，墨西哥很可能走这条路。这种活动最终也会促进墨西哥经济的快速增长。[2]

这并不是说在墨西哥就没有可怕的经济不稳定时期。在未来的几年中，国家控制垄断集团的能力将会受到质疑，墨西哥也会面临大规模的内部经济危机，但是从长远来看，纵观整个世纪，墨西哥将会平安渡过经济危机，而且会从大量来自美国的流动资金中获取利润。

最后，当我们着眼于墨西哥的人口数量时，我们不仅会看到在迫切需要劳工再次点燃经济的时期，墨西哥的经济会继续增长，而且会看到 21 世纪中叶人口增长的"软着陆"暗示了社会的稳定以及社会人口压力的缓解。21 世纪 30 年代，人口模式允许美国移民数量的增加，从而导致汇回墨西哥的款项增加，可以在不必承担人口过剩负担的情况下，改善自身的资本状况。尽管这对墨西哥的发展而言不是最关键的因素，但是这种移民必然会成为支持经济的动力。

于是，在部分生活指标方面已经达到欧洲水平的墨西哥，将度过一段不可避免的动荡时期，然后走上稳定有序的发展道路。之后，到 21 世纪中叶左右，当世界正处于战乱当中时，墨西哥将以一个经济成熟、人口稳定的崭新面貌出现在世人面前。它会位列世界经济六七强之中。除此之外，其军事力量也稳步增长。墨西哥将成为拉丁美洲经济力量的领头羊。也许，它与巴西的联盟将会挑战美国在北美的统治地位。

颠覆还是融入美国：墨西哥的地缘政治定位

19 世纪三四十年代，墨西哥将它北部的广袤区域割让给美国，这是美国主导得克萨斯州叛乱和美墨战争的直接结果。从本质上说，美国和墨西哥之间的格兰德河北部的所有土地和索诺拉雷暴沙漠全部被美国占领。美国没有对留在那些地方的人口实行种族灭绝,而是由逐渐到来的非墨西哥裔人统治该地区。从历史观点上说,美墨边境并不严密。美国和墨西哥公民都能够很容易地跨界限往来。就像我之前提到的那样,在美墨之间形成了一个典型的边缘地带,政治界限划分明确,文化边界却复杂而模糊。

墨西哥从来没有拥有过颠覆美国征服者的实力。它默认了这样一种观念:除了眼睁睁看着北部土地从自己国界内消失之外,别无选择。甚至在美国内战期间,当西南地区没有相关防护措施的时候,墨西哥人并没有移居他处。在马克西米利安国王统治下,墨西哥仍保持着衰弱和分裂状态。它并没有意愿或力量采取行动。当墨西哥在一战中被迫与德国联盟,共同抵制美国来要回北部墨西哥失地的时候,墨西哥人表现得很消极;当苏联和古巴试图在墨西哥发起一次共产主义运动来威胁美国的南部边疆时,它们彻底失败了。墨西哥既不能行动起来反对美国,又不能利用外国力量对抗美国,因为墨西哥不容易进行全国动员。

这并不是因为在墨西哥没有反美情绪。事实上,其最深的根源在于墨西哥人可能期望重新回到原来的那种美墨关系。然而,就像我们看到的那样,反美情绪并没有起多大作用。墨西哥人被他们自己的地方主义和复杂的政治所深深困扰,他们也知道向美国挑战是没用的。

1848年之后,墨西哥的主要策略很简单。首先,它需要保持自己的内部凝聚力来共同抵抗地方主义和叛乱;其次,它需要自我防护来抵制任何外来侵略,尤其是来自美国的侵略;再次,它需要收回19世纪40年代由美国占领的国土;最后,它需要超过美国,成为北美的统治力量。

墨西哥从来没有在地缘政治层面上完成实质性的跨越。自美墨战争以来，墨西哥只不过试图保持内部凝聚力。墨西哥被美国击败后失去了平衡，而且再也没有恢复。从某种程度上说，这归咎于美国政策，它助长了墨西哥内部的动荡不安。但是大部分时间里，墨西哥都因与一个强势的巨头为邻而削弱了自身的力量。比起墨西哥本国的努力，美国的实力更多地影响了墨西哥人民的立场。

到了 21 世纪，靠近美国的不稳定的边境地带会变成一种稳定的力量。美国仍然会影响着墨西哥，但是这种关系会将得到很好的处理，以提高墨西哥的实力。到了 21 世纪中叶，当墨西哥经济力量得到提升的时候，墨西哥将会不可避免地产生民族主义，从而将使地缘政治抱负付诸实践。这不仅增强了墨西哥人的自豪感，而且会产生一种反美主义。如果美国移民政策规划者试图在墨西哥出生率下降时，诱使墨西哥人移民到美国，那么美国将会因为实施损害墨西哥经济利益的人口政策而受到谴责。

美墨的紧张状态是永恒持久的。不同的是，墨西哥的实力将在 21 世纪 40 年代有所提升，因此墨西哥人会产生更大的信心，以致骄傲自大。然而，两个国家的力量将不相上下，但形势更有利于美国，只是不像 50 年前那么不稳定了。可是就连这也会在 2040 ~ 2070 年发生改变。墨西哥不再会是一个没有希望的国家，而将成为一个主要的区域强国。美国并没有注意到这一点。在中世纪战争期间，华盛顿仅仅把墨西哥视为一个可能存在的同盟体。如果墨西哥有任何脱离的动机的话，那么华盛顿就会失去原有的既得利益。战后的精神愉悦和经济膨胀，将让美国政府继续保持以往的对墨西哥满不在乎的态度。

一旦美国意识到墨西哥将会成为威胁，就会立即对墨西哥以及发生在墨西哥的一切感到极度惊慌，而且会很平静地确信，美国在这种情形下可以强加任何自己想要的解决方案。一度潜伏的美墨紧张状态，会加速墨西哥实力上升的进度。美国将会把墨西哥经济的发展视为墨西哥和美国关系的一个良性的稳固力量。因而美国会更进一步地支持墨西哥经济的发展。美国把墨西哥视作一个受施者的观点将保持不变。

到了2080年，美国依旧会是北美最有控制力的国家，但是美国人将会反复地体会到——强大并不意味着全能，如果摆出无所不能的姿态，反而会耗尽国家的能量。但它却表现得好像能够轻而易举地削弱一个国家的力量。到2080年，美国人还会再次面临一场挑战，但这次的挑战比起他们在21世纪50年代面临的挑战要更加复杂和微妙。

这种对峙无法预计，因为美国在墨西哥没有野心，墨西哥人也没有凭借他们的经济力量与美国相抗衡这样的幻想。这种对峙将跳出两国地缘政治的现实，不会像大多数类似的地方性冲突那样，而将是一场世界霸权者和新兴邻国之间的对峙。竞争的目标将是国际体系的重心——北美。

促成这次对峙的因素有三个：

第一，墨西哥将以主要全球经济体的身份登台。在世纪初位列第14名，到了2080年肯定会挺进前十。1亿人口会使它有力量处理世界上任何地方的难题（除了美国南部边界地带）。

第二，到21世纪70年代，美国会面临一次经济危机的周期循环，并在2080年选举期间达到顶峰。新技术加上合理的人口政策会减少对新移民的需求。的确，让临时移民（尤其是让那些在这生活了50多年，自己的后代也在这里出生的移民）返回墨西哥，必然会增加他们的压力。他们当中有许多人仍然是低阶层劳工。之后，专业人士和企业家们为了他们经济的繁荣发展也将返回墨西哥。美国将开始强制那些长期定居的居民跨过边界回到墨西哥，但这些人没专业能力，只会拖慢墨西哥经济发展的速度，并且这些工人已经在美国居住了几十年。

　　第三，边界地区人口的大量流动并不能扭转全局。不管是美国公民还是非美国公民，墨西哥人的基本优势是很长久的。19 世纪 40 年代由美国占领的墨西哥部分领土，将会从文化、社会，乃至意识形态方面再次为墨西哥所有。将临时工人遣送回国的政策在美国看来似乎是一个合法的过程，但是在墨西哥人的眼里就像是一场种族清洗。

　　在过去，墨西哥面对美国的这些移民政策时，也许会表现得非常被动。然而，因为在 21 世纪 70 年代，美国的移民入境成了突出的问题，而且 2080 年的选举也将围绕移民问题展开，墨西哥会以前所未有的方式处理这个事务。美国的经济危机以及墨西哥步入成熟的经济和社会的进程会同时发生，而且将产生一个前所未有的紧张局面。美国主要的社会和经济流动（这将不同程度地影响生活在美国的墨西哥人），以及对美国西南部人口的重新定义，将会共同引发一场新的危机。美国的技术和力量也不能轻而易举地解决这场危机。

　　这场危机始于美国的内部问题。美国是一个民主社会。在全国广阔的领土范围内，英语文化不再占据统治地位。美国会像加拿大或比利时那样成为一个二元文化的国家。虽然第二种文化不会被正式认可，但是它会成为现实，而且它不仅是一种文化现象，更是被清晰定义的地理事实。

　　当二元文化主义被草草忽略，占据统治地位的文化不是容纳它所形成的观念，而是维持自身现状，它就会逐渐演变成一个问题。尤其在占统治地位的文化开始采取措施来破坏那些少数民族文化的时候，问题就会愈加严重。这种少数民族的文化，就其本质而言，是邻国文化的一种延伸。如果它被认为是邻国公民"侵占了"自己的领土，那么形势就要变得剑拔弩张了。

墨美跨界民族问题对地缘政治的影响

到了 21 世纪 70 年代，墨西哥人和那些有墨西哥血统的人们会继续沿着那条宽达 200 英里的线路安家落户。这条线路始自美墨边界，途径加利福尼亚、亚利桑那、新墨西哥和得克萨斯，横跨墨西哥被割让的大片领土。这片移民区与其他的移民区域有所不同，它处于墨西哥北部的边界地带，会在文化和经济层面成为墨西哥北面边境的延伸。但政治边界会保持不变。

这些移民不会是被剥夺选举权的雇工。美国在墨西哥的经济扩张，外加美国经济在 21 世纪五六十年代的飞速发展，都让这些移民的生活水平得到极大的提高。实际上，他们将成为 21 世纪后期利润丰厚的美墨贸易的促成者。这个群体不仅会主导当地的政治活动，还会支配亚利桑那、新墨西哥、加利福尼亚和得克萨斯的诸多政治活动。只有像得州这么幅员广阔的地方，墨西哥移民才无法全面掌控。美国的国境之内最终会出现一个类似加拿大魁北克的"国中之国"。

等到墨西哥移民人数达到一定规模时，他们就会意识到自己在一个国家内部是一个独立实体。更确切地说，他们开始发现自己控制的区域是如此与众不同。基于自己的地位，他们开始要求一系列的特殊权利。当他们自然而然地喜欢上美国的时候，该组织的一部分人会把自己视为这个国家的本地人，而不是移民。他们只不过住在墨西哥国外的统治区罢了，而墨西哥国内也会出现鼓动合并的运动。

这个问题将会分化墨西哥裔的内部阵营。一些居民会把他们自己视为美国人；而另外一些人接受了美国精神，但认为自己只是与美国存在着特殊的关系，他们要求美国承认他们的合法地位；第三类群体，也是最小的一个群体，将支持分离运动。在墨西哥内部会产生同样的分歧。有一件事我们要清楚，那就是到 2030 年以后非法移民将会逐渐消失。到那时，美国政策的重点就是鼓励外国移民。一部分人会把这个问题看做是美国的国内问题，认为这个问题会打破他们与墨西哥经济关系的和平局面。但是，另外一些人会把美国的人口问题看做重新定义美墨关系的一种方式。以推翻有关移民政策作交换，一些人想要美国在其他问题上对墨西哥做出让步。大多数人还是主张合并的。一场复杂的政治战争将会在华盛顿和墨西哥之间展开，每一方将努力操控边界另一方的局势。

许多参议员和墨西哥血统的国会议员会被选中去华盛顿效劳。一些恰好是墨西哥血统的议员不会把自己看成是选区代表，相反，他们会把自己视作居住在美国的墨西哥代表，就像加拿大的魁北克政党。区域政治进程将会开始反映这个新的社会现实。一个新的墨西哥党派将会逐步形成独立的政党势力，并把其代表以独立集团的形式派驻华盛顿。

这种情况会促使移民区政策发生逆转。该移民政策将影响 21 世纪 70 年代的生活以及 80 年代的选举。从人口发展角度来看，21 世纪 30 年代的移民政策需要重新修正，修正的过程会使美国西南部陷入极端的状态。美国大众感到恐慌，反墨情绪也会随之持续上升。美国人一直担心得克萨斯革命和美墨战争的结果可能出现扭转，这种担心已持续了近两个世纪，由此引起的恐惧会在美国煽起对墨西哥裔美国公民以及在美国居住的墨西哥人的敌对情绪。

这种恐慌不是无缘无故产生的。美国西南部地区的大片领土自 19 世纪中叶至 21 世纪以来一直被美国的拓荒者占领。从 21 世纪初开始，墨西哥移民开始在这个地区居住。美国人在 19 世纪用武力强加一个政治军事制度，然后又创造一个人口现状来迎合它。而墨西哥人，也通过美国的政策，形成了一个新的人口现实。他们将继续考虑以下几种选择：是尝试颠覆美国制造的政治军事社会制度，还是创造一个新的独特的现状，抑或接受现状。而美国人会继续讨论是否要逆转人口的改变趋势，重新安排边界的人口。

然而，任何的讨论都会在边界稳定的前提下进行。边界并不会因为墨西哥人的讨论就轻易地改变。人口组成现状也不会改变。而这正是美国人想要的。美国将依靠一个势不可挡的政治和军事力量（美国军队）来强制维持边界的稳定。居住于墨西哥割让区的墨西哥人已深深地融入美国的经济生活当中，让他们迁走只会制造巨大的不稳定。因此将会有强大的力量来维持现状，也会出现强大的力量与它对抗。

美国其他方面的主要反冲力将会打开边界，加剧紧张局面。墨西哥的民族论调变得更加激烈，美方也如此。墨裔美国人的意见逐渐统一，其中极端的激进分子和华盛顿激进政客将领军这些居住在美国的墨西哥人。与此同时，有人会尝试走温和路线，但这些相对合理的温和派意见会被看做是背离两国根本利益的做法。对地缘政治的根本性纷争，很难找到双方都乐意接受的合理的折中方案，长期存在的阿以冲突就是最好的例证。

与此同时，那些几十年前办理临时签证，允许居住在美国的墨西哥公民，不管他们在美国居住了多久，都将被强制遣回墨西哥。美国将不断加强将对墨西哥边界的控制，同时美国不会防堵那些移民（此刻没有争先恐后挤入美国的人潮），而是在墨西哥人和墨西哥裔美国人之间划清界限。虽然这会被冠上安全措施的美名，但实际上它是为了强化1848年战后的既定现实。这些活动以及类似的活动虽然只是激怒了边界两边的大多数墨西哥人，但是却给激进派提供了导火索，而且会给两国的重要贸易活动带来威胁。

在墨西哥内部，政治压力会迫使墨西哥政府维护本国利益。一个新的派系将会脱颖而出，想要入侵被占领的区域，夺回割让给美国的领土。如果不是因为这个组织还没有占据统治地位，它不会是一个弱小的派系而会成为一个重要的党派。美国仍然控制着墨西哥被割让出去的领土，保护着在那里定居的居民的权利，特别是暂停驱逐那些没有签证而滞留的墨西哥人。出于商业考虑的群体希望维持现状，保持安定，避免冲突，但是他们的力量越来越微弱。渴望合并的呼声和寻求区域自治的呼声将会此起彼伏，冲突将会不断爆发。

美国内部仇视墨西哥人的激进者会质疑墨西哥党派的激进争论是否意味着墨西哥打算干预美国内政，甚至可能侵犯美国的西南部领土。接下来，美国国内的极端主义者就有合理的借口采取更加严酷的措施，无视墨西哥人的美国公民身份，将他们统统遣返回国。如果墨西哥政府反抗，就侵略墨西哥。这种言论会持续性地制造紧张气氛。

让我们提前设想一下未来的冲突会演变成什么样子，但要清楚，我们无法预测到具体的细节，只能获得一个宏观的局势轮廓。

21世纪80年代，墨西哥城开始发生抵制美国的示威游行，接着在洛杉矶、圣地亚哥、休斯敦、圣安东尼奥、菲尼克斯以及其他墨西哥人占据主导地位的边界城市里，也会相继发生游行。最突出的主题将会是墨西哥人作为美国公民的权力问题。在美国的少数墨西哥激进分子开始执行密谋破坏活动，还有少数恐怖主义者反对该区域的联邦政府的统治。在未取得墨西哥政府、墨西哥人统治的州政府或边界地带大多数墨西哥人支持的情况下，恐怖主义者的行为会被视为计划暴动和地区分裂的第一步。美国总统顶着强大的压力试图稳定局势，将下令联邦政府接管这些州的国民警卫队，以保护联邦政府的资产设备。

在新墨西哥州和亚利桑那州，州长坚持国民警卫队应由州长管辖，拒绝把国民警卫队交给联邦政府。国民警卫队也会服从州政府的调遣。国会中的一些议员会对此举表示强烈的不满。总统也会抗议，同时还会要求国会允许动员这些州的美国军队，宣布美国已经进入叛乱状态。这导致了国民警卫队和美国军队的直接对抗。

当形势失控的时候，各种问题就会混杂在一起。到那时，墨西哥总统就无力对抗压力了。他不能果断地处理事务，只能动员墨西哥军队，把他们派到边界以北的地方。他的正当理由是美国军队已经沿着墨西哥边界行动起来了。他想防患于未然，预防任何可能的侵犯，并与华盛顿里应外合。但事实上，还有一个更深层次的理由，那就是墨西哥总统会害怕美国军队在这块区域彻底清除墨西哥人，不管是合法公民、绿卡持有人，还是持有签证的人。他也担心美国军队会强迫他们跨过边界，撤回到墨西哥。墨西哥不希望难民成群。而且，他也不希望美国剥夺那些居住在那里的墨西哥人的宝贵的财产。

当墨西哥军队动员起来的时候，美国军队已经全面戒备了。美国军队虽然不太擅长监控敌方的人口，特别是那些包括美国公民在内的人口，但是他们很善于袭击和破坏敌军。美国空军部队和陆军部队也做好准备，面对随时可能爆发的冲突。

两国总统的会晤会缓和局势。因为很明显，没有人真的希望挑起战争。实际上，没有一方的当权者希望在西南部出现危机。但问题在于：在谈判期间，无论双方多么想恢复原状，墨西哥总统都会有效地代表在美国居住的墨西哥裔的美国公民去谈判。考虑到要降低危机等级，他们将会讨论生活在割让区的墨西哥人的地位问题。此时此刻，谁会为生活在割让区里的墨西哥人说话？显然，那就是墨西哥总统。

当21世纪80年代的危机平息下来的时候，潜在的问题却未能得到解决。边界问题会继续上演。当墨西哥不再有能力强制用军事力量解决问题时，美国政府也无法强加自私的政治性的解决方案。美国军队进驻并巡视这个区域，就好像它并不是美国国土。而由墨西哥总统代表割让区内的人民于美国进行磋商，更会加深美国大众对该地区的成见。该地区受到墨西哥民族主义者重金资助的激进分离主义组织将进一步煽风点火，恶化局势。小部分恐怖组织在墨西哥割让区和美国实施了一系列的炸弹和绑架事件之后，使得问题层出不穷。墨西哥是否要卷土重来夺回失地的问题再次被提出来。可是这个地区仍将是美国的地盘，但是生活在这个区域内的人民的忠诚度会受到许多美国人的强烈质疑。

驱逐数以千万计的民众不会是个好的选择，因为从交通运输上它就行不通，而且可能会给美国带来灾难性的后果。与此同时，那些自认为是美国公民的墨西哥裔中的大部分将转变过去的观念，不再将自己看做美国人，其他美国人也不这么看。政治局势将会变得更加紧张。

墨西哥的战略与美国的应对

大约到 2090 年，墨西哥的激进分子会制造一个新的危机。在把它转变成墨西哥宪法的过程中，住在国外的墨西哥人（从出身和文化方面界定的），不管其公民身份如何，现在都将允许在墨西哥选举中投票。更重要的是，墨西哥国会在墨西哥境外设立选区，以便利于诸如阿根廷等国的墨西哥人投票，方便他们选举出维护居住在阿根廷国家的墨西哥人权益的代表。

大多数选民在美国都有参选资格，这是整个事件的关键点。如此一来，美国占领的墨西哥领土就将划分出墨西哥人选区，这样就有可能从洛杉矶选出两个国会议员，从圣安东尼奥选五个国会议员，组成墨西哥城的国会。墨西哥人社区是个人承担选举费用，这是否会违背美国法律并没有清楚的答案。可以肯定的是，当美国部分地区心存不满时，联邦政府并不会进行干预。所以，美国国会选举在 2090 年照常进行，美国的墨西哥人可以同时为设在华盛顿的国会和设在墨西哥城的国会投票。在少数案例中，一个人可以同时入选两个国会。这真是明智之举。这使美国人处于防守状态，但却想不出相应的对策。

21 世纪 90 年代，美国将会内外交困，既要面临艰难的内部局面，又要应对与墨西哥一触即发的战事。墨西哥荷枪实弹，充分武装自己，防备美国可能采取的军事进攻。美国的空军占有很大优势，而墨西哥在陆军方面略胜一筹。但美国军队的规模不会很大，而且控制像洛杉矶这样的城市仍然需要最基本的步兵保障。

墨西哥准军事民兵组织会迅速壮大，对美国的侵犯做出反应，在击退进攻之后，民兵组织会在适当的位置留守。双方都在边界地带留有重兵把守，但是民兵组织会切断供给线，将美军力量孤立在边界线附近。美国可能会消灭墨西哥的军队，但那并不意味着可以实现本国西南部地区的和平，或因此而平定墨西哥。与此同时，墨西哥将开始发射本国的卫星，建造无人驾驶的航空飞船。

对于这种形势的国际反应如何呢? 世人会袖手旁观，静观其变。墨西哥人希望得到国外的支援。巴西人凭借自身的条件将成为举足轻重的力量，会故作姿态与墨西哥保持团结。但是，世界上的其他国家都暗自希望墨西哥人能够给其强大邻国的脸上挂点彩，但没有一个国家打算真正卷入这场纷争。墨西哥可能会孤军奋战。它的策略就是在美国边界上激起矛盾，而其他国家则从其他地方向美国发起挑战。波兰人渐渐地对美国滋生出极度不满，其他的新兴国家（如巴西），也因为美国在太空领域的垄断心怀不满。

墨西哥只有在军事上与美国势均力敌的情况下，才敢与美国开战。但墨西哥需要一个联盟，而构建一个联盟需要时间。然而墨西哥拥有一个巨大的优势，那就是美国面临内乱。虽然内乱没有达到足以颠覆美国的程度，但是它需要美国分散精力来平息，进而对美国形成了牵绊。侵略和击败墨西哥并不能解决问题，甚至很可能会加速恶化问题。美国还没有能力去解决这个问题，这将是墨西哥的主要优势，仅这点就为它赢得了时间。

美墨接壤的边界，现在横穿墨西哥。两国真正的、社会公认的边界位于合法边界以北几百英里之外。事实上，即使美国在战场上战胜了墨西哥，它也不能够解决面临的进退维谷的局面。这种两难的困局只会演变成为更大的僵局。

在这一切背后掩藏的问题是，美国不得不再次重申自建国以来就困扰它的问题。哪里是北美的"首都"：华盛顿还是墨西哥？看起来后者更像。然而几个世纪之后显然应该是前者。这个问题将再次浮出水面。问题可以延后，却不能回避。

17 世纪的西班牙和法国就面临过同样的问题。西班牙位居最高统治地位近 100 年。它一直控制着大西洋欧洲乃至整个世界，直到一个新的力量崛起并向它发起挑战。当年的问题是：西班牙和法国，哪个是霸主？**500 年后，21 世纪后期，美国已经主导世界近 100 年。现在，墨西哥上场了。谁会成为最高统治者？**美国虽然控制着太空和海洋，但是墨西哥的挑战来自地面。墨西哥可以越过边界，深入到美国内地，向美国发起挑战，而美国最不擅长应对这种挑战。因此，在 21 世纪圈上句点之时，摆在桌面上的问题将会是：北美会成为国际体系和大国较量的中心，但是鹿死谁手，谁将是北美的统治者？

这个问题的答案，不得不等到 22 世纪才能一见分晓。

注　释

[1] 罗伯特·D.卡普兰.即将到来的地缘战争[M].广州：广东人民出版社，2013：327～329.

波士顿学院教授彼得·斯凯利（Peter Skerry）认为，亨廷顿的某个原创性见解"更令人吃惊，更有争议性"：虽然美国人倡导多样化，但"当今移民浪潮汹涌而至的时期，实际上是我们历史上最不多样化的时期"。他继续阐述并解释亨廷顿的话说："诚然，非西班牙裔移民比以往任何时候都更加多样化，但就总体而言，由于50%的移民是西班牙裔或称拉丁裔美国人（Hispanic），使得整个移民队伍的多样性比以往任何时候都少得多。对于亨廷顿来说，这种减少的多样性又使同化的可能性更小。"

大卫·肯尼迪也认为，"移民潮流的变化和分散"会使同化的进程更加平滑顺畅，"然而今天，大规模的移民潮流进入特定的区域，而且有着单一文化、语言、宗教和国家源头，那就是墨西哥……美国没有经验应对西南地区正在出现的严峻形势"。可以想见，到2050年将有几乎一半的美国人说西班牙语。

在上述论点中，地理处于前沿位置。再来看看亨廷顿说的："在美国历史上，没有一个移民族群提过或有资格对美国提出领土和索赔要求。但墨西哥人和墨西哥裔美国人可以提，而且也这样提了。"得克萨斯州、新墨西哥州、亚利桑那州、加利福尼亚州、内华达州和犹他州的大部分，都曾是墨西哥的一部分，直到1835年至1836年得克萨斯独立战争，以及1846年至1848年的墨西哥与美国战争。

要论同时遭受美国入侵、占领首都、吞并很大一部分领土，墨西哥是唯一的国家。因此，斯凯利指出，墨西哥人来到美国并居住在这个国家某处，那里曾经是他们的家园，因此"享有一种脚踩自家草地的感觉"，而其他移民就无缘分享。墨西哥裔美国人直到第三代及以后仍能保持他们的母语能力，远远超过其他移民，主要是因为西班牙裔社区在地理上相对集中，并从人口上体现了对得克萨斯独立和墨美战争的否定。

更重要的是，墨西哥裔的入籍归化率是所有移民群体中最低的。亨廷顿指出，国家是一个"记忆的社会"，也就是一个人对于自身历史的记忆。墨西哥裔美国人占美国人口的12.5%，还不包括其他拉美裔，他们分散集中于美国西南部，与墨西哥相连。他们的加入第一次修改了美国人的历史记忆。到2000年，边境上美方一侧的12个重要城市中，有6个的西班牙裔美国人已经占到人口的90%以上，只有亚利桑那州的圣迭戈市和尤马市的西班牙裔人低于50%。新墨西哥大学教授查尔斯·特鲁克西洛（Charles Truxillo）预测，到2080年美国西南部各州和墨西哥北部各州将联合起来形成一个新的国家。

现在，美国西南边疆趋于模糊化已成为一个地理事实，所有安全设施都不能改变。虽然我很佩服亨廷顿挑战和揭露两难困境的能力，但并不完全同意他的结论。亨廷顿认为，面对社会的部分拉美化，要对美国民族主义保持坚定信心，以保存其盎格鲁-新教文化和价值观。但我相信，虽然地理不一定能确定未来，却大致地划定了什么可以实现，什么不可以。

墨西哥与美国之间在地理、历史和人口上的有机联系太紧密了，亨廷顿一厢情愿地希望保持美国民族主义的纯洁性，基本上不可能实现。亨廷顿也对普世主义（以及帝国主义）提出讽刺，认为它们是精英的幻想。但一定程度的普世主义其实是必不可少的，不能一概贬低。我相信，在21世纪的进程中，一种波利尼西亚式混血文明（Polynesian-cum-mestizo）将在美国成形，其走向从北到南，从加拿大到墨西哥，而不是从东到西，像浅肤色种族孤岛一般从大西洋延伸到太平洋。这个多种族的组合将是一个广阔的城郊式国家，不管是太平洋西北的卡斯卡迪亚还是内布拉斯加州的奥马哈-林肯市都彼此相像，每个地方自行培育与城市的经济关系和世界各地的贸易网络，并随着技术的进步不断打破距离。在我的视野里，美国将成为全球最好最旺的商业交易免税区，成为全球精英最喜欢居住的地方。

按照罗马的传统，美国将继续使用移民法挖掘世界上最好和最聪明的人才资源，并进一步促使移民人口多样化，亨廷顿担心的墨西哥化问题有望解决。民族主义力量必然会得到稀释，但不致过分，美国的独特属性不会受到剥夺，其军事力量也不会被削弱。美国已不再是由大西洋和太平洋保护的岛国，它与世界各地的联系更加紧密，不仅是靠技术，也得益于墨西哥和中美洲的人口压力。

[2] 罗伯特·D.卡普兰.即将到来的地缘战争[M].广州：广东人民出版社，2013：329～330.

但这一设想的前提是，墨西哥作为一个国家不要遭遇失败。如果卡尔德龙总统和他的继任者能够一劳永逸地断绝贩毒集团的后路（说这件事非常困难，已经算是最客气的说法了），那么美国将取得巨大的战略胜利，远大于在中东可能取得的任何胜利。一个稳定而繁荣的墨西哥将与美国结成有机合作联系，这在地缘政治上将是一个无与伦比的组合。此外，后毒贩时代的墨西哥与稳定和亲美的哥伦比亚相结合，将融合西半球人口最多、第三多和第四多的国家，缓解美国对拉丁美洲和大加勒比地区挥舞大棒造成的紧张感。一言以蔽之，巴塞维奇的推理是正确的：搞定墨西哥，比摆平阿富汗更加重要。

然而不幸的是，正如巴塞维奇断言的那样，墨西哥是一个近乎灾难的国家，而且对大中东的过分关注也转移了我们的注意力。目前的局势会导致更多合法或非法的移民潮，从而创造出亨廷顿预想的恐怖局面。自2006年以来，卡尔德龙对毒枭的进攻已造成23 000人死亡，仅2010年上半年就有近4 000人死亡；此外，贩毒集团也已经进行了升级改造，军事形式的袭击屡屡出现，复杂的陷阱和封闭的逃生路线堪称专业。墨西哥安全专家哈维尔·克鲁兹·安古洛（Javier Cruz Angulo）总结道："这些都是他们正在使用的战术……它超越了正常有组织犯罪的战略方式。"华盛顿凯托研究所国防和外交政策研究副总裁特德·盖伦·卡彭特（Ted Galen Carpenter）也认为："如果这一趋势持续下去，墨西哥这个国家的健康发展甚至生存能力都将非常令人担忧。"贩毒集团所使用的武器普遍优于墨西哥警方，甚至可与墨西哥军方媲美。卡彭特说，这使得这些毒贩"超越了单纯的犯罪组织，变成了严重的叛军"，就连联合国维和部队也挑选暴力程度低于华雷斯和蒂华纳的地方部署。目前当地警察和政客因害怕被暗杀而纷纷辞职，墨西哥商业和政治精英们把他们的家庭送出国门，许多中产阶级家庭也离开家园飞往美国。

墨西哥现在处于一个十字路口：要么在早期阶段向贩毒集团宣战，要么陷入堕落深渊，或两者兼而有之。因为未来难料，美国方面采取什么措施将对其有举足轻重的影响。但美国安全力量却一边眼睁睁看着墨西哥局势发展，一边卷入其他臭名昭著的腐败政权和不稳定的社会，将金钱和精力投入伊拉克和阿富汗这些离美国半个世界之远的地方。

后 记

天堂与地狱：21世纪美国地缘政治挑战

崛起的墨西哥最终会对美国的霸权发起挑战，这听起来像是无稽之谈。但我相信，我们今天所处的世界对于生活在 20 世纪初的人而言，同样也是超乎想象的，当时，谁也没有想到会发展成如今的新天地。正如我在本书序言中所述，当我们力图预测未来时，常识总是让我们出丑——仅回顾一下 20 世纪所发生的那些让人瞠目结舌的变化，然后试着用常识来想象并期待这些变化，你就会发现事情总是出人意料。预测未来，最有效的方法莫过于对一般的预期提出质疑，培养发散性思维，想常人所不敢想。

今天刚刚或即将出生的孩童将会体验 22 世纪的生活。我成长于 20 世纪 50 年代，在当时看来，21 世纪只是一个富有科幻色彩的构想，而非我将要生活的真实世界。现实世界的人们关注的是下一时刻，将世纪风云留给梦想家。但事实证明，21 世纪对我来说正是一个值得关注的现实问题。我将在这个世纪度过一生中相当长的一段时光。在这段历程中，历史——无论是战争、科技进步、社会变革，都以惊人的方式重塑着我的人生。我庆幸没有死于与苏联的核战争，尽管我见证了多次战争，但其中多数未被预见。《杰特森一家》(*The Jetsons*，又译《摩登家族》，翰纳-芭芭拉公司十大经典卡通剧之一，这部半小时的家庭动画喜剧用未来时空背景来反映当时的美国文化和生活方式。——译者注）没有描绘出 1999 年生活的轮廓。实际上，1999 年时，我已经用笔记本电脑进行写作了。通过它，我可以在几秒钟内用无线网络获取全球互联网信息。联合国没有解决人类的问题，然而黑人和妇女的地位已经发生了翻天覆地的变化。我所期待的与实际发生的完全是两码事。

回顾 20 世纪，有些事我们可以有十足的把握，有些事我们一知半解，有些事我们一无所知。但我们确信，单一民族国家将会一如既往成为人类组建世界的方式。我们也知道战争将更具杀伤力。阿尔弗雷德·诺贝尔 (Alfred Nobel) 知道，他发明的三硝基甲苯，会把战争推向无穷无尽的恐怖深渊，事实确实如此。我们可以看到通讯和交通革命——无线电、汽车、飞机业已出现。只需运用想象，外加一点信息，就可以领略到它们将为未来世界带来多大的改变。

回顾 20 世纪，我们知道，战争不可避免且会愈演愈烈，就不难想象出战争的大体局势。曾几何时，新结盟的欧洲列强——德国和意大利，以及刚刚完成工业化的日本，致力于重新制定国际体系，对原来主要受控于以英法为首的大西洋欧洲列强的国际体系发起挑战。随着战争将欧洲和亚洲一分为二，不难预见（其实许多人都预见到了）俄罗斯和美国将会崛起成为两个全球超级大国。随之而来的事则没那么显而易见，却也并非超出想象。

世纪之初，科幻小说作家赫伯特·乔治·威尔斯 (H. G. Wells)，描述了接下来几个世代会在战争中投入使用的武器。我们所要做的，只是看看哪些是已经想象得到的，哪些是已经制造完成的，哪些与未来战争相关联。可以想象的不仅是技术领域。美国海军军事学院的战争博弈者及日本防卫省官员均描述了美日战争的大致轮廓。德国总参谋部在两次世界大战前都列出了战争可能推进的路线和存在的风险。温斯顿·丘吉尔 (Winston Churchill) 可以看到战争的后果，不但会丢掉大英帝国，还会招致未来的冷战。没人能够想象出确切的细节，但是20世纪的大致轮廓是可以预知的。

这即是我试图在本书中所要做的：通过地缘政治理论来"感受"21世纪。我以永恒作为开始：人类所处环境是持续存在的。接着，我着眼于发现长远大趋势，而长远大趋势可以从这样一个新旧交替的过程窥见一二，即随着欧洲作为全球文明中心的衰落和倒塌，世界中心地位正被北美，尤其是主导北美的美国势力所取代。由于国际体系的这种深远转变，不难看清美国的特征——刚愎自用，不够成熟，但又绝顶聪明，而世界对其的反应是：恐惧、妒忌和反抗。

而后我将致力于研究以下两点：其一，谁将反抗；其二，美国将对他们的反抗作何反应。反抗将紧跟着20世纪短暂的转折期如浪潮般席卷而至。最初是伊斯兰教国家，随后是俄罗斯，而后是新势力（土耳其、波兰和日本）的联盟，最后是墨西哥。为了理解美国的反应，我回顾美国过去数百年的历史，依个人之见划分为50年一个周期，并尝试设想2030年和2080年将会如何。这使我想起业已发生的翻天覆地的社会变革——人口爆炸时代的结束，并考虑这对未来意味着什么。我也能想象现有技术会如何应对社会危机，并为机器人与基于空间的太阳能技术的发展制订一个路线图。

越接近细节，越容易犯错误。我谨记此道，但是，在我看来，我的任务就是让你找到一点21世纪的感觉，看起来是什么样子，感觉起来如何。对于一些细节，我的预测未必精准。实际上，我可能对哪些国家会成为强国，以及它们会如何对抗美国有些错误估计。但是我确定美国的国际地位将会成为21世纪的核心问题，而其他的国家将会全速崛起。最后，我必须强调一点：那就是美国没有衰落，事实上，它的崛起才刚刚开始。

此外，此书并非有意为美国庆功的应景之作。我是美国政策的支持者，但我认为《宪法》或《联邦党人文集》(Federalist Papers)并不是美国强大的源泉。我进行史料研究，得出这样的结论——促使美国强大的是诸如此类的战役：杰克逊将军在新奥尔良战场上立马横刀(1815年1月，美军与英军为争夺新奥尔良展开决战。防守该城的美军将领安德鲁·杰克逊沉着应战，美军以很少的伤亡取得了胜利。杰克逊也因此成为美国人心目中的英雄，1828年当选美国总统。——译者注)，休士顿将军在圣哈辛托河战役中打败墨西哥桑塔·安纳大将(圣哈辛托战役于1836年4月21日在今美国得克萨斯州哈里斯打响。在山姆·休士顿将军的率领下，仅用18分钟就击败了墨西哥军队。墨西哥军队撤出得克萨斯，这次也成为得克萨斯摆脱墨西哥控制的决定性战役。——译者注)，吞并夏威夷，以及1940年英国海军将在西半球的海军基地让渡给美国。

有一点我没有触及，但有心的读者可能已经注意到，我没有在本书中涉及全球变暖问题。这看起来是一个很明显的纰漏。但我确信环境恶化，气候变暖问题，科学家们已经发出无数警告，这场辩论已经结束，共识也已经达成，我也承认全球变暖，人类是罪魁祸首。正如卡尔·马克思(Karl Marx)所言："人类不会给自己制造没有解决方法的问题。"我不知道这是否是一条普遍真理，然而就全球变暖的问题来说，它似乎千真万确。

两股力量的出现，可能让现在成为焦点的全球变暖问题在将来变得无关紧要。首先，人口爆炸一旦结束，再经过几十年，消费品需求的增长就会趋缓，人们对物质的需求将会减少；其次，开发和使用碳氢化合物的成本上涨将会增加对替代品的渴求。最显而易见的选择就是太阳能，但是我很清楚，以地球为基地收集太阳能，还存在诸多需要攻克的难关。但是如果成功开发太空太阳能的话，那么大多数问题就会迎刃而解。到21世纪下半叶，我们将看到人口数量和技术方面的转变，二者将共同解决这个问题。换言之，人口数量的下降，以及为谋求全球权力而主宰太空的努力将交织在一起来解决这个问题。我们已经想象到全球变暖的解决方式，那将是其他研究进程中意外的收获。

意料之外就是本书的主旨。如果人类可以直接决定自己能做什么，然后付诸实践，那么就没有必要预测未来了。自由意志往往超出人们的预期。但有意思的是，对于人类来说，我们并不是很自由。理论上讲人们能够生 10 个孩子，却几乎没人愿意那么做。我们总是要受到时间和空间的限制，而且这些行为总是会产生一些意料之外的结果。当美国国家航空航天局的工程师们用微芯片在宇宙飞船上组装一台电脑时，他们并没有想到去研制 iPod 播放器。

我在这本书中所应用的核心方法是通过研究制约个人和国家的因素，来了解受到这些制约后他们的表现，然后试着预测这些行动可能带来的意想不到的结果。由于存在着无尽的未知，因此对于未来 100 年的预测不可能完整或是完全准确。但是如果这些预测能够有助于你理解重要的制约因素，了解由其引发的可能性回应，那么我就知足了。

写这样一本书对我来说，真的是相当奇怪。书中内容对错与否，我皆无从知晓和验证。因此，这本书是为我的孩子们而写，甚至为我的孙辈们而写。如果本书能对他们起到任何指引作用，我也算没有白费工夫。

致 谢

　　若无战略预测公司的广大同仁，别说本书能出版，就连想都不敢想。我的朋友唐·凯肯德尔 (Don Kuykendall) 自始至终一直坚定不移地支持着我。斯科特·斯特林格 (Scott Stringer) 对地图插页一直都充满耐心并极具想象力。所有公司同仁都努力协助我把书做到最好。我尤其要感谢罗杰·贝克 (Rodger Baker)、热娃·布哈拉 (Reva Bhalla)、劳伦·古德里治 (Lauren Goodrich)、纳特·休斯 (Nate Hughes)、艾瑞克·艾森斯坦 (Aaric Eisenstein) 和科林·查普曼 (Colin Chapman)。我还要特别要感谢皮特·珍罕 (Peter Zeihan)，其一丝不苟、一针见血的评论给予我莫大的帮助，极大地激励了我。除了战略预测公司这个大家庭，我还要感谢约翰·毛尔丹 (John Mauldin) 和古斯塔·莫尔纳 (Gusztav Molnar)，他们教会了我换位思考。苏珊·科普兰 (Susan Copeland) 把各种杂务做得井井有条，让人放心。

　　最后，我想要感谢我的稿务代理吉姆·豪恩费斯 (Jim Hornfisher)，感谢我在道布尔戴 (Doubleday) 出版社的编辑詹森·考夫曼 (Jason Kaufman)，他们俩不遗余力地让本书变得通俗易懂。罗布·布卢姆 (Rob Bloom) 负责统稿，将凌乱的内容融为一个整体。

　　尽管这本书是集体的结晶，"衣食父母"颇多，但我仍要对其中的瑕疵负全责。

译后记

　　本书的翻译工作确是一份不小的挑战。一是因为未来100年的世界的确是一个看似虚无缥缈的未知；二是地缘政治学也并不是一个经常接触到的视角，作者以"按图说话"的方式来解析国际关系也不是我们文科人所熟悉的分析方法；三是本书的有些言论观点甚为偏激，在翻译过程中觉得有待考量，有的是感情上不能接受，有的是理念上无法判断。但随着翻译工作的继续与深入，我们越来越发觉其实带有疑问地去看待翻译对象是一件对工作、对自己都非常有帮助的事。探索接下来的内容，和作者一样预测未来的情景，就好像站在他的身后，顺着他的手指，向远方眺望。他让我们看到，这个预测中的未来并不是只有人们一相情愿的光明，也会有阴霾，也会有冲突，甚至战乱。

　　作为译者，我们没必要同意或捍卫作者的观点，但我们相信，在书籍市场上快餐文化、娱乐文化盛行的气候下，如果有一本书能让你进行深沉且长远的思索，这不失为一件好事。

　　参加本书翻译工作的有：张宁、刘娜、刘杰、余红、王洁、林丽妍、邵蓓蓓、方慧倩、仇进、孙远波、田野、张娜娜、刘志欣、王琳、宋丹丹、任宇欣、辛德娣、曹菲，等等。张建华审稿。中资出版公司的领导和责任编辑们为本书译稿的完善付出了大量心血。

"iHappy 书友会" 会员申请表

姓　名（以身份证为准）：＿＿＿＿＿　　　性　别：＿＿＿＿＿＿＿＿＿＿

年　龄：＿＿＿＿＿＿＿＿＿＿＿　　　　　职　业：＿＿＿＿＿＿＿＿＿＿

手机号码：＿＿＿＿＿＿＿＿＿＿＿　　　　E-mail：＿＿＿＿＿＿＿＿＿＿

邮寄地址：＿＿＿＿＿＿＿＿＿＿＿　　　　邮政编码：＿＿＿＿＿＿＿＿＿

微信账号：＿＿＿＿＿＿＿＿＿＿＿　　（选填）

请严格按上述格式将相关信息发邮件至中资海派"iHappy 书友会"会员服务部。

　　邮　箱：zzhpHYFW@126.com

　　微信联系方式：请扫描二维码或查找 zzhpszpublishing 关注"中资海派图书"

优惠订购	订阅人		部　门		单位名称	
	地　址					
	电　话				传　真	
	电子邮箱		公司网址		邮　编	
	订购书目					
	付款方式	邮局汇款	深圳市中资海派文化传播有限公司 中国深圳银湖路中国脑库 A 栋四楼　　　邮编：518029			
		银行电汇或转账	户　名：深圳市中资海派文化传播有限公司 开户行：工商银行深圳八卦岭支行 账　号：4000 0273 1920 0685 669 交通银行卡户名：桂林　卡　号：622260 1310006 765820			
	附注		1. 请将订阅单连同汇款单影印件传真或邮寄，以凭办理。 2. 订阅单请用正楷填写清楚，以便以最快方式送达。 3. 咨询热线：0755-25970306 转 158、168　传　真：0755-25970309 转 825 　 E-mail: szmiss@126.com			

→利用本订购单订购一律享受九折特价优惠。

→团购 30 本以上八五折优惠。